위인전으로 부모와 함께하는
漢字(한자) 공부·인성교육

다산 정약용의
兒아 學학 編편

정약용 지음·김종두 편저

明文堂

머리말

『아학편兒學編』은 다산 정약용 선생이 강진 유배지에서 자녀와 아동들에게 한자를 가르치기 위해 2,000자로 만든 책으로, 원제原題는 『아학편훈의兒學編訓義』다. 선생이 지은 「자설字說」을 적용해서 제목을 풀어보면 '어린아이 아兒', '배울 학學', '엮을 편編', '뜻풀이 훈訓', '옳을 의義'의 합자이니, "어린이들이 배워야 할 책에 대해 뜻풀이를 옳게 했다."의 뜻이다. 이 책은 1908년에 대한의학교 교장 지석영池錫永(1855~1935)과 의학교 교원이던 전용규田龍圭(?~?) 선생이 원본 『아학편』에 영어와 일본어를 추가하여 새롭게 편찬하기도 했는데, 이는 조선朝鮮의 근대화와 국제화를 도모하는 과정에서 『아학편』을 가장 적합한 교재로 삼았다는 뜻이다. 그러나 당시는 『아학편』이 아동용 교재로 편찬했지만, 근래에 와서는 한자교육이 부실해진 탓에 성인들까지도 익혀야 할 책이 되고 있다.

위인전偉人傳은 자녀로 하여금 그 위인을 긍정적 모델로 삼아 닮아가라는 뜻으로 읽기를 권하는 책이다. 시카고대학의 허친슨 총장이 학생들에게 고전 100권을 읽도록 했던 '시카고 플랜', 즉 "책 속에서 '모델model'을 찾아내고 '가치value'를 발견하며 '비전vision'을 설계하라."고 했던 사례는 유명한

일화다. 필자 또한 이 책을 읽는 독자들에게 "다산 선생을 통해서 올바른 가치관을 정립하고 삶의 목적을 찾아가며, 역경을 극복하는 지혜와 용기를 본받길 바란다. 그럼으로써 인성 덕목을 터득하고 꿈을 키우는 동기부여와 함께 장래희망을 구체화해야 한다."는 점을 강조하고 싶다.

현재 사용되고 있는 '우리글'에는 '한자漢字'와 '한글', 두 종류가 있다. 먼저 '한자'는 우리 선조先祖들이 '동쪽의 어진 성품을 가진 민족', 즉 '동이족東夷族'이라 불리던 시절부터 사용해 온 '뜻[訓]' 중심의 글자다. 예컨대 '학교'의 한자는 '學校'이고, 이는 '배울 학學' 자와 '울타리 교校' 자의 합자이므로 '배움의 울타리'라는 뜻이다. 그러나 오늘날 한자를 가르치지 않다 보니 '학교'를 '배울 학學' 자와 '가르칠 교教'의 합자[學教]로 아는 사람이 많다. 필자가 어린 시절 서당에서 공부할 때는 '학교'를 '배울 학學' 자와 '집 교校' 자의 합자로, '배우는 집'으로 배웠고, 훈장님께서는 "학교는 스승과 제자가 함께 하는 집이니, 가정에서 자식이 부모를 대하는 마음과 학교에서 제자가 스승을 대하는 마음은 같아야 하는 것이다."라고 말씀하셨다.

다음 '한글'은 조선 초기(1446년) 세종대왕의 훈민정음訓民正音 반포와 함께 사용되고 있는 '소리' 중심의 글이다. 그래서 한글의 단어는 한자가 병행並行되지 않으면 의미 파악이 어렵다. 예를 들면, '강건'이란 단어는 '强健(강건)'과 '剛健(강건)', '康健(강건)'의 의미가 한자에 따라 다르고, '고용'은 '雇傭(고용)'과 '雇用(고용)'이 다르며, '과정'은 '科程(과정)'과 '課程(과정)', '過程(과정)'이 다르다. 그리고 '사약'은 '死藥(사약)'과 '賜藥(사약)'이 다르고, '사전'은

'事典(사전)'과 '辭典(사전)'이 다르며, '상가'는 '商家(상가)'와 '商街(상가)'가 다르다. 또한 '중심'은 '中心(중심)'과 '重心(중심)'이 다르고, '학과'는 '學科(학과)'와 '學課(학과)'가 다르며, '학문'은 '學問(학문)'과 '學文(학문)'이 다르다. 이처럼 '한글' 단어는 병기倂記된 '한자漢字'에 따라 그 의미가 달라짐을 알 수 있다.

필자가 이 책을 편찬하게 된 연유는 손녀에게 한자를 가르치게 되면서부터다. 어느 날 딸이 필자에게 "아빠, 아빠가 사랑하는 손녀에게 한자 좀 가르쳐 주세요."라는 제안이 있었고, 딸과 상의하다가 서로의 생각에 차이가 있음을 발견했다. 즉 딸이 원하는 것은, 손녀가 한자검정시험에서 상위 급수를 받는 데 있었지만, 필자의 생각은 달랐다. 한자교육은 '음音'은 모르더라도 '뜻[訓]'을 알게 하는 것이 우선이어야 한다는 점이다. 아무튼 손녀에게 한자를 제대로 가르칠 방도를 찾다 보니『아학편』을 떠올리게 되었고, 이 책을 살피던 중에 공부하기 편하도록 다시 편집하는 것이 좋겠다고 생각하게 되었다. 필자의 어린 시절, 서당에서는『계몽편啟蒙篇』,『동몽선습童蒙先習』,『천자문千字文』,『명심보감明心寶鑑』,『사서삼경四書三經』순으로 쉬운 것부터, '음音'보다는 '훈訓'을 중심으로 공부했던 방식을 떠올린 것이다.

필자는 자녀에게 한자를 교육하고자 하는 학부모에게 다음의 두 가지 사항을 당부하고 싶다. 하나는 부모의 역할과 마음이고, 또 하나는 교재 선정이다. 우선 부모의 역할과 마음은, 당시 정약용 선생이 유배된 상황에서도 자식을 가르쳐야 했던 처지와 입장을 상기했으면 한다. 신유박해辛酉迫害

로 유배형을 받고 가족과 이별하던 때 큰아들은 18살, 작은아들은 15살, 막내딸은 8살이었다. 가문을 폐족廢族으로 만든 가장으로서 천리타향 유배지에서 자녀를 가르치는 일은 큰 과제였다. 그래서 강진에 유배된 4년 차(44세, 1805년, 순조 5)에 큰아들(학연)을 '사의재四宜齋'로 불러 2년 동안 가르쳤고, 유배 7년 차(47세, 1808년, 순조 8)에는 작은아들(학유)을 '다산초당'으로 불러 2년 동안 가르쳤는데, 그때 기본교재가 『아학편』이다. 그 결과, 훗날 큰아들 학연學淵은 68세에 '사옹원 주부(종6품)'에 올랐고, 작은아들 학유學遊는 추사秋史 김정희金正喜 등과 함께 활동하면서 『농가월령가』 등을 남겼다. 이는 유배 중임에도 가계家戒와 편지 등으로 자녀를 가르친 아버지의 사랑과 정성이 있었기 때문이다. 이것이 부모로서 가져야 할 역할과 마음이다.

다음은 교재 선정에 관해서이다. 한자를 배울 기회가 부족했던 지금의 부모 세대가 한자 교재를 선별하는 것은 쉬운 일이 아니다. 그러나 정약용丁若鏞이라는 위인이 저술한 책이면 안도安堵할 수 있다. 선생이 『아학편』을 저술한 시기는 43세(1804년, 순조 4) 때 봄으로, '사의재'에 온 지 2년 4개월이 지났을 무렵이다. 그런데 1년쯤 되었을 때 주모가 "한양에서 오신 양반, 밥은 내가 먹여줄 것이니 이곳 아이들을 모아 서당을 열어주실 수 있겠소?"라며 말을 걸어왔다. 선생은 무료無聊하게 나날을 보내고 있던 터라 주모의 제안이 반가웠고, 강진에 온 이후로 주모를 고맙게 생각하고 있던 터라 화답和答하게 된 것이다. 특히 선생이 강진에 처음 도착한 날은 40세 때 11월 23일(음력)로 엄동설한嚴冬雪寒이었다. 그러나 그 누구도 선생에게 거처를 내주려 하지 않았는데, 그 이유는 이미 선생이 도착하기 4개월 전에 노론의 행동대장 역할을 하다 강진 현감으로 부임한 이안묵李安默(1756~1804)의 방해 지침 때문이었다.

당시에 대해 선생은 "백성들이 모두 나를 두려워하여 문을 부수고 담장을 허물며 도망쳐서 내가 편히 지내는 것을 허락하지 않았다."면서 '파문괴장破門壞牆'이라 표현했다. 그래서 선생은 하는 수 없이 동문 밖 매반가賣飯家로 나와 주모酒母에게 도움을 청했고, 방 한 칸을 얻어 거처居處하던 중에 서당을 열어달라는 부탁을 받은 것이다. 그래서 학생을 가르칠 교재를 준비해야 했고, 평소 생각해 오던 내용으로 집필한 책이『아학편』이다. 기존에 아동용 교재로『천자문』이 있었지만, 이 책은 아동용 교재로는 적합하지 않다고 보았다. 왜냐하면 내용과 체제상의 모순, 그리고 학습의 단계성과 난이도 등이 초학자初學者에게 어울리지 않았기 때문이다.『천자문』은 '천지현황天地玄黃 – 하늘은 검고 땅은 누르다'와 '우주홍황宇宙洪荒 – 우주는 넓고 거칠다'로 시작하는데, 학동學童들로서는 왜 파란색의 하늘을 검다고 하는지, 왜 우주를 거칠다고 하는지 등에 대해 의문을 가지게 되는 것이다. 선생이『천자문』을 평가한「천문평千文評」에는 다음과 같이 기록했다.

> 문자文字가 생겨난 것은 만물을 구분하기 위해서였다. 혹은 생김새에 따라, 혹은 속성에 따라, 혹은 일에 따라 만들되 필히 부류에 맞춰 옆으로 통할 수 있도록 하였다. (중략) 우리나라 사람들이 이른바 양梁나라

의 주흥사周興嗣가 지은 『천자문』을 가지고 아동을 가르치는데, 이것은 소학小學의 부류에 속하는 책이 아니다. '하늘 천天', '땅 지地' 다음에 '일월日月'·'성신星辰'·'산천山川'·'구릉丘陵' 등 부류의 글이 나오기도 전에 '검을 현玄', '누르 황黃'이 나오고, '청적靑赤'·'흑백黑白'·'홍자紅紫'·'치록緇綠' 등의 다름을 구분하기도 전에 '집 우宇', '집 주宙'를 배우라 하고, '구름 운雲'과 '비 우雨' 사이에 '오를 등騰', '이를 치致'가 끼어있고, '서리 상霜', '이슬 로露' 사이에 '결위結爲'가 들어있으니 아동들로서는 분별하기가 어렵다. 또한 '찰 영盈' 자의 반대는 '빌 허虛' 자이고, '기울어질 측仄' 자의 반대는 '평평할 평平' 자인데, '영'을 '측' 자의 대對로 하니, 이는 횡설수설橫說竪說이 되어 부류에 조응照應이 되지 않는다. '세歲' 자는 '시時' 자로 분류되는 것이고, '양陽' 자는 '음陰' 자와 짝이 되는 것이다. 대체로 문자학은 '맑을 청淸' 자로 '흐릴 탁濁' 자를 일깨우고, '가까울 근近' 자로 '멀 원遠' 자를, '가벼울 경輕' 자로 '무거울 중重' 자를, '얕을 천淺' 자로 '깊을 심深' 자를 비유해서 알게 하는 것이다. 두 자만 들어서 서로 가르치면 글자의 뜻이 다 통하게 되고, 한 글자씩 따로 가르치면 두 가지의 뜻이 통하지 않는다. 아주 총명한 아이가 아니라면 어떻게 스스로 깨닫게 될 것인가. (중략)

조선시대 서당은 수백 년 동안 아동들에게 『천자문』을 가르쳤지만, 그 누구도 이런 문제를 지적한 사람이 없었다. 그런데 선생은 어려운 상황과 처지였음에도 『아학편』을 저술해서 대안으로 내놓은 것이다. 집필을 마친 선생은 흑산도에 있는 약전若銓 형님께 교정을 부탁하는 편지에 "형님, 2천 자를 다 읽고 나면 『시경詩經』을 가르쳐 주어도 절로 통할 것입니다."라고 쓴 것으로 볼 때, 수준 있는 글자가 다수 포함되어 있음을 알 수 있다.

선생이 이 책을 집필하게 된 배경에는 '3호三好' 정신이 깔려있다. '3호' 정신은 선생이 평소 자녀와 제자들에게 강조했던 '좋아해야 할 세 가지', 즉 ①우리의 역사와 고경古經을 좋아해야 한다는 '호고好古', ②우리의 전통과 문화를 좋아해야 한다는 '호아好我', ③독서와 학문을 좋아해야 한다는 '호독好讀'이다. 아동들로 하여금 우리의 역사와 문화를 알도록 한 다음에, 이를 바탕으로 학문에 정진토록 해야 한다는 생각이었다. 이런 이유에서 한국적 환경에서는 선생의 인성론을 이해하고, 이를 바탕으로 하는 인성교육이 필요하다고 본다.

인성교육人性教育은 사람의 성품인 인성人性이 바람직한 방향으로 함양되도록 하는 가르침이다. 그러자면 부모는 자녀의 마음을 읽고, 자녀가 원하는 것이 무엇인지를 알아서 '상하동욕上下同欲'이 되어야 하고, 그러기 위해서는 사람의 성품이 기본적으로 어떤 특성을 가지는지를 알아야 한다. 그리고 그것은 선생의 '성기호설性嗜好說'과 관련이 깊다는 점이다. 주자朱子(1130~1300)는 "사람의 성품은 하늘의 이치에 따라 이미 정해져 있는 선천적 특성을 가진다."고 하여 '성즉리설性卽理說'을 주장했지만, 선생은 "사람의 성품은 각자 좋아하는 기호嗜好의 경향성傾向性에 따라 자주지권自主之權으로 정해지는 후천적 특성을 가진다."는 '성기호설性嗜好說'을 제기했다.

오늘날 21세기는, 이 책을 집필했을 때와 220여 년의 차이가 있고, 21세기 지식 정보화시대는 인공지능(AI)과 함께 살아가는 시대인만큼『아학편』에 있는 글자의 용도와 사용 빈도 등이 많이 변했다. 그리고 이 책에는 요즘 부모들이 원하는 한자 '8급~특급' 범주를 벗어나 있는 글자도 상당 부분 포함돼 있고 구분하기도 어렵다. 이런 점을 감안勘案하여 다음과 같은 점에 역점을 두고 편집하였다.

첫째, 500개로 된 각각의 '4자문자四字文字'는 그대로 두되, 순서를 바꿔 쉬운 문자에서 어려운 문자, 즉 「①중학생용 한자 ②중·고등학생용 한자 ③중·고등학생용+상위 등급 한자 ④중·고등학생용+상위 등급+인명사전용+등급(8급~특급) 외 한자 ⑤중·고등학생용이 미포함된 상위 등급+인명용+등급 외 한자」순으로 단계화하였다.

둘째,『아학편』은 2,000개의 한자를 '글자' 중심으로, 자설적字說的 의미를 부여한 책이다. 따라서 글자마다 네이버 한자사전을 기준으로 훈訓을 달았고, 사전辭典에 나와 있는 단어에 대해서는 풀이를 달았으며, '4자문자四字文字'에 대해서도 가능한 범위에서 풀이를 달았다.

셋째, 글자마다 '한자급수(8급~특급)'를 표시함으로써 한자등급시험 대비에 참고하도록 하였다.

넷째, 선생의 가르침을 '인성 함양'과 연계하고 부모, 자녀가 스토리텔링을 할 수 있으려면 선생의 철학과 사상을 아는 것이 좋다는 점에 착안하여 '부록'으로 「①'숫자 18'과 연계한 다산 정약용의 생애와 삶 ②다산학의 핵심가치(core value: '효')의 실사구시화實事求是化 방안 ③다산의 '성기호설性

嗜好說'과 '인성교육'의 연계성」을 논문 형식으로 수록하였다.

끝으로 현대교육에서 한자 공부와 인성교육은 반드시 연계되어야 하고, 선생의 실사구시實事求是적 접근이 요구된다는 점에 공감한다면서『아학편』출판을 흔쾌히 맡아주신 명문당明文堂 김동구金東求 사장님께 감사드리고, 그동안 20여 년에 걸쳐 필자에게 다산 선생에 대하여 가르침을 주신 박석무朴錫武 다산연구소 이사장님, 그리고 필자의 경민대학 효충사관과孝忠師官課 교수 시절, 경민학원의 한자교육 지침에 뜻을 함께하면서 가르침을 주신 조성윤趙成胤 경민효충교육원 원장(전 경기도교육감)님과 서일성徐一成 경민대학교 효실천본부장 교수님께 깊이 감사드린다. 또한 이 책으로 한자를 공부하고자 하시는 독자 제위께 많은 도움이 되기를 바라는 마음입니다.

특히 "사람이 된 후에 학문學問이요, 명예名譽요, 재물財物이다."라는 설립 이념을 기조基調로 필자에게 한자교육의 당위성을 일깨워 주시고, 참 가르침을 주신 경민학원 설립자 홍우준洪禹俊 선생님의 서거 7주기를 추모하며, 영전靈前에 이 책을 바칩니다.

2025년 8월 17일
목민리더십 연구소장 김종두

| 용어 설명 |

- 强健(강건) : 몸이나 기력이 튼튼하다.
- 剛健(강건) : 의지나 기상이 굳세고 건장하다.
- 康健(강건) : 윗사람의 기력이 튼튼하다.

- 雇傭(고용) : 삯을 받고 남의 일을 해주다.
- 雇用(고용) : 삯을 주고 사람을 부리다.

- 科程(과정) : 과목의 내용과 체계.
- 課程(과정) : 맡겨진 일의 진행 정도.
- 過程(과정) : 일의 경로.

- 死藥(사약) : 먹으면 죽는 약.
- 賜藥(사약) : 사대부에게 주는 독약.

- 事典(사전) : 여러 사항을 모아 해설을 붙임.
- 辭典(사전) : 낱말의 설명을 배열함.

- 商家(상가) : 물건을 사고파는 집.
- 商街(상가) : 상점이 들어서 있는 거리.

- 中心(중심) : 한가운데.
- 重心(중심) : 중력의 작용점.

- 學科(학과) : 교수 편성을 위한 학술의 분과.
- 學課(학과) : 학문이나 학교의 과정[레슨].

- 學問(학문) : 분야를 체계적으로 배워 익힘.
- 學文(학문) : 시서육례詩書六禮를 배우는 일.

목차

머리말 3
용어 설명 12
추천사 ① 조성윤 19
추천사 ② 서일성 21
일러두기 23

제1부 「아학편」 한자 공부

제1장 수준별 '4자문자四字文字' 일람 26

I. 제1수준 : 중학생용 한자(4자문자 48개/192자) 26

II. 제2수준 : 중·고등학생용 한자(4자문자 86개/344자) 28

III. 제3수준 : 중·고등학생용 한자+상위 등급 한자(4자문자 210개/840자) 31

IV. 제4수준 : 중·고등학생용 한자+상위+인명+등급 외 한자(4자문자 60개/240자) 37

V. 제5수준 : 중·고등생용 제외한 상위+인명+등급 외 한자(4자문자 96개/384자) 39

제2장 단계별 '4자문자四字文字' 및 '글자' 한자풀이 42

I. 제1단계 : 중학생용 한자(4자문자 48개/192자) 42

Ⅱ. 제2단계 : 중·고등학생용 한자(4자문자 86개/344자) 64

    1. (중학용 3자+고등용 1자) : 4자문자 39개(49~87번/156자) 64
    2. (중학용 2자+고등용 2자) : 4자문자 33개(88~120번/132자) 82
    3. (중학용 1자+고등용 3자) : 4자문자 11개(121~131번/44자) 96
    4. (고등용 4자) : 4자문자 3개(132~134번/12자) 100

Ⅲ. 제3단계 : 중·고등학생용 한자+상위 등급 한자(4자문자 210개/840자) 102

    1. (중학용 3자+상위 등급 1자) : 4자문자 14개(135~148번/56자) 102
    2. (중학용 2자+고등용 1자+상위 등급 1자) : 4자문자 21개(149~ 169번/84자) 108
    3. (중학용 2자+상위 등급 2자) : 4자문자 18개(170~187번 / 72자) 117
    4. (중학용 2자+고등용 1자+상위 등급 1자) : 4자문자 34개(188~ 221번/136자) 124
    5. (중학용 1자+고등용 1자+상위 등급 2자) : 4자문자 29개(122~ 250번/116자) 136
    6. (중학용 1자+상위 등급 3자) : 4자문자 18개(151~268번/72자) 146
    7. (고등용 3자+상위 등급 1자) : 4자문자 14개(269~282번 / 56자) 153
    8. (고등용 2자+상위 등급 2자) : 4자문자 26개(283~308번 / 104자) 158
    9. (고등용 1자+상위 등급 3자) : 4자문자 36개(309~344번 / 144자) 167

Ⅳ. 제4단계 : 중·고등용 한자+상위+인명+등급 외 한자(4자문자 60개/240자) 179

    1. (중학용 2자+고등용 1자+인명/등외 1자) : 4자문자 5개(345~350번/20자) 179
    2. (중학용 2자+상위 1자+인명/등외 1자) : 4자문자 6개(351~356번/24자) 181
    3. (중학용 1자+고등용 2자+인명/등외 1자) : 4자문자 3개(357~359번/12자) 183
    4. (중학용 1자+고등용 1자+상위 1자+인명/등외 1자) : 4자문자 8개(360~367번/32자) 184
    5. (중학용 1자+고등용 1자+ 인명/등외 2자) : 4자문자 1개(368번/4자) 186
    6. (중학용 1자+상위 2자+인명/등외 1자) : 4자문자 8개(369~376번/32자) 187
    7. (중학용 1자+상위 1자+인명/등외 2자) : 4자문자 1개(377번/4자) 189
    8. (고등용 2자+상위 2자) : 4자문자 2개(378번~379번/8자) 190

9. (고등용 2자+상위 1자+인명/등외 1자) : 4자문자 3개(380번~382번/12자) 191
10. (고등용 1자+상위 3자) : 4자문자 2개(383번~384번/8자) 192
11. (고등용 1자+상위 2자+인명/등외 1자) : 4자문자 17개(385번~401번/68자) 193
12. (고등용 1자+상위 1자+인명/등외 2자) : 4자문자 3개(402번~404번/12자) 199

V. 제5단계 : 중·고등생용 제외한 상위+인명+등급 외 한자(4자문자 96개/384자) 200

1. (상위한자 4자) : 4자문자 23개(405번~427번/92자) 200
2. (상위 3자+인명/등외 1자) : 4자문자 36개(428번~466번/144자) 208
3. (상위 2자+인명/등외 2자) : 4자문자 34개(467번~490번/136자) 221
4. (상위 1자+인명/등외 3자) : 4자문자 7개(491번~497번/28자) 229
5. (인명/등외 한자 4자) : 4자문자 3개(498번~500번/12자) 231

제2부 정약용 위인전과 함께하는 '효'와 '인성교육'

제3장 '숫자 18'과 연계한 다산 정약용의 생애와 삶 234

I. 부모 슬하의 '영아嬰兒 시절 3년'과 선생의 '가문家門' 237

1. 부모 슬하의 '영아 시절 3년' 237
2. 다산의 가문家門과 형제자매 238
   1) 친가親家 : 압해정씨 가문 238
   2) 외가外家 : 해남윤씨 가문 239
   3) 다산의 형제자매 : 네 분의 어머니와 9남매 240

II. 18년 단위 4주기로 큰 변화를 겪은 선생의 삶 241

1. 수학 18년 : 「천자문」 등 아버지의 가르침과 이익李瀷을 사숙私淑함 241

2. 정조의 지우知遇 18년 : 벼슬 생활 11년과 천주교 문제 발생 244
   3. 유배 및 저술활동 18년 : 나라와 백성을 위한 '유시시구唯是是求의 삶' 실천 252
      1) 경북 포항 장기長鬐 유배 시절 : 1801. 2. 27~10. 20(40세) 254
      2) 전남 강진 '사의재四宜齋' 유배 시절 : 1801. 11. 23(40세)~1805. 겨울(44세) 255
      3) 전남 강진 '보은산방(고성사)' 유배 시절 : 1805(44세) 겨울~1806(45세) 가을 259
      4) 전남 강진 '이학래 집' 유배 시절 : 1806(45세) 가을~1808(47세) 봄 260
      5) 전남 강진 '다산초당茶山草堂' 유배 시절 : 1808. 봄(47세)~1817. 9. 2(57세) 261
   4. 만년晩年 및 학문 교유交遊 18년, 그리고 묘지명墓誌銘 이야기 267

제4장 다산학의 핵심 가치(효) : 실사구시實事求是화 방안 270

I. '효'의 개념 정립과 '효 교육'의 현상 및 문제점 272

   1. '효' 인식의 왜곡 현상 : '효'와 '효도'는 의미상 구별돼야 한다 273
   2. 교육에서 '효'를 소홀히 하는 현상 : '효'가 없는 교육은 사상누각沙上樓閣 276
   3. 전통적 '효' 사례의 비현실성과 가식성假飾性 278

II. 다산의 저술著述에 나타난 '효' 280

III. '효의 5대 기본 원리原理'와 그 작용 283

   1. 경천敬天의 원리 284
   2. 사랑과 공경恭敬의 원리 284
   3. 관계와 조화調和의 원리 285
   4. 덕성德性과 의로움의 원리 285
   5. 자기 성실誠實과 책임의 원리 286

IV. 실천적 의미의 '효', 실사구시實事求是화 방안 287

   1. 좁은 의미(狹義的)의 '효' 이해 : 오교五教 287

2. 넓은 의미(廣義的)의 '효' 이해 : 4통8달존四通八達尊의 효 288
　　1) 4통四通의 '효' 289
　　2) 8달존八達尊의 '효' 290
　　　　(1) '효'는 천륜天倫이므로 하늘의 이치에 따르는 것이다 291
　　　　(2) '효'는 부모를 공경하듯이 어른과 스승을 공경하는 것이다 292
　　　　(3) '효'는 형제간 우애를 친구親舊·학우學友·전우戰友로 확대하는 것이다 292
　　　　(4) '효'는 자녀를 사랑하듯이 어린이와 제자를 사랑하는 것이다 293
　　　　(5) '효'는 자기 성실과 책임을 다하는 양지養志의 삶을 살아가는 것이다 294
　　　　(6) '효'는 나라가 있어야 가정이 있으므로 나라 보위保衛에 앞장서는 것이다 295
　　　　(7) '효'는 생명 존중과 자연을 사랑함으로써 인간과 자연이 공존케 하는 것이다 295
　　　　(8) '효'는 이웃사랑과 인류 봉사로 건강한 사회를 구축하는 것이다 296

Ⅴ. 맺는 말 297

제5장 다산의 '성기호설性嗜好說'과 '인성교육'의 연계성 299

Ⅰ. '인성'과 '인성교육'의 일반적 이해 301

　1. 인성교육의 현상 및 문제점 301
　　1) '효'와 '인성교육'의 관계성을 간과 302
　　2) 인성교육진흥법의 오류 : 가정교육이 바탕이 된 학교의 인성교육이 돼야 한다. 303
　　3) 인성교육과 유사한 개념의 용어와의 관계 정립 필요 304
　2. '인성人性'에 대한 이해 304
　3. '인성교육人性教育'에 대한 이해 306
　4. 다산이 본 '인성'과 '인성교육' 310

Ⅱ. 다산의 '성기호설性嗜好說' 312

　1. 다산의 성기호설 개관 312
　　1) 성기호설의 출현 배경 312

2) 성기호설의 의미와 개념 314
　　3) 성기호설과 자주지권自主之權 315
　　4) 단서설端緒說 비판에 대하여 316
　2. 다산의 저술에 제시된 성기호설 317
　　1) 『심경밀험心經密驗』에서 본 인간의 본성本性 317
　　2) 『논어고금주』에서 본 '상지上智'와 '하우下愚' 318
　　3) 『맹자요의』에서 본 '성性'과 '리理' 319

Ⅲ. '다산의 저술' 내용을 '인성교육'에 적용하는 방안 320
　1. 『심경밀험』을 활용한 인성교육 적용 방안 321
　2. 『소학지언』을 활용한 인성교육 적용 방안 323
　3. 『목민심서』를 활용한 인성교육 적용 방안 324
　4. 『유배지에서 보낸 편지』를 활용한 인성교육 적용 방안 325

Ⅳ. 맺는 말 326

• 부록
　- 다산 정약용 선생 연보 329
　- 자음색인字音索引 367

추천사 ①

　반평생을 교육자로 교단에서 학생들을 가르치고 때로는 교육행정가로, 교육행정을 맡아본 경험자로, 교육의 실패를 경험한 자로 추천사를 쓴다는 것이 매우 송구하고 부끄럽기 그지없습니다.

　필자는 학교교육을 받기 전에 서당書堂에서 한문漢文교육을 받은 세대입니다. 한문은 동양권에서 사용해온 학문으로, 우리도 한때는 국한문을 겸용兼用하도록 학교에서 가르친 바 있고, 한문을 폐지한 때도 있었습니다. 그러다 보니 오늘날의 젊은이들은 한자를 모르는 사람이 많습니다.

　이러한 시대 상황을 간파看破한 김종두 교수님께서 뛰어난 발상으로 아兒 학學 한문 공부 책을 현실에 맞게 편성하여 출간한다는 것은 매우 의미 있고 축하할 일입니다. 흔히들 1석2조라는 말들을 많이 합니다. 그러나 필자는 이 책을 1석5조라는 말로 표현하고 싶습니다.

　왜냐하면 다음과 같은 이유 때문입니다.

　첫째, 쉬운 한자부터 어려운 한자로 편성하여 친근성親近性을 높였습니다.

　둘째, 중학생용 한자와 고등학생용 한자를 구분하여 단계별로 배울 수 있게 되어 있습니다.

　셋째, 사자성어四字成語, 즉 네 글자 단위로 이해가 빠르고 공부하기 좋도록 구성되어 있습니다.

넷째, 한국한자실력평가원과 한국어문회, 대한검정회 등의 한자급수시험에 대비할 수 있도록 한자별 해당 급수를 명시하였습니다.

다섯째, 이 책을 통하여 인성교육까지 마칠 수 있다는 것은 전무후무한, 참으로 기발한 발상의 책이라고 높이 평가하며, 노교육자老敎育者로 자신 있게 추천합니다.

사람답지 못한 사람이 너무 많은 세상입니다. 그래서 혼탁한 현실을 보고 느끼며 사조시 한 수를 지어 봅니다.

노老 교육자의 넋두리

눈 뜨고 볼 수 없네 기막힌 험함 세상	부모는 부모답게 선생은 선생답게
죽이고 죽는 것을 일상의 생활처럼	어른은 어른답게 모범된 말과 행동
어떻게 이런 세상 물려주고 갈건가	사람답게 사는 세상 물려주고 가세나

금번 출간되는 아兒 학學 한자 공부 책을 통하여 인성이 바로 된 사람이 사람답게 사는 세상을 만들어 후세에 물려줍시다. 아兒 학學의 한문 공부, 이 책이 널리 널리 퍼져 많은 사람에게 많이 읽혀지기를 바라면서 거듭 추천합니다. 감사합니다.

전 경기도 교육감 **조성윤** 趙成胤

추천사 ②

　평소 존경하는 김종두金鍾頭 박사께서 다산 정약용丁若鏞 선생께서 지은 『아학편兒學編』을 현대판 한자교육용 교재로 발간하게 됨을 진심으로 축하합니다.

　교육은 백년대계百年大計이고 교육으로 나라를 세운다(教育立國) 했는데, 현 교육은 지식 교육에만 치중하고 인성교육을 등한시해온 탓에 가정과 사회에 많은 문제점이 야기되고 있습니다. 그리고 인성교육은 어릴 때일수록 효과적이라는데, 이 책이 출반됨을 계기로 어린이 인성교육에 큰 도움이 되리라 사료됩니다.

　김종두 박사와는 1997년 충효국민운동본부에서 같이 활동하면서 전 육사교장 민병돈閔丙敦 장군님과 같이 육군사관학교에서 군 간부를 대상으로 충효예 워크숍을 하는 등 군 인성교육 활성화를 위해 함께 노력했습니다.

　두 사람 모두 육군 대령으로 전역轉役한 후, 저는 경민대학교에서 설립자 홍우준洪禹俊 박사님과 교육철학이 상통相通하여 효 인성교육을 필수학점으로 교육과정을 편성했으며, 특히 대학에 효충사관과 창설을 건의하여 김종두 박사를 초대 학과장으로 초빙하는 등 효충교육 특성화 학교로 발전시킨 점에 자긍심自矜心을 가지고 있습니다.

또한 경민대학교 병설 '효충교육원'을 설립하여 초대 원장에 전 경기도교육감 조성윤趙成胤 박사님을 모셔와 민간인과 현역 부사관 등 수천 명의 효행 교육 지도사를 양성하는 등 경기도 북부 지역의 효 인성교육과 군 인성교육을 지원하였습니다.

김종두 박사는 어려서 서당書堂 공부도 했고, 대령으로 진급하고는 육군본부 충효예忠孝禮 담당관으로, 또 국방대학교에서는 다산 정약용丁若鏞 선생 연구와 강의를 했으며, 전역 후에는 대학 효충사관과 학과장 교수로, 그간 효 인성교육에 관련된 많은 책을 집필하는 등 경험 지식이 풍부한 전문가입니다.

금번 발간하는 현대판 한자교육용 교재가 한자등급시험에도 대비하고 부모와 자녀가 함께 공부함으로써 가정이 살고 나라가 사는, 그야말로 우리가 갈망하는 인성이 된 대한민국 국민교육 향상에 큰 도움이 되리라 확신하면서 많은 활용을 기대합니다. 감사합니다.

전 경민대학교 효 실천본부장 **서일성徐一成**

일러두기

- 2,000자의 한자를 '중학생용' 한자, '고등학생용' 한자, '상위 등급 한자', '인명사전용 한자', '등급 외 한자'로 수준별로 구분해서 분류하면 아래와 같다.

구분	계	중학생용 한자	고등학생용 한자	상위 등급 한자	대법원 인명한자	등급 외 한자
글자수	2,000	622자	434자	766자	103자	75자
		1,056자		944자		
%	100	31.1%	21.7%	38.3%	5.1%	3.8%
		52.8%		47.2%		

1) 2,000자 중에 중학생용이 622자(31.1%), 고등학생용이 434자(21.7%)로, 이를 합하면 1,056자(52.8%)의 비중에 해당한다.

2) 2,000자 중에 중·고등학생용을 제외한 상위 등급 한자가 766자(38.3%), 대법원 인명사전용 한자가 103자(5.1%), 등급 외 한자가 75자(3.8%)로 이를 합하면 944자(47.2%)의 비중에 해당한다.

　① 중학생용 한자 : 2,000자 중 한자사전에 '중학생용'으로 표기된 글자.

　② 고등학생용 한자 : 2,000자 중 한자사전에 '고등학생용'으로 표기된 글자.

　③ 상위 등급 한자 : '8급~특급'에 해당하는 한자 중에서 '중·고생용'에 포함되지 않은 '4급~특급' 글자.

　④ 대법원 인명한자 : 한자사전에 '대법원 인명한자'로 표기된 글자.

　⑤ 등급 외 한자 : 2,000자 중에서 '한자검정시험 규정'의 '8급~특급'에 포함되지 않은 비교적 어려운 글자.

- '4자문자四字文字' 500개를 수준별로 단계화하여, 아래와 같이 분류하였다.

구분	계	1단계	2단계	3단계	4단계	5단계
4자문자	500개	48개	86개	210개	60개	96개
글자 수	2,000자	192자	344자	840자	240자	384자

① 1단계 : 중학생용 한자로 구성된 48개의 '4자문자'.

② 2단계 : 중학생용, 고등학생용 한자로 구성된 86개의 '4자문자'.

③ 3단계 : 중학생용, 고등학생용, 상위 등급 한자가 포함된 210개의 '4자문자'.

④ 4단계 : 중/고학생용이 포함된 상위 등급 한자, 인명사전용 한자, 등급 외 한자로 구성된 60개의 '4자문자'.

⑤ 5단계 : '중/고학생용 한자'를 제외한 '상위 등급 한자', '인명사전용 한자', '등급 외 한자'로 구성된 96개의 '4자문자'.

- 자음색인字音索引에 『아학편』 2,000자를 음순音順으로 배열함으로써 '글자 찾기'를 쉽게 하였다.

〈제1부〉
『아학편』 한자 공부

제1장 수준별 '4자문자四字文字' 일람

Ⅰ. 제1수준 : 중학생용 한자
(4자문자 48개 : 1~48번/192자)

一二三四	五六七八	九十百千	天地父母
1) 일이삼사	2) 오륙칠팔	3) 구십백천	4) 천지부모
兄弟男女	族戚朋友	姓氏名號	祖宗子孫
5) 형제남녀	6) 족척붕우	7) 성씨명호	8) 조종자손
君臣夫婦	人物性情	老少壯幼	日月星辰
9) 군신부부	10) 인물성정	11) 노소장유	12) 일월성신
山川海陸	耳目口鼻	風雲雨露	寒暑溫涼
13) 산천해륙	14) 이목구비	15) 풍운우로	16) 한서온량
東西南北	春夏秋冬	上下中間	古今事理
17) 동서남북	18) 춘하추동	19) 상하중간	20) 고금사리
大小長短	水火土石	首面身體	左右前後
21) 대소장단	22) 수화토석	23) 수면신체	24) 좌우전후
言語問答	往來行止	志意思想	權威勢力
25) 언어문답	26) 왕래행지	27) 지의사상	28) 권위세력
法度刑政	是非善惡	方圓曲直	彼此處所
29) 법도형정	30) 시비선악	31) 방원곡직	32) 피차처소

論議談說	保養德質	送迎逢別	坐臥起居
33) 논의담설	34) 보양덕질	35) 송영봉별	36) 좌와기거
新舊始終	開閉出入	豊好秀美	勝敗順逆
37) 신구시종	38) 개폐출입	39) 풍호수미	40) 승패순역
國邑京鄕	舍宇家宅	靑黃赤黑	喜怒悲歡
41) 국읍경향	42) 사우가택	43) 청황적흑	44) 희노비환
有無虛實	文武技藝	安危存亡	歲時早晚
45) 유무허실	46) 문무기예	47) 안위존망	48) 세시조만

Ⅱ. 제2수준 : 중·고등학생용 한자
(4자문자 86개 : 49~134번 / 344자)

仁義禮智	朱玄素白	學習記錄	知識覺悟
49) 인의예지	50) 주현소백	51) 학습기록	52) 지식각오
鄰里市井	內外表裏	聞見聰察	修飾才能
53) 린리시정	54) 내외표리	55) 문견총찰	56) 수식재능
輕重厚薄	鳥獸魚蟲	金銀銅鐵	攻守戰伐
57) 경중후박	58) 조수어충	59) 금은동철	60) 공수전벌
射御書數	賓師主客	講讀吟誦	倫序班列
61) 사어서수	62) 빈사주객	63) 강독음송	64) 윤서반열
可否成毀	生死禍福	制作命令	草木禾穀
65) 가부성훼	66) 생사화복	67) 제작명령	68) 초목화곡
會遇盟約	回還歸反	追隨交接	加減損益
69) 회우맹약	70) 회환귀반	71) 추수교접	72) 가감손익
淸濁高低	抑揚殺活	去留用捨	萬億雙匹
73) 청탁고저	74) 억양살활	75) 거류용사	76) 만억쌍필
房屋堂廊	財貨賦稅	將相卿士	愁恨憂慮
77) 방옥당랑	78) 재화부세	79) 장상경사	80) 수한우려
史傳詩詞	臭味聲色	治亂得失	明暗通塞
81) 사전시사	82) 취미성색	83) 치란득실	84) 명암통색

吏民工商	菜蔬花藥	道路橋驛	伯仲叔季
85) 이민공상	86) 채소화약	87) 도로교역	88) 백중숙계
光彩形影	晝夜晨昏	求乞報償	慈良敦睦
89) 광채형영	90) 주야신혼	91) 구걸보상	92) 자량돈목
召呼請謁	慶弔賀慰	原野丘陵	音響芳香
93) 소호청알	94) 경조하위	95) 원야구릉	96) 음향방향
眞假優劣	尊卑貴賤	爵祿官位	遲速緩急
97) 진가우열	98) 존비귀천	99) 작록관위	100) 지속완급
計謀許諾	孔孟顔曾	完缺純雜	軍旅營陣
101) 계모허락	102) 공맹안증	103) 완결순잡	104) 군려영진
紅紫綠碧	孤獨單微	郡縣州都	衣服冠帶
105) 홍자록벽	106) 고독단미	107) 군현주도	108) 의복관대
利害災祥	浮沈隱現	從違離合	盛衰窮達
109) 이해재상	110) 부침은현	111) 종위이합	112) 성쇠궁달
齒牙脣舌	變化周旋	誠僞敬怠	尋丈分寸
113) 치아순설	114) 변화주선	115) 성위경태	116) 심장분촌
縱橫遠近	冷熱燥濕	珠玉寶貝	疏密斷續
117) 종횡원근	118) 냉열조습	119) 주옥보패	120) 소밀단속
寬和恭愼	寺院樓閣	英傑豪俊	剛柔屈伸
121) 관화공신	122) 사원누각	123) 영걸호준	124) 강유굴신

胸背腰腹	葬埋祭祀	採拔捕捉	愚慧邪正
125) 흉배요복	126) 장매제사	127) 채발포착	128) 우혜사정
奇偶幾倍	放逸奔逃	辭受予奪	辨訟券簿
129) 기우기배	130) 방일분도	131) 사수여탈	132) 변송권부
貢獻贈賜	壇廟碑塔		
133) 공헌증사	134) 단묘비탑		

Ⅲ. 제3수준 : 중·고등학생용 한자 + 상위 등급 한자
(4자문자 210개 : 135~344번 / 840자)

孝悌忠信	壽夭貧富	紙筆墨硯	吾我爾汝
135) 효제충신	136) 수요빈부	137) 지필묵연	138) 오아이여
江淮河漢	枝葉莖節	馬牛羊豕	皮肉膏血
139) 강회하한	140) 지엽경절	141) 마우양시	142) 피육고혈
陰陽氣暈	洞壑巖谷	登降仰俯	握執扶持
143) 음양기훈	144) 동학암곡	145) 등강앙부	146) 악집부지
篆字圖畫	聚散動靜	帝王后妃	灑掃應對
147) 전자도화	148) 취산동정	149) 제왕후비	150) 쇄소응대
聖賢睿哲	顚倒進退	羽毛鱗甲	城郭村閭
151) 성현예철	152) 전도진퇴	153) 우모린갑	154) 성곽촌려
唱嘯吹彈	顧瞻觀省	敎誘訓誨	潮汐波浪
155) 창소취탄	156) 고첨관성	157) 교유훈회	158) 조석파랑
游泳解脫	告戒詢訪	淺深濃淡	難易煩閒
159) 유영해탈	160) 고계순방	161) 천심농담	162) 난이번한
充滿氾濫	舞蹈歌詠	勤孜奮發	敏捷勸勉
163) 충만범람	164) 무도가영	165) 근자분발	166) 민첩권면
洪纖巨細	堅固侈麗	吉凶悔吝	稼穡耕種
167) 홍섬거세	168) 견고치려	169) 길흉회린	170) 가색경종

股肱手足	胎孕產育	功罪黜陟	精粗汙潔
171) 고굉수족	172) 태잉산육	173) 공죄출척	174) 정조오결
章句箋註	空匱竭盡	愉悅欣快	貞淑舒坦
175) 장구전주	176) 공궤갈진	177) 유열흔쾌	178) 정숙서탄
揣揆本末	姉妹娣嫂	霜雪霰霾	泉瀑溪澗
179) 췌규본말	180) 자매제수	181) 상설선매	182) 천폭계간
飮食肴膳	倚伏跪立	田畦園圃	酸鹹甘苦
183) 음식효선	184) 의복궤립	185) 전휴원포	186) 산함감고
趨走拜揖	梅杏桃李	寵辱賞罰	雷電霞霧
187) 추주배읍	188) 매행도리	189) 총욕상벌	190) 뇌전하무
街巷蹊徑	宮室殿闕	階庭牆壁	絲纊絛索
191) 가항혜경	192) 궁실전궐	193) 계정장벽	194) 사광조삭
兵刃擊刺	心肺肝脾	旬朢晦朔	恬雅惠諒
195) 병인격자	196) 심폐간비	197) 순망회삭	198) 념아혜량
鐘鼓磬管	招搖掩揮	疾病痛癢	澣濯製裁
199) 종고경관	200) 초요엄휘	201) 질병통양	202) 한탁제재
卜筮律曆	騎乘馳突	負戴轉運	榮枯嬴縮
203) 복서률력	204) 기승치돌	205) 부대전운	206) 영고영축
尖碎破裂	邊隅房側	廣狹銳鈍	積累兩鎰
207) 첨쇄파열	208) 변우방측	209) 광협예둔	210) 적루량일

朽腐壞落	繫結牽曳	休息玩弄	探摘擁挾
211) 후부괴락	212) 계결견예	213) 휴식완롱	214) 탐적옹협
勞倦催促	伴侶群衆	湖澤津涯	愛憎恃懼
215) 로권최촉	216) 반려군중	217) 호택진애	218) 애증시구
端莊默訥	狂暴酷毒	爭鬪猛悍	筋脈骨髓
219) 단장묵눌	220) 광포혹독	221) 쟁투맹한	222) 근맥골수
布帛錦繡	顴頰頂額	指爪掌腕	翁媼童叟
223) 포백금수	224) 관협정액	225) 지조장완	226) 옹온동수
境界阡陌	錢幣圭璧	儒俠醫巫	炬燎燈燭
227) 경계천맥	228) 전폐규벽	229) 유협의무	230) 거료등촉
器皿几案	楡槐楊柳	虎豹象犀	符璽印牌
231) 기명궤안	232) 유괴양류	233) 호표상서	234) 부새인패
舟船舶筏	扇爐氈席	經緯綵紋	衡錘杖尺
235) 주선박벌	236) 선로전석	237) 경위채문	238) 형추장척
干戈劍戟	紗羅綾縠	勇怯忿恕	弓矢弩箭
239) 간과검극	240) 사라능곡	241) 용겁분서	242) 궁시노전
婚姻嫁娶	丹紺蒼翠	餞饗宴樂	漁釣畋獵
243) 혼인가취	244) 단감창취	245) 전향연악	246) 어조전렵
債價傭雇	多寡盈虧	滲漏潰決	苑囿廬店
247) 채가용고	248) 다과영휴	249) 삼루궤결	250) 원유려점

松柏檜杉	糠米糗粻	錐刀椎鎌	鍼線膠糊
251) 송백회삼	252) 강미구량	253) 추도추겸	254) 침선교호
飯餅糜粥	擡擧捫搔	披捲投擲	盥漱沐浴
255) 반병미죽	256) 대거문소	257) 피권투척	258) 관수목욕
農賈匠冶	薈蔚叢茂	鳶鷹烏鵲	戱笑喧聒
259) 농고장야	260) 회위총무	261) 연응오작	262) 희소훤괄
睨窺眺望	臀膝脛脚	灘潭島嶼	菽荳牟麥
263) 예규조망	264) 둔슬경각	265) 탄담도서	266) 숙두모맥
彗孛氷雹	牝牡雌雄	府庫倉廩	簡策版牘
267) 혜패빙박	268) 빈모자웅	269) 부고창름	270) 간책판독
蓮荷薔菊	拘攣掛垂	踊躍踐踏	廉貪奢儉
271) 연하장국	272) 구련괘수	273) 용약천답	274) 염탐사검
專貳詳略	屛帷帳幕	硬軟肥瘠	飜覆弛張
275) 전이상략	276) 병유장막	277) 경연비척	278) 번복이장
荒淫驕妄	臺榭亭館	飢飽醉醒	慚愧羞恥
279) 황음교망	280) 대사정관	281) 기포취성	282) 참괴수치
悚畏恐怖	泥沙泡漚	模楷型範	僮僕奴婢
283) 송외공포	284) 니사포구	285) 모해형범	286) 동복노비
姪姑甥舅	鬚眉鬢髮	僧尼盜賊	浦渚汀洲
287) 질고생구	288) 수미빈발	289) 승니도적	290) 포저정주

縫緣裔幅	檀榧椒桂	鸞鳳鸛鶴	禽畜犧牲
291) 봉연예폭	292) 단비초계	293) 란봉관학	294) 금축희생
寤寐睡夢	鑄鍊斲剖	攀捧提携	涕淚啼哭
295) 오매수몽	296) 주련착부	297) 반봉제휴	298) 체루제곡
貿販賭贖	稀稠泄蓄	紡織繅染	潛藏遁匿
299) 무판도속	300) 희조설축	301) 방직소염	302) 잠장둔닉
壅蔽阻隔	悵戀羨慕	頑傲夸誕	毫釐芒忽
303) 옹폐조격	304) 창련선모	305) 완오과탄	306) 호리망홀
棟梁柱椽	規矩準繩	氓隸妓娼	夷狄蠻羌
307) 동량주연	308) 규구준승	309) 맹례기창	310) 이적만강
塵埃塊礫	涎汗糞溺	峯巒岡麓	芝蘭蕙蒼
311) 진애괴력	312) 연한분뇨	313) 봉만강록	314) 지란혜창
乳脇臍肛	隴阪崖岸	蛟龍鯨鰐	嶺嶽峽岫
315) 유협제항	316) 롱판애안	317) 교룡경악	318) 령악협수
溝渠陂池	薪柴炭灰	橡櫕榛栗	桑柘杻檗
319) 구거피지	320) 신시탄회	321) 상가진률	322) 상자뉴벽
鴻雁鳧鴨	紵麻枲棉	苗穟秧粒	麟麋麕鹿
323) 홍안부압	324) 저마시면	325) 묘수앙립	326) 린미균록
駒犢羔豚	蚓蛭螢蚤	塚墓棺槨	輪軸轂輻
327) 구독고돈	328) 인질형종	329) 총묘관곽	330) 륜축곡복

灌沃熄滅	膾炙飴蜜	轎輦蓋傘	匙筯俎盤
331) 관옥식멸	332) 회자이밀	333) 교련개산	334) 시저조반
旗纛旌旄	衾裯枕褥	簫笛琴瑟	叱罵欺誑
335) 기독정모	336) 금주침욕	337) 소적금슬	338) 질매기광
醞釀斟酌	融凍滑澁	懶惰嬉娛	恢拓爽豁
339) 온양짐작	340) 융동활삽	341) 라타희오	342) 회척상활
慟悼憐恤	謙遜愿淳		
343) 통도련휼	344) 겸손원순		

IV. 제4단계 : 중·고등용 한자 + 상위 + 인명 + 등급 외 한자
(4자문자 60개 : 345~404번 / 240자)

曉晡朝夕	根荄材幹	騰翥飛鳴	紛紜異同
345) 효포조석	346) 근해재간	347) 등저비명	348) 분운이동
賣買賒貸	譏譽恩怨	昨翌期晬	嗅啗視聽
349) 매매사대	350) 훼예은원	351) 작익기수	352) 후담시청
樹林菓蓏	囪牖門戶	姸媸强弱	鬃尾蹄角
353) 수림과라	354) 창유문호	355) 연치강약	356) 종미제각
頭腦頷項	沿泝源流	謹嚴弘裕	車轝軒軺
357) 두뇌함항	358) 연소원류	359) 근엄홍유	360) 거여헌초
拳掬拱抱	跬步蹤跡	驚疑猜妒	妻妾嬬姆
361) 권국공포	362) 규보종적	363) 경의시투	364) 처첩심모
攲整平仄	礎埃瓦甓	醋齏油鹽	晴曀澇旱
365) 기정평측	366) 초돌와벽	367) 초제유염	368) 청예로한
驢贏犬羖	辛辣羶腥	竹竿笋篁	增刪溢涸
369) 려라견고	370) 신랄전성	371) 죽간순황	372) 증산일학
眼睛頤齶	升龠斗斛	酒醴醪麪	鷄雉鴬雀
373) 안정이악	374) 승약두곡	375) 주례료면	376) 계치연작
雛麑鯏卵	照耀焚燒	呑吐噓吸	凝滯堙鬱
377) 추미이란	378) 조요분소	379) 탄토허흡	380) 응체인울

歎咄瞋瞬	超越蹲踞	堯舜禹湯	槁萎摧折
381) 탄돌진순	382) 초월준거	383) 요순우탕	384) 고위최절
肩臂肘腋	烹飪蒸炊	蛙蟾蛇蝮	庋架牀榻
385) 견비주액	386) 팽임증취	387) 와섬사복	388) 기가상탑
瓜瓠菌蕈	龜鼈蟹蟶	蠭蟻蝴蝶	碓礪磨砧
389) 과호균심	390) 귀별해정	391) 봉의호접	392) 대려마침
膽腎腸肚	鍮鉛鑞錫	柿棗梨楸	黍稷稻粱
393) 담신장두	394) 유연랍석	395) 시조리추	396) 서직도량
蕎秫秬粟	鎖鑰釘鈴	機梭筬軒	釵笄鏡鑷
397) 교출거속	398) 쇄약정령	399) 기사성헌	400) 차계경섭
粉黛臙脂	翼翮咮噪	繒丸筍籍	袍襖帬裳
401) 분대연지	402) 익핵주소	403) 증환구착	404) 포오군상

V. 제5단계 : 중·고등생용 제외한 상위＋인명＋등급 외 한자
(4자문자 96개 : 405~500번 / 384자)

咽喉臟腑	痰嗽咳喘	硝硫烽燧	蒲艾蓬蒿
405) 인후장부	406) 담수해천	407) 초류봉수	408) 포애봉호
葡萄藤葛	葵藿芹薺	茄芋藜莧	橘柚柑枳
409) 포도등갈	410) 규곽근제	411) 가우려현	412) 귤유감지
梔榴櫻柰	楓樗棣棠	耘穫樵汲	蠶蛾螬蟬
413) 치류앵내	414) 풍저체당	415) 운확초급	416) 잠아조선
塒牢巢殼	棹楫帆檣	閨扉楣闑	襁褓縢韈
417) 시뢰소각	418) 도즙범장	419) 규비미역	420) 강보등말
鎧胄簑笠	網罟餌鉤	跛蹇蹶跲	痘疹瘡癰
421) 개주사립	422) 망고이구	423) 파건궐겁	424) 두진창옹
貓鼠熊猿	巾帨珥佩	酬酌饋餉	芭蕉藍茜
425) 묘서웅원	426) 건세이패	427) 수작궤향	428) 파초람천
兔獺貂鼯	蛛蠅蚊蠍	豺狼狐狸	鼎鍋釜鑊
429) 토달초오	430) 주승문갈	431) 시랑호리	432) 정과부확
杵臼檠釭	鞭棍韔箙	虹霓颶飆	盆缸楪椀
433) 저구경강	434) 편곤창복	435) 홍예구표	436) 분항접완
聾瞽聵矇	癇癩疔疝	痺疴腫脹	霖凍霡霂
437) 롱고외몽	438) 간라정산	439) 비구종창	440) 림동맥목

鯊鱸鮒鱨	箕帚囊橐	箱篋筒籠	紳韠綦纓
441) 사로부상	442) 기추낭탁	443) 상협사롱	444) 신필기영
謗訕譏嘲	熛燄烟煤	釿斧鋸鑿	鼾啞嚬呻
445) 방산기조	446) 표염연매	447) 근부거착	448) 한아빈신
梧桐梓柒	稊稗莠蒗	鷗鷺鵝鶩	垣籬簾隔
449) 오동자칠	450) 제패유랑	451) 구로아목	452) 원리렴격
鞍轡羈靮	碁枰毬簙	噴嚔唾蚋	茅沙蘆荻
453) 안비기적	454) 기평구박	455) 분체타뉵	456) 모사로적
蝸蠃蠔蛤	鍾鉢魁勺	茶蓼薇蕨	秔稗芻蒿
457) 와라호합	458) 종발구작	459) 도료미궐	460) 갱나추고
筐奩櫃櫝	瘧癘痔疸	厨竈廐厠	葠朮芎芍
461) 광렴궤독	462) 학려치달	463) 주조구측	464) 삼출궁작
襦袴裘衫	縗絰帽笏	姨婭婿媳	蘂萼蔕蔓
465) 유고구삼	466) 최질모홀	467) 이아서식	468) 예악체만
鵰鷂鵠鴇	蛆蠹蚤蝨	檐甍梯檻	鰌鱓鰕鰈
469) 조요곡보	470) 저두조슬	471) 첨맹제함	472) 추선하접
耒耙耞耰	疣痣疥癬	舂簸淅漉	崧菁芥葑
473) 뢰파가우	474) 우지개선	475) 용파석록	476) 숭청개봉
跗趾腨踵	韭蟹蔥薑	鵂梟鸚鵝	蜻蜓蟋蟀
477) 부지천종	478) 구해총강	479) 휴효앵렬	480) 청정실솔

袷袖裾衿	靴履鞵屐	髻髦梳篦	癯痢疳瘡
481) 겹수거금	482) 화구혜극	483) 계체소비	484) 곽리감음
鸚鶉鳩鴿	魴鯉鯈鮒	鰻鯖鮎鱧	瓶甖甑甕
485) 앵순구합	486) 방리조시	487) 종청점려	488) 병앵증옹
簋釧梧罇	脯醢腒鱐	萵苣蒜蘘	舷柁艫榔
489) 궤형배준	490) 포해거숙	491) 와거산양	492) 현타로랑
菹醬羹腥	豉糟麴糵	篘籔篩籮	魨鱖鰄鰒
493) 저장갱확	494) 시조국얼	495) 추수사라	496) 돈궐적복
楎椸椅卓	舳艫篙篷	鉏鏺犂鍤	蚵蟣蟻蠓
497) 휘이의탁	498) 축로고봉	499) 서초리삽	500) 이위멸몽

제2장 단계별 '4자문자四字文字' 및 '글자' 한자풀이

I. 제1단계 : 중학생용 한자
(4자문자 48개 : 1~48번 / 192자)

1. 一二三四(일이삼사) : 1. 2 숫자 / 3. 4 숫자의 한자

一	二	三	四
한 일	두 이	석 삼	넉 사
읽기 8급 쓰기 6급 II	읽기 8급 쓰기 6급 II	읽기 8급 쓰기 6급 II	읽기 8급 쓰기 6급 II

- 一二는 자연수의 맨 처음 수 '1'과 두 번째 수 '2'의 한자이다.
- 三四는 자연수의 세 번째 수 '3'과 네 번째 수 '4'의 한자이다.

2. 五六七八(오륙칠팔) : 5. 6 숫자 / 7. 8 숫자의 한자

五	六	七	八
다섯 오	여섯 륙	일곱 칠	여덟 팔
읽기 8급 쓰기 6급 II	읽기 8급 쓰기 6급 II	읽기 8급 쓰기 6급 II	읽기 8급 쓰기 6급 II

- 五六은 자연수의 다섯 번째 수 '5'와 여섯 번째 수 '6'의 한자이다.
- 七八은 자연수의 일곱 번째 수 '7'과 여덟 번째 수 '8'의 한자이다.

3. 九十百千(구십백천) : 9. 10 숫자 / 100. 1000 숫자의 한자

九	十	百	千
아홉 구	열 십	일백 백	일천 천
읽기 8급 쓰기 6급Ⅱ	읽기 8급 쓰기 6급Ⅱ	읽기 7급 쓰기 6급	읽기 7급 쓰기 6급

- 九十(구십)은 자연수의 아홉 번째 수 '9'와 열 번째 수 '10'의 한자이다.
- 百(백)은 십十의 열 배가 되는 수, 千(천)은 백百의 열 배가 되는 수의 한자이다.

4. 天地父母(천지부모) : 하늘과 땅 / 아버지와 어머니

天	地	父	母
하늘 천	땅 지	아비 부	어미 모
읽기 7급 쓰기 6급	읽기 7급 쓰기 6급	읽기 8급 쓰기 6급Ⅱ	읽기 8급 쓰기 6급Ⅱ

- 天地(천지)는 하늘과 땅을 아울러 이르는 말, 또는 '세상', '우주', '세계'를 통틀어 이르는 말. 또는 '대단히 많음'을 뜻하는 말이다.
- 父母(부모)는 아버지와 어머니를 아울러 이르는 말이다.
- ☞ 天地父母(천지부모)는 "아버지와 어머니의 은혜는 하늘처럼 높고 땅처럼 넓다."로 해석되는 '4자성어'다. 자식의 '효'에는 3단계가 있다. 첫째는 부모를 걱정끼쳐 드리지 않는 '낮은 단계의 효'이고, 둘째는 부모를 기쁘게 해드리는 '높은 단계의 효'이며, 셋째는 열심히 노력해서 '입신양명立身揚名'의 길로 성공하는 '더 높은 단계의 효'이다.

5. 兄弟男女(형제남녀) : 형과 아우 / 남자와 여자

兄	弟	男	女
형 형	아우 제	사내 남	여자 녀
읽기 8급 쓰기 6급Ⅱ	읽기 8급 쓰기 6급Ⅱ	읽기 7급 쓰기 6급	읽기 8급 쓰기 6급

- 兄弟(형제)는 형과 아우를 아울러 이르는 말. 또는 형제와 자매, 남매를 통틀어 이르는 말이며, (기독교에서) 하나님을 믿는 신자끼리 스스로를 이르는 말이다.
- 男女(남녀)는 남자男子와 여자女子를 아울러 이르는 말이다.
  ☞ 다산은 "형제는 부모를 함께 하고 있으니 서로 우애하지 않는다면, 내가 나를 멀리하는 것이다."라고 하여 형제간 우애를 강조했다.

6. 族戚朋友(족척붕우) : 겨레(혈연)와 겨레(친척) / 벗(친구)과 벗(동지)

族	戚	朋	友
겨레 족	겨레 척	벗 붕	벗 우
읽기 6급 쓰기 5급	읽기 6급 쓰기 5급	읽기 3급 쓰기 2급	읽기 5급Ⅱ 쓰기 4급Ⅱ

- 族戚(족척)은 성이 같은 겨레붙이와 성이 다른 겨레붙이를 아울러 이르는 말이다.
- 朋友(붕우)는 비슷한 또래로서 서로 친하게 사귀는 사람을 말한다.
  ☞ 사람은 관계 속에 살아간다. 그리고 관계는 가족관계가 시작이다. 따라서 성이 같은 아버지 계열의 친척親戚과 성이 다른 어머니 계열의 외척外戚 관계를 잘해야 좋은 가문이며, 친구관계를 잘해야 인성함양에 도움이 된다.

7. 姓氏名號(성씨명호) : 성씨(겨레)와 성씨(개인) / 이름과 호칭

姓	氏	名	號
성시 성	성씨 씨	이름 명	부를 호
읽기 7급Ⅱ 쓰기 6급	읽기 4급 쓰기 3급	읽기 7급Ⅱ 쓰기 6급	읽기 6급 쓰기 5급

- 姓氏(성씨)는 성姓을 높여 부르는 말이다.
- 名號(명호)는 겉으로 내세우는 이름. 또는 이름과 호號를 아울러 이르는 말이다.
- ☞ 사람은 누구나 성姓과 이름(名)이 있으며 아호雅號를 가지기도 한다. 정약용의 성은 '압해 정씨丁氏'이고, 이름은 '약용若鏞'이며, 아호는 '다산茶山' 또는 '사암俟菴'이며, 당호는 '여유당與猶堂'과 '사의재四宜齋'이다.

8. 祖宗子孫(조종자손) : 조상과 종가 / 아들과 손자

祖	宗	子	孫
할아비 조	마루 종	아들 자	손자 손
읽기 7급 쓰기 6급	읽기 4급Ⅱ 쓰기 3급Ⅱ	읽기 7급Ⅱ 쓰기 6급	읽기 6급 쓰기 5급

- 祖宗(조종)은 시조가 되는 조상, 또는 임금의 조상. 또는 가장 근본적이며 중요한 것을 비유적으로 이르는 말이다.
- 子孫(자손)은 자식(아들)과 손자를 아울러 이르는 말. 또는 자신의 세대에서 여러 세대가 지난 뒤의 자녀를 통틀어 이르는 말이다.
- ☞ 어느 가문이든 시조始祖가 있다. 시조(조상)를 섬기는 제사를 시제時祭라 하고, 제사를 모시는 집을 종가댁宗家宅이라 한다. 전통사회는 장손에게 상속권이 주어졌던 관계로 장손이 제사를 모시는 것이 관례였다.

9. 君臣夫婦(군신부부) : 임금과 신하 / 남편과 아내

君	臣	夫	婦
임금 군	신하 신	지아비 부	며느리 부
읽기 4급 쓰기 3급	읽기 5급 Ⅱ 쓰기 4급 Ⅱ	읽기 7급 쓰기 6급	읽기 4급 Ⅱ 쓰기 3급 Ⅱ

- 君臣(군신)은 임금과 신하를 아울러 이르는 말이다.
- 夫婦(부부)는 남편과 아내를 아울러 이르는 말이다.
- ☞ 형제(자매)가 성장하면 각각의 아내(남편)를 맞아 부부가 되어 가정을 이룬다. 이때 남편은 처가 부모를, 아내는 시댁 부모를 친부모처럼 여기며, 섬길 때 가정의 화목함과 자녀교육의 성공이 절로 따라온다는 점에 유념해야 한다.

10. 人物性情(인물성정) : 사람과 만물 / 성품과 뜻(마음, 사랑)

人	物	性	情
사람 인	만물 물	성품 성	뜻 정
읽기 8급 쓰기 6급 Ⅱ	읽기 7급 쓰기 6급	읽기 5급 쓰기 4급 Ⅱ	읽기 5급 쓰기 4급

- 人物(인물)은 생김새나 됨됨이로 본 사람. 또는 일정한 상황에서 어떤 역할을 하는 사람. 또는 뛰어난 사람을 말한다.
- 性情(성정)은 성질과 심정. 또는 타고난 본성을 말한다.
- ☞ "인성人性이 실력이다"라는 말이 있다. 고용정보원 발표에 따르면, 대기업의 신입사원 선발시 출신학교와 스펙, 외국어 등은 20~40%의 비중인 반면, 인성은 93.4%의 비중을 차지하는 것으로 나타났다. 인성은 사람의 성품을 말한다.

11. 老少壯幼(노소장유) : 노인과 젊은이 / 건장한 사람과 어린이

老	少	壯	幼
늙을 노	젊을 소	장할 장	어릴 유
읽기 7급 쓰기 6급	읽기 7급 쓰기 6급	읽기 4급 쓰기 36급	읽기 3급Ⅱ 쓰기 2급

- 老少(노소)는 늙은이와 젊은이를 아울러 이르는 말이다.
- 壯幼(장유)는 건장한 젊은이와 어린이를 아울러 이르는 말이다.
- ☞ 다산은 "노인은 앉아서 감독할 바가 있고, 어린이는 다니며 도울 일이 있으며, 건장한 사람은 힘쓸 일을 맡고, 병자는 지키는 일을 맡는다."고 했다. 이렇듯 노인과 젊은이, 어린이는 각자 맡아서 해야 할 일이 있어야 한다.

12. 日月星辰(일월성신) : 해와 달 / 별과 별 이름

日	月	星	辰
해 일	달 월	별 성	별 이름 신
읽기 8급 쓰기 6급Ⅱ	읽기 8급 쓰기 6급Ⅱ	읽기 8급Ⅱ 쓰기 3급Ⅱ	읽기 3급Ⅱ 쓰기 2급

- 日月(일월)은 해와 달을 아울러 이르는 말. 또는 날과 달의 뜻으로 '세월'을 이르는 말. 또는 임금과 그 후비后妃를 비유적으로 이르는 말이다.
- 星辰(성신)은 빛을 관측할 수 있는 천체 가운데 성운처럼 퍼지는 모양을 가진 천체를 제외한 모든 천체를 말한다.
- ☞ 일월성신日月星辰은 자연이 있게 하는 근원이며, 자연의 도움이 있어야 인간은 살아갈 수 있다. 따라서 인간은 자연을 보호하고 고마워해야 하며, 다산 선생은 자연의 산천山川을 보호하고 잘 관리해야 한다고 했다.

13. 山川海陸(산천해륙) : 산과 내 / 바다와 육지

山	川	海	陸
산 산	내 천	바다 해	뭍 륙
읽기 8급 쓰기 6급Ⅱ	읽기 7급 쓰기 6급	읽기 7급Ⅱ 쓰기 6급	읽기 5급Ⅱ 쓰기 4급Ⅱ

- 山川(산천)은 산과 내라는 뜻으로 '자연'을 이르는 말이다.
- 海陸(해륙)은 바다와 육지를 이르는 말이다.
- ☞ 인간에게 도움을 주는 또 다른 자연은 산천山川과 해륙海陸이다. 푸른 산과 시냇물은 인간에게 좋은 공기와 신선한 환경을 제공한다. 그래서 다산은 『목민심서』「공전 6조」편에서 산림山林과 천택川澤이 주는 자연의 혜택과 그 중요성을 강조했고, 관리에 대해서도 당부하고 있다.

14. 耳目口鼻(이목구비) : 귀와 눈 / 입과 코

耳	目	口	鼻
귀 이	눈 목	입 구	코 비
읽기 5급 쓰기 4급	읽기 6급 쓰기 5급	읽기 7급 쓰기 6급	읽기 5급 쓰기 4급

- 耳目(이목)은 귀와 눈을 아울러 이르는 말. 또는 주의나 관심 또는 귀와 눈을 중심으로 한 얼굴의 생김새를 말한다.
- 口鼻(구비)는 입과 코를 아울러 이르는 말이다.
- ☞ 이목구비耳目口鼻는 일반적으로 얼굴의 중심부에 있는 구성 요소들을 지칭하며, 이들이 얼굴의 전체적인 생김새에 큰 영향을 미치는 것으로 알려져 있다. 그렇기 때문에 이목구비라는 표현은 눈길을 끄는 외모나 독특한 얼굴의 특징을 언급할 때 주로 사용된다.

15. 風雲雨露(풍운우로) : 바람과 구름 / 비와 이슬

風	雲	雨	露
바람 풍	구름 운	비 우	이슬 로
읽기 6급Ⅱ 쓰기 5급Ⅱ	읽기 5급Ⅱ 쓰기 4급Ⅱ	읽기 5급Ⅱ 쓰기 4급Ⅱ	읽기 3급Ⅱ 쓰기 2급

- 風雲(풍운)은 바람과 구름을 아울러 이르는 말. 또는 사회적·정치적으로 세상이 크게 변하려는 기운을 비유적으로 이르는 말이다.
- 雨露(우로)는 비와 이슬을 아울러 이르는 말이다.
- ☞ 바람과 구름은 중요한 사람끼리의 만남과 관계를 나타내는 말이기도 하다. 정조와 다산의 만남을 바람과 구름으로 묘사하여 '풍운지회風雲之會'로, 관계를 물과 고기의 맺음이라 하여 '어수지계魚水之契'로 표현한다.

16. 寒暑溫涼(한서온량) : 추위와 더위 / 따뜻함과 서늘함

寒	暑	溫	涼
찰 한	더울 서	따뜻할 온	서늘할 량
읽기 5급 쓰기 4급	읽기 3급 쓰기 2급	읽기 6급 쓰기 5급	읽기 3급Ⅱ 쓰기 2급

- 寒暑(한서)는 추위와 더위를 아울러 이르는 말. 또는 겨울과 여름을 아울러 이르는 말이다.
- 溫涼(온량)은 따뜻하고 서늘함을 말한다.
- ☞ 사람은 추위와 더위보다 따뜻함과 서늘함을 원한다. 그리고 어린 시절 추위와 더위를 극복하며 성장할 수 있는 것은 부모님의 보살핌 덕분이다. 따라서 자식이 어렸을 때는 부모가 보살피고, 부모가 연로年老해지면 자식이 부모를 보살피는 일에 대해 다산 선생은 '오교五敎'로 표현하였다.

17. 東西南北(동서남북) : 동녘과 서녘 / 남녘과 북녘

東	西	南	北
동녘 동	서녘 서	남녘 남	북녘 북
읽기 8급 쓰기 6급Ⅱ	읽기 8급 쓰기 6급Ⅱ	읽기 8급 쓰기 6급Ⅱ	읽기 8급 쓰기 6급Ⅱ

- 東西(동서)는 동쪽과 서쪽을 아울러 이르는 말. 또는 동쪽을 기준으로 동쪽과 서쪽 사이의 방위. 또는 동쪽에서 서쪽으로 향하는 방향을 말한다.
- 南北(남북)은 남쪽과 북쪽을 아울러 이르는 말이다.
- ☞ 東西南北(동서남북)은 동쪽·서쪽·남쪽·북쪽이라는 뜻으로, 기본 방향을 일컫는 말이다. 자연 식물이 동서남북의 영향을 받으며 성장하듯이 사람도 근본과 도리道理를 잃지 않고 성장하도록 하는 데에 방향성을 두어야 한다.

18. 春夏秋冬(춘하추동) : 봄과 여름 / 가을과 겨울

春	夏	秋	冬
봄 춘	여름 하	가을 추	겨울 동
읽기 7급 쓰기 6급	읽기 7급 쓰기 6급	읽기 7급 쓰기 6급	읽기 7급 쓰기 6급

- 春夏(춘하)는 봄과 여름을 아울러 이르는 말이다.
- 秋冬(추동)은 가을과 겨울을 아울러 이르는 말이다.
- ☞ 대한민국은 봄, 여름, 가을, 겨울이 뚜렷한 나라이다. 4계절로 나뉘어 아름답게 펼쳐지는 금수강산은 세계 어느 나라보다도 아름다운 대한민국이다.

19. 上下中間(상하중간) : 위와 아래 / 가운데와 사이

上	下	中	間
윗 상	아래 하	가운데 중	사이 간
읽기 7급Ⅱ 쓰기 6급	읽기 7급Ⅱ 쓰기 6급	읽기 8급 쓰기 6급Ⅱ	읽기 7급Ⅱ 쓰기 6급

- 上下(상하)는 위와 아래를 아울러 이르는 말. 또는 윗사람과 아랫사람을 아울러 이르는 말. 또는 귀하고 천함 등을 이르는 말이다.
- 中間(중간)은 두 사물의 사이. 또는 등급, 크기, 차례 따위의 가운데. 또는 공간이나 시간 따위의 가운데를 말한다.
- ☞ 대인관계는 위아래 사람에 대해 상호 예의를 갖출 때 좋아진다. 특히 중간자의 위치에 있는 사람이 한쪽에 치우치지 않는 중립 관계를 유지하는 것이 좋다.

20. 古今事理(고금사리) : 옛날과 지금 / 일과 이치

古	今	事	理
옛 고	이제 금	일 사, 섬길 사	다스릴 리, 이치 리
읽기 6급 쓰기 5급	읽기 6급Ⅱ 쓰기 5급Ⅱ	읽기 7급Ⅱ 쓰기 6급	읽기 6급Ⅱ 쓰기 5급Ⅱ

- 古今(고금)은 예전과 지금을 아울러 이르는 말이다.
- 事理(사리)는 일의 이치. 또는 (불교)에서 변화하는 현상과 그 배후에 있는 불변하는 진리를 말한다.
- ☞ 사람은 현재를 판단할 때, 옛일을 참고하면 낭패를 줄일 수 있다. 그래서 '推古驗今(추고험금)', 즉 "옛것을 미루어서 오늘을 징험하라."고 했다. 또한 처신할 때도 사리事理에 대해 분별分別을 명확히 해야 실수를 줄일 수 있다.

21. 大小長短(대소장단) : 큼과 작음 / 긴 것과 짧은 것, 장점과 단점

大	小	長	短
큰 대	작을 소	긴 장, 어른 장	짧을 단
읽기 8급 쓰기 6급Ⅱ	읽기 8급 쓰기 6급Ⅱ	읽기 8급 쓰기 6급Ⅱ	읽기 6급 쓰기 6급Ⅱ

- 大小(대소)는 사물의 큰 것과 작은 것을 이르는 말이다.
- 長短(장단)은 길고 짧은 것. 또는 좋은 점과 나쁜 점을 일컫는 말이다.
- ☞ 인간관계는 '행복'과 '성공'에서 90% 이상의 비중을 차지한다. 그리고 그 관계는 자신보다 크고 작은 것, 긴 것과 짧은 것을 구별하고 인정할 줄 알고 처신할 때 좋은 관계를 맺고 유지할 수 있다.

22. 水火土石(수화토석) : 물과 불 / 흙과 돌

水	火	土	石
물 수	불 화	흙 토	돌 석
읽기 8급 쓰기 6급Ⅱ	읽기 8급 쓰기 6급Ⅱ	읽기 8급 쓰기 6급Ⅱ	읽기 6급 쓰기 5급

- 水火(수화)는 물과 불을 아울러 이르는 말. 또는 어려움이나 위험을 비유적으로 이르는 말. 또는 일상생활에서 필요 불가결한 것을 비유적으로 이르는 말이다.
- 土石(토석)은 흙과 돌을 아울러 이르는 말이다.
- ☞ 인간에게 있어서 '수화水火'와 '토석土石'은 자연이 주는 혜택이자 자산이다. 그러므로 홍수洪水와 대형 화재火災 등을 막기 위해서는 물(水)과 불(火)을 조심해야 하고, 흙(土)과 돌(石)에 대해서도 고마운 마음으로 오염되거나 훼손되지 않도록 함으로써 '자연과 함께 하는 삶'이 되도록 해야 한다.

23. 首面身體(수면신체) : 머리와 얼굴 / 몸(육체)과 몸(근본, 품성)

首	面	身	體
머리 수	얼굴 면	몸 신	몸 체
읽기 5급Ⅱ 쓰기 4급Ⅱ	읽기 7급 쓰기 6급	읽기 6급Ⅱ 쓰기 5급Ⅱ	읽기 6급Ⅱ 쓰기 5급Ⅱ

- 首面(수면)은 비역屁役과 남색男色을 이르는 말이다.
- 身體(신체)는 사람의 몸. 또는 갓 죽은 송장을 이르는 말이다.

24. 左右前後(좌우전후) : 왼쪽과 오른쪽 / 앞과 뒤

左	右	前	後
왼쪽 좌	오른쪽 우	앞 전	뒤 후
읽기 7급Ⅱ 쓰기 6급	읽기 7급Ⅱ 쓰기 6급	읽기 7급Ⅱ 쓰기 6급	읽기 7급Ⅱ 쓰기 6급

- 左右(좌우)는 왼쪽과 오른쪽을 아울러 이르는 말. 또는 주위에 거느리고 있는 사람을 이르는 말이다.
- 前後(전후)는 앞과 뒤. 또는 먼저와 나중을 이르는 말이다.
- ☞『소학지언』에 '쇄소응대진퇴지절灑掃應對進退之節'이란 문구가 있다. "마당을 쓸기 전에 물을 뿌려야 하며, 사람을 만나면 인사하고, 나아갈 때와 물러날 때를 아는 것이 예절이다."라는 의미다. 오늘날 위층에서 걸어다닐 때 뒷발을 들지 않는 부주위로 층간소음을 발생케 하고, 이웃 간에 인사를 하지 않는 풍습은 바뀌어야 한다. 톨스토이는 "인사는 지나침이 모자란 것보다 낫다."고 했다.

25. 言語問答(언어문답) : 말씀(견해)과 말씀(이야기) / 질문과 대답

言	語	問	答
말씀 언	말씀 어	물을 문	대답할 답
읽기 6급 쓰기 5급	읽기 7급 쓰기 6급	읽기 7급 쓰기 6급	읽기 7급Ⅱ 쓰기 6급

- 言語(언어)는 생각, 느낌 따위를 나타내거나 전달하는 데에 쓰는 음성이나 문자 따위의 수단. 또는 그 음성이나 문자 따위의 사회 관습적인 체계를 말한다.
- 問答(문답)은 물음과 대답. 또는 서로 묻고 대답함을 말한다.
- ☞ 다산이 유배를 떠날 때 자녀들의 나이는 18살, 15살, 7살이었다. 그래서 다산은 비록 폐족廢族의 집안이었지만, 아버지로서 편지로 문답을 나누면서 자녀교육에 온 힘을 기울였다. 그 결과 큰아들 학연學淵은 훗날 '사옹원 주부(종6품)'에 올랐고, 작은아들 학유學遊는 『농가월령가』를 지었고 추사 김정희와 어깨를 나란히 하는 대학자로 성장했다. 이처럼 언어와 문답은 중요하다.

26. 往來行止(왕래행지) : 가는 것과 오는 것 / 다님과 그침

往	來	行	止
갈 왕	올 래	다닐 행	그칠 지
읽기 4급Ⅱ 쓰기 3급Ⅱ	읽기 7급 쓰기 6급	읽기 6급 쓰기 5급	읽기 5급 쓰기 4급

- 往來(왕래)는 서로 교제하여 사귐. 또는 먼 길을 떠나 오가는데 드는 비용을 말한다.
- 行止(행지)는 몸을 움직여 하는 모든 짓을 말한다.

27. 志意思想(지의사상) : 일을 이루려는 마음 / 생각(마음의 작용)

志	意	思	想
뜻 지	뜻 의	생각 사	생각 상
읽기 4급Ⅱ 쓰기 3급Ⅱ	읽기 6급Ⅱ 쓰기 5급Ⅱ	읽기 5급 쓰기 4급	읽기 4급Ⅱ 쓰기 3급Ⅱ

- 志意(지의)는 어떠한 일을 이루고자 하는 마음을 말한다.
- 思想(사상)은 어떠한 사물에 대하여 가지고 있는 구체적인 사고나 생각. 또는 철학 판단, 추리를 거쳐서 생긴 의식 내용. 또는 철학 논리적 정합성을 가진 통일된 판단 체계를 말한다.
- ☞ 다산은 유배지에서 보낸 편지에서, 자녀들에게 결코 '지의志意'를 잃지 말 것을 당부하면서 '효제자孝弟慈'를 통한 덕성德性 함양에 힘을 기울여야 한다는 점을 강조했다. 그중 가장 강조한 것이 '독서讀書를 통한 참다운 공부'와 '용기勇氣를 잃지 않는 것'이라고 했다.

28. 權威勢力(권위세력) : 권세와 위엄, 형세와 힘

權	威	勢	力
권세 권	위엄 위	형세 세	힘 력
읽기 4급Ⅱ 쓰기 3급Ⅱ	읽기 4급 쓰기 3급	읽기 4급 쓰기 3급	읽기 7급Ⅱ 쓰기 6급

- 權威(권위)는 남을 지휘하거나 통솔하여 따르게 하는 힘. 또는 일정한 분야에서 사회적으로 인정을 받고 영향력을 끼칠 수 있는 위신을 말한다.
- 勢力(세력)은 어떤 속성이나 힘을 가진 집단. 또는 기계 일을 하는 데에 드는 힘을 말한다.

29. 法度刑政(법도형정) : 법과 법도(법률과 제도) / 형벌과 정사(정치)

法	度	刑	政
법 법	법도 도	형벌 형	정사 정
읽기 5급Ⅱ 쓰기 4급Ⅱ	읽기 6급 쓰기 5급	읽기 4급 쓰기 3급	읽기 4급Ⅱ 쓰기 3급Ⅱ

- 法度(법도)는 생활상의 예법과 제도를 아울러 이르는 말. 또는 법률과 제도를 아울러 이르는 말이다.
- 刑政(형정)은 정치와 형벌을 아울러 이르는 말. 또는 법률 형사에 관한 행정, 범죄 예방에 관한 일반적 방책을 연구하여 시행하는 일을 말한다.
- ☞ 다산은 올바른 '법도法度'와 '형정刑政'을 통해 낡고 썩은 조선 사회를 개혁해야 한다는 마음으로 '신아지구방新我之舊邦'을 강조하면서 '1표2서一表二書'로 불리는 『경세유표經世遺表』, 『목민심서牧民心書』, 『흠흠신서欽欽新書』를 세상에 내놓게 되었다.

30. 是非善惡(시비선악) : 옳고 그름 / 착함과 악함

是	非	善	惡
옳을 시	그를 비	착할 선	악할 악
읽기 4급Ⅱ 쓰기 3급Ⅱ	읽기 4급Ⅱ 쓰기 3급Ⅱ	읽기 5급 쓰기 4급	읽기 5급Ⅱ 쓰기 4급Ⅱ

- 是非(시비)는 옳음과 그름, 또는 옳고 그름을 따지는 말다툼을 말한다.
- 善惡(선악)은 착한 것과 악한 것을 아울러 이르는 말이다.
- ☞ 다산은 "사람은 옳고(是) 그름(非)을 분별할 수 있어야 하고, 착한 일(善)과 악한 일(惡)을 분별해야 하며, 친구를 사귈 때도 이를 기준으로 해야 낭패를 줄일 수 있다."고 하면서 '시비是非'와 '선악善惡'의 기준을 제시했다.

31. 方圓曲直(방원곡직) : 모남과 둥금 / 굽음과 곧음

方	圓	曲	直
모 방	둥글 원	굽을 곡	곧을 직
읽기 7급Ⅱ 쓰기 6급	읽기 4급Ⅱ 쓰기 3급Ⅱ	읽기 5급 쓰기 4급	읽기 7급Ⅱ 쓰기 6급

- 方圓(방원)은 모진 것과 둥근 것을 아울러 이르는 말이다.
- 曲直(곡직)은 굽음과 곧음. 또는 사리의 옳고 그름을 이르는 말이다.
- ☞ 사람의 성격은 모남보다 둥글어야 인간관계를 잘할 수 있다. 그리고 길을 갈 때도 굽은 길보다 곧은 길을 택해야 시간을 절약할 수 있다. 다산은 39세 때 세로世路가 험난하다는 판단에 따라 고향인 마재馬峴로 돌아와 '여유당與猶堂'이라는 당호堂號를 지었는데, 여유당 의미는 "조심하고 경계하며 살겠다."는 뜻이 담겨 있다. 노론 측의 계속되는 공격을 대비하겠다는 마음을 담았다.

32. 彼此處所(피차처소) : 이편과 저편 / 곳과 바

彼	此	處	所
저 피	이 차	곳 처	바 소
읽기 3급Ⅱ 쓰기 2급	읽기 3급Ⅱ 쓰기 2급	읽기 4급Ⅱ 쓰기 3급Ⅱ	읽기 7급 쓰기 6급조편과

- 彼此(피차)는 저것과 이것을 아울러 이르는 말. 또는 이쪽과 저쪽의 양쪽을 이르는 말이다.
- 處所(처소)는 사람이 기거하거나 임시로 머무는 곳. 또는 어떤 일이 벌어지거나 어떤 물건이 있는 곳을 말하다.

33. 論議談說(논의담설) : 의논(의견 교환) / 담설(나누는 이야기)

論	議	談	說
의논할 논	의논할 의	말씀 담	말씀 설
읽기 4급Ⅱ 쓰기 3급Ⅱ	읽기 4급Ⅱ 쓰기 3급Ⅱ	읽기 5급 쓰기 4급	읽기 5급Ⅱ 쓰기 4급Ⅱ

- 論議(논의)는 어떤 문제에 대하여 서로 의견을 내어 토의함. 또는 그런 토의를 말한다.
- 談說(담설)은 서로 주고받는 이야기를 말한다.
- ☞ 다산은 18년의 유배생활을 하는 동안 '사의재四宜齋'에서 6명, '다산초당茶山草堂'에서 18명의 제자를 길러내는 동안 '논의論議'와 '담설談說'을 좋아했다. 이렇듯 교육자와 피교육자는 상호 소통을 통해서 교육이 이뤄져야 한다.

34. 保養德質(보양덕질) : 보호하는 일과 기르는 일 / 덕성과 바탕

保	養	德	質
지킬 보	기를 양	덕 덕	바탕 질
읽기 4급Ⅱ 쓰기 3급Ⅱ	읽기 5급Ⅱ 쓰기 4급Ⅱ	읽기 5급Ⅱ 쓰기 4급Ⅱ	읽기 5급Ⅱ 쓰기 4급Ⅱ

- 保養(보양)은 잘 보호하여 기름. 또는 몸을 편안하게 하여 건강을 잘 돌봄. 또는 건설 콘크리트나 모르타르 따위를 잘 보전하여 굳힘을 말한다.
- 德質(덕질)은 "덕을 바탕으로 삼는다"는 뜻이다.
- ☞ 다산은 흑산도에 유배된 둘째 형 약전若銓에게 "훗날을 기약하기 위해서는 건강하셔야 합니다."면서 보양保養 방법을 제안했고, 자녀와 제자들에게는 "오직 효제자孝弟慈를 실천하는 것이 덕질하는 것이다."를 강조했다.

35. 送迎逢別(송영봉별) : 보냄과 맞이함 / 만남과 이별

送	迎	逢	別
보낼 송	맞을 영	만날 봉	이별할 별
읽기 4급Ⅱ 쓰기 3급Ⅱ	읽기 4급 쓰기 3급	읽기 3급Ⅱ 쓰기 2급	읽기 6급 쓰기 5급

- 送迎(송영)은 가는 사람을 보내고 오는 사람을 맞음. 또는 묵은해를 보내고 새해를 맞음을 말한다.
- 逢別(봉별)은 만남과 이별을 뜻하는 말이다.
- ☞ 세상을 살아가다 보면 사람을 맞이하는 일(迎)과 사람을 보내는 일(送), 만남(逢)과 이별(別)은 있기 마련이다. 그래서 어떤 의미를 부여하고 관계를 유지하느냐가 중요한데, 다산은 유배생활 중 승려 혜장慧藏을 44세(1805년)에 맞아 50세(1811년)에 사별死別한 기록을 비롯, 44세 때 김이재金履載에게 '송별送別'의 의미를 담은 선자시扇子詩, 48세(1809년)에 승려 초의草衣를 맞은 일, 52세(1813년)에 이중협李重協과 이별하면서 "즐거움은 괴로움의 씨앗이다"라는 내용을 담은 '증별이중협우후시첩서贈別李重協虞候詩帖序' 등을 남겼다.

36. 坐臥起居(좌와기거) : '앉다'와 '눕다' / '일어나다'와 '살다'

坐	臥	起	居
앉을 좌	누울 와	일어날 기	살(생활할) 거
읽기 3급Ⅱ 쓰기 2급	읽기 3급 쓰기 2급	읽기 4급Ⅱ 쓰기 3급Ⅱ	읽기 4급 쓰기 3급

- 坐臥(좌와)는 앉는 것과 눕는 것을 아울러 이르는 말이다.
- 起居(기거)는 일정한 곳에서 먹고 자고 하는 따위의 일상적인 생활을 함, 또는 그 생활. 또는 앉아있다가 손님을 영접하려고 일어섬. 또는 몸을 뜻대로 움직이며 생활함을 말한다.

37. 新舊始終(신구시종) : 새로움과 오래됨 / 시작과 마침

新	舊	始	終
새 신	옛 구	비로소 시	끝 종
읽기 6급Ⅱ 쓰기 5급Ⅱ	읽기 5급Ⅱ 쓰기 4급Ⅱ	읽기 6급Ⅱ 쓰기 5급Ⅱ	읽기 5급 쓰기 4급

- 新舊(신구)는 새것과 헌것을 아울러 이르는 말이다.
- 始終(시종)은 처음과 끝을 아울러 이르는 말. 또는 처음부터 끝까지를 말한다.

38. 開閉出入(개폐출입) : '열다'와 '닫다' / '나가다'와 '들어오다'

開	閉	出	入
열 개	닫을 폐	날 출	들 입
읽기 6급 쓰기 5급	읽기 4급 쓰기 3급	읽기 7급 쓰기 6급	읽기 7급 쓰기 6급

- 開閉(개폐)는 열고 닫음을 말한다.
- 出入(출입)은 잠깐 다녀오려고 집 밖으로 나감을 말한다.

39. 豐好秀美(풍호수미) : 풍년과 좋아함 / 빼어남과 아름다움

豐	好	秀	美
풍년 풍	좋을 호	빼어날 수	아름다울 미
읽기 4급 쓰기 3급Ⅱ	읽기 4급Ⅱ 쓰기 3급Ⅱ	읽기 4급 쓰기 3급	읽기 6급 쓰기 5급

- 秀美(수미)는 아주 빼어나게 아름다운 상태를 말한다.

40. 勝敗順逆(승패순역) : 승리와 패배 / 순리와 역리(거스림)

勝	敗	順	逆
이길 승	패할 패	순할 순	거스를 역
읽기 6급 쓰기 5급	읽기 5급 쓰기 4급	읽기 5급 쓰기 4급	읽기 4급Ⅱ 쓰기 3급Ⅱ

- 勝敗(승패)는 승리와 패배를 아울러 이르는 말이다.
- 順逆(순역)은 순종과 거역을 아울러 이르는 말. 또는 순리와 역리를 아울러 이르는 말. (불교)에서 순연順緣과 역연逆緣을 아울러 이르는 말이다.

41. 國邑京鄕(국읍경향) : 나라와 고을 / 서울과 시골

國	邑	京	鄕
나라 국	고을 읍	서울 경	시골 향
읽기 8급 쓰기 6급Ⅱ	읽기 7급 쓰기 6급	읽기 6급 쓰기 5급	읽기 4급Ⅱ 쓰기 3급Ⅱ

- 京鄕(경향)은 서울과 시골을 아울러 이르는 말이다.

42. 舍宇家宅(사우가택) : 집(여관)과 집기슭 / 집(자기)과 집(타인)

舍	宇	家	宅
집 사	집기슭 우	집 가	집 택
읽기 4급Ⅱ 쓰기 3급Ⅱ	읽기 3급Ⅱ 쓰기 2급	읽기 7급Ⅱ 쓰기 6급	읽기 6급Ⅱ 쓰기 4급Ⅱ

- 舍宇(사우)는 집에 관한 한자漢字로, 집안의 내부를 가르키기도 한다.
- 家宅(가택)은 사람이 살고 있는 집. 또는 살림하는 집을 말한다.

43. 靑黃赤黑(청황적흑) : 푸르름과 노래짐 / 붉음과 검음

靑	黃	赤	黑
푸를 청	누를 황	붉을 적	검을 흑
읽기 8급 쓰기 6급Ⅱ	읽기 6급 쓰기 5급	읽기 5급 쓰기 4급	읽기 5급 쓰기 4급

- 靑黃(청황)은 청색靑色과 황색黃色을 이르는 말이다.
- 赤黑(적흑)은 붉은빛을 많이 띤 검은색을 말한다.

44. 喜怒悲歡(희노비환) : 기쁨(사랑)과 성냄 / 슬픔과 기쁨(친함)

喜	怒	悲	歡
기쁠 희	성낼 노	슬플 비	기쁠 환
읽기 4급 쓰기 3급	읽기 4급Ⅱ 쓰기 3급Ⅱ	읽기 4급Ⅱ 쓰기 3급Ⅱ	읽기 4급 쓰기 3급

- 喜怒(희노)는 기쁨과 노여움을 아울러 이르는 말이다.
- 悲歡(비환)은 슬픔과 기쁨을 아울러 이르는 말이다.

45. 有無虛實(유무허실) : 있음과 없음 / 허함과 실함

有	無	虛	實
있을 유	없을 무	빌 허	열매 실
읽기 7급 쓰기 6급	읽기 5급 쓰기 4급	읽기 4급Ⅱ 쓰기 3급Ⅱ	읽기 5급Ⅱ 쓰기 4급Ⅱ

- 有無(유무)는 있음과 없음을 말한다.
- 虛實(허실)은 허함과 실함. 또는 참과 거짓을 아울러 이르는 말. 또는 (한의)에서 허증虛症과 실증實症을 아울러 이르는 말이다.

46. 文武技藝(문무기예) : 문관과 무관 / 재주(솜씨)와 재주(문예)

文	武	技	藝
글월 문	굳셀 무	재주 기	재주 예
읽기 7급 쓰기 6급	읽기 4급Ⅱ 쓰기 3급Ⅱ	읽기 5급 쓰기 4급	읽기 4급Ⅱ 쓰기 3급Ⅱ

- 文武(문무)는 문관과 무관. 또는 문식文識과 무략武略을 아우르는 말이다.
- 技藝(기예)는 '기술'과 '예술'을 아울러 이르는 말이다.

47. 安危存亡(안위존망) : 편안함과 위태함 / 존재(삶)와 멸망(죽음)

安	危	存	亡
편안할 안	위태할 위	있을 존	망할 망
읽기 7급Ⅱ 쓰기 6급	읽기 4급 쓰기 3급	읽기 4급 쓰기 3급	읽기 5급 쓰기 4급

- 安危(안위)는 편안함과 위태함을 아울러 이르는 말이다.
- 存亡(존망)은 존속과 멸망. 또는 생존과 사망을 아울러 이르는 말이다.

48. 歲時早晚(세시조만) : 해(나이)와 때 / 이름(일찍)과 늦음

歲	時	早	晚
해 세	때 시	이를 조	늦을 만
읽기 5급Ⅱ 쓰기 4급Ⅱ	읽기 7급Ⅱ 쓰기 6급	읽기 4급Ⅱ 쓰기 3급Ⅱ	읽기 3급Ⅱ 쓰기 2급

- 歲時(세시)는 새해의 처음. 또는 한 해의 절기나 달, 계절에 따른 때를 말한다.
- 早晚(조만)은 이름과 늦음을 아울러 이르는 말이다.

Ⅱ. 제2단계 : 중·고등학생용 한자
(4자문자 86개 : 49~134번 / 344자)

1. (중학용 3자 + 고등용 1자) : 4자문자 39개(49~87번 / 156자)

49. 仁義禮智(인의예지) : '어질다'와 '옳다' / 예도와 슬기

仁 (중학용)	義 (중학용)	禮 (중학용)	智 (고등용)
어질 인	옳을 의	예도 예	슬기 지
읽기 4급 쓰기 3급	읽기 4급Ⅱ 쓰기 3급Ⅱ	읽기 6급 쓰기 5급	읽기 4급 쓰기 3급

- 仁義(인의)는 어짊과 의로움. 또는 사회의 구성원들이 양심, 사회적 여론, 관습 따위에 비추어 스스로 마땅히 지켜야 할 행동 준칙이나 규범의 총체를 말한다.
  - ☞ 유학에서 사람이 갖추어야 할 네 가지의 성품, 즉 어질고(仁), 의롭고(義), 예의 바르고(禮), 지혜로움(智)을 이른다. 이는 외적 강제력을 갖는 법률과 달리 각자의 내면적 원리로서 작용하며, 또 종교와 달리 초월자와의 관계가 아닌 인간 상호 관계를 규정한다.

50. 朱玄素白(주현소백) : '붉다'와 '검다' / 본디(근본)와 흰(바탕)

朱 (중학용)	玄 (고등용)	素 (중학용)	白 (중학용)
붉을 주	검을 현	본디 소	흰 백
읽기 4급 쓰기 3급	읽기 3급Ⅱ 쓰기 2급	읽기 4급Ⅱ 쓰기 3급Ⅱ	읽기 8급 쓰기 6급Ⅱ

☞ 붉은색과 검은색. 근본과 바탕을 나타내는 네 개의 글자이다.

51. 學習記錄(학습기록) : 배움과 익힘 / 기록(암송)과 기록(기재)

學(중학용)	習(중학용)	記(중학용)	錄(고등용)
배울 학	익힐 습	기록할 기	기록할 록
읽기 8급 쓰기 6급Ⅱ	읽기 6급 쓰기 5급	읽기 7급Ⅱ 쓰기 6급	읽기 4급Ⅱ 쓰기 3급Ⅱ

- 學習(학습)은 배워서 익힘. 또는 (심리학에서) 경험의 결과로 나타나는 비교적 지속적인 행동의 변화나 그 잠재력의 변화. 또는 지식을 습득하는 과정을 말한다.
- 記錄(기록)은 주로 후일에 남길 목적으로 어떤 사실을 적음. 또는 그런 글을 말한다. 또한 운동 경기 따위에서 세운 성적이나 결과를 수치로 나타내는 말이다.

52. 知識覺悟(지식각오) : 앎과 알아줌 / 깨우침과 깨우쳐줌

知(중학용)	識(중학용)	覺(고등용)	悟(중학용)
알 지	알 식	깨달을 각	깨달을 오
읽기 5급Ⅱ 쓰기 4급Ⅱ	읽기 5급Ⅱ 쓰기 4급Ⅱ	읽기 4급 쓰기 3급	읽기 3급Ⅱ 쓰기 2급

- 知識(지식)은 어떤 대상에 대하여 배우거나 실천을 통하여 알게 된 명확한 인식이나 이해. 또는 알고 있는 내용이나 사물. 또는 (불교에서) '벗', 즉 아는 사람이라는 뜻이며, 그 사람이 착한 사람으로서 세상을 올바르게 지도하면 선지식이라고 하고, 나쁜 사람이면 악지식이라고 한다. 또는 (철학에서) 인식에 의하여 얻어진 성과. 사물에 대한 단편적인 사실적·경험적 인식을 말하며, 객관적 타당성을 요구할 수 있는 판단의 체계를 이른다.
- 覺悟(각오)는 앞으로 해야 할 일이나 겪을 일에 대한 마음의 준비. 또는 도리를 깨쳐 앎을 말한다.

53. 鄰里市井(린리시정) : 이웃과 마을 / 시장(저자)과 우물

鄰(고등용)	里(중학용)	市(중학용)	井(중학용)
이웃 린	마을 리	저자(시장) 시	우물 정
읽기 특급 쓰기	읽기 7급 쓰기 6급	읽기 7급Ⅱ 쓰기 6급	읽기 3급Ⅱ 쓰기 2급

- 鄰里(린리)는 이웃 동네를 말한다.
- 市井(시정)은 인가가 모인 곳을 뜻하는 말. 또는 시장에서 장사하는 사람의 무리라는 말로, 중국 상대上代에 우물이 있는 곳에 사람이 모여 살았다는 데서 유래한다.

54. 內外表裏(내외표리) : 안과 밖 / 겉과 속

內(중학용)	外(중학용)	表(중학용)	裏(고등용)
안 내	밖 외	겉 표	속 리
읽기 7급Ⅱ 쓰기 6급	읽기 8급 쓰기 6급Ⅱ	읽기 6급Ⅱ 쓰기 5급Ⅱ	읽기 3급Ⅱ 쓰기 2급

- 內外(내외)는 남자와 여자. 또는 그 차이. 남편과 아내를 아울러 이르는 말이다.
- 表裏(표리)는 물체의 겉과 속, 또는 안과 밖을 통틀어 이르는 말. 또는 겉으로 드러나는 언행과 속으로 가지는 생각을 통틀어 이르는 말. 또는 (복식에서) 임금이 신하에게 내리거나 신하가 임금에게 바치던 옷의 겉감과 안감을 말한다.
- ☞ 내외內外는 안쪽과 바깥쪽. 약간 덜하거나 넘음. 아내와 남편 등에 대한 표현이고, 표리表裏는 안팎과 겉. 표면과 내심. 옷의 겉감과 안집 등을 가리킨다.

55. 聞見聰察(문견총찰) : '듣다'와 '보다' / '귀밝다'와 '살피다'

聞 (중학용)	見 (중학용)	聰 (고등용)	察 (중학용)
들을 문	볼 견	귀밝을 총	살필 찰
읽기 6급Ⅱ 쓰기 5급Ⅱ	읽기 5급Ⅱ 쓰기 4급Ⅱ	읽기 3급 쓰기 2급Ⅱ	읽기 4급Ⅱ 쓰기 3급Ⅱ

- 聞見(문견)은 보거나 듣거나 하여 깨달아 얻은 지식을 말한다.
- 聰察(총찰)은 슬기롭고 영리해서 사물의 진실을 잘 꿰뚫어 보는 것을 말한다.
- ☞ 문견聞見은 귀로 듣고 눈으로 보아서 얻은 지식이고, 총찰總察은 모든 일을 맡아 총찰하는 직무를 뜻한다.

56. 修飾才能(수식재능) : '닦다'와 '꾸미다' / 재주와 능력

修 (중학용)	飾 (고등용)	才 (중학용)	能 (중학용)
닦을 수	꾸밀 식	재주 재	능할 능
읽기 4급Ⅱ 쓰기 3급Ⅱ	읽기 3급Ⅱ 쓰기 2급	읽기 6급Ⅱ 쓰기 5급Ⅱ	읽기 5급Ⅱ 쓰기 4급Ⅱ

- 修飾(수식)은 겉모양을 꾸밈. 또는 문장의 표현을 화려하게, 또는 기교 있게 꾸밈. 또는 문장에서, 체언과 용언에 말을 덧붙여 뜻을 더욱 분명하게 하는 일이다.
- 才能(재능)은 어떤 일을 하는 데 필요한 재주와 능력. 개인이 타고난 능력과 훈련에 의하여 획득된 능력을 아울러 이르는 말이다.
- ☞ 수식修飾은 겉모양을 꾸밈, 즉 문장의 표현을 기교 있게 꾸미거나 어떤 문장에서 말을 덧붙여 뜻을 더욱 분명하게 하는 것을 뜻하고, 재능才能은 어떤 일을 하는 데 필요한 재주와 능력을 뜻한다.

57. 輕重厚薄(경중후박) : 가벼움과 무거움 / 두터움과 엷음

輕(중학용)	重(중학용)	厚(중학용)	薄(고등용)
가벼울 경	무거울 중	두터울 후	엷을 박
읽기 5급 쓰기 4급	읽기 7급 쓰기 6급	읽기 8급 Ⅱ 쓰기 6급 Ⅱ	읽기 3급Ⅱ 쓰기 2급

- 輕重(경중)은 가벼움과 무거움, 또는 가볍고 무거운 정도. 또는 중요함과 중요하지 않음을 뜻하는 말이다.
- 厚薄(후박)은 두꺼움과 얇음. 또는 많고 넉넉함과 적고 모자람. 또는 후하게 구는 일과 박하게 구는 일을 말한다.

☞ 다산은 55세 때(유배 15년차) 아들로부터 "아버지! 아버지의 해배를 위해서 이기경李基慶과 목만중睦萬中, 홍인호洪仁浩 등에게 편지를 보내 도와달라고 부탁하시면 어떻겠습니까?"라는 내용의 편지를 받고 아들에게 "시비是非와 이해利害라는 두 가치를 기준으로 판단해야 한다."라고 기준을 제시해 주었다. "아들아! 그런 일에는 '시비是非'와 '이해利害'라는 두 가지 기준에서 네 개의 등급이 나온다. 최상의 등급은 '옳은 일을 하고 이익을 보는 것(是利)'이고, 그 다음은 '옳은 일을 하고 손해를 보는 것(是害)'이며, 그 다음은 '옳지 않은 일을 하고 이익을 보는 것(非利)'이고, 최악의 등급은 '옳지 못한 일을 하고 손해를 보는 것(非害)이다. 그런데 네 생각대로 애비가 해배를 위해 저들에게 부탁하는 것은 '옳지 못한 일을 하고 손해를 보는 최악의 등급'이다."라고 일러준 것이다. 이기경과 목만중, 홍인호 등은 젊은 시절에 다산과 같은 신서파信西派로 친하게 지내던 사람들인데, 어느 시점에서부터 공서파攻西派로 돌아서서, 다산을 공격하고 있었기 때문에 그들에게 부탁하는 것은 결코 옳은 일이 되지 못한다는 점을 알려주었는데, 이것은 다산이 輕重厚薄(경중후박)을 적용한 것이라 할 수 있다.

58. 鳥獸魚蟲(조수어충) : 새와 짐승 / 물고기와 벌레

鳥 (중학용)	獸 (중학용)	魚 (고등용)	蟲 (중학용)
새 조	짐승 수	물고기 어	벌레 충
읽기 4급Ⅱ 쓰기 3급Ⅱ	읽기 3급Ⅱ 쓰기 2급	읽기 5급 쓰기 4급	읽기 4급Ⅱ 쓰기 3급Ⅱ

- 鳥獸(조수)는 새와 짐승을 아울러 이르는 말이다.
- 魚蟲(어충)은 물고기와 벌레라는 뜻으로 쓰는 말이다.

59. 金銀銅鐵(금은동철) : 금과 은 / 구리와 쇠

金 (중학용)	銀 (중학용)	銅 (고등용)	鐵 (중학용)
금 금	은 은	구리 동	쇠 철
읽기 8급 쓰기 6급Ⅱ	읽기 6급 쓰기 5급	읽기 4급Ⅱ 쓰기 3급Ⅱ	읽기 5급 쓰기 4급

- 金銀(금은)은 금과 은, 또는 금화와 은화를 아울러 이르는 말이다.
- 銅鐵(동철)은 구리와 쇠를 아울러 이르는 말이다.

60. 攻守戰伐(공수전벌) : '치다(공격)'와 '지키다' / '싸우다'와 '치다(북)'

攻 (고등용)	守 (중학용)	戰 (중학용)	伐 (중학용)
칠 공	지킬 수	싸움 전	칠 벌
읽기 4급 쓰기 3급	읽기 4급Ⅱ 쓰기 3급Ⅱ	읽기 6급Ⅱ 쓰기 5급Ⅱ	읽기 4급Ⅱ 쓰기 3급Ⅱ

- 攻守(공수)는 공격과 수비를 아울러 이르는 말이다.

61. 射御書數(사어서수) : '쏘다'와 '거느리다' / 글과 셈

射(중학용)	御(고등용)	書(중학용)	數(중학용)
쏠 사	거느릴 어	글 서	셈 수
읽기 4급 쓰기 3급	읽기 3급Ⅱ 쓰기 2급	읽기 6급Ⅱ 쓰기 5급Ⅱ	읽기 7급 쓰기 6급

- 射御(사어)는 활쏘기와 말타기를 말한다.
- 書數(서수)는 글을 읽은 횟수를 세는 데 쓰는 물건을 말한다. 봉투처럼 만들어 겉에 홈을 내어서 접을 수 있도록 하였고, 안과 밖의 색을 달리하여 접힌 부분이 쉽게 눈에 띄게 하였다. 홈은 대개 열 개를 내며 접은 눈금을 헤아려 글을 읽은 횟수를 센다.
- ☞ 『논어집주』 「술이편」에 나오는 내용으로, 선비를 기르는 과정에서 '쇄소응대灑掃應對'에 이어 '사어서수射御書數', 즉 활쏘기, 말타기, 서예, 셈법 등을 가르쳤다.

62. 賓師主客(빈사주객) : 손님과 스승 / 주인과 손님

賓(고등용)	師(중학용)	主(중학용)	客(중학용)
손 빈	스승 사	임금(주인) 주	손 객
읽기 3급 쓰기 2급	읽기 4급Ⅱ 쓰기 3급Ⅱ	읽기 7급 쓰기 6급	읽기 5급Ⅱ 쓰기 4급Ⅱ

- 賓師(빈사)는 높은 사람에게 손님으로 대접을 받는 학자를 말한다.
- 主客(주객)은 주인과 손을 아울러 이르는 말. 또는 주되는 것과 부차적인 것을 아울러 이르는 말. 또는 예전에 중국에서, 사방四方의 빈객賓客을 영접하는 일을 맡아보던 사람을 말한다.

63. 講讀吟誦(강독음송) : 암기와 독서 / '읊다'와 '외우다'

講(중학용)	讀(중학용)	吟(중학용)	誦(고등용)
외울 강	읽을 독	읊을 음	욀 송
읽기 4급Ⅱ 쓰기 3급Ⅱ	읽기 6급Ⅱ 쓰기 5급Ⅱ	읽기 3급 쓰기 2급	읽기 3급 쓰기 2급

- 講讀(강독)은 글을 읽고 그 뜻을 밝힘, 또는 그런 과목을 말한다.
- 吟誦(음송)은 시가詩歌 따위를 소리 높여 읊음. 또는 소리를 내어 책을 읽음을 말한다.

64. 倫序班列(윤서반열) : 인륜과 차례 / 나눔과 벌림(늘림)

倫(중학용)	序(중학용)	班(고등용)	列(중학용)
인륜 윤	차례 서	나눌 반	벌일 열
읽기 3급Ⅱ 쓰기 2급	읽기 5급 쓰기 4급	읽기 6급Ⅱ 쓰기 5급Ⅱ	읽기 4급Ⅱ 쓰기 3급Ⅱ

- 倫序(윤서)는 정하여진 기준에서 말하는 전후, 좌우, 상하 따위의 차례 관계를 말한다.
- 班列(반열)은 품계나 신분, 등급의 차례를 말한다.

65. 可否成毀(가부성훼) : '옳다'와 '아니다' / '이루다'와 '헐다'

可(중학용)	否(중학용)	成(중학용)	毀(고등용)
옳을 가	아닐 부	이룰 성	헐 훼
읽기 5급 쓰기 4급	읽기 4급 쓰기 3급	읽기 6급Ⅱ 쓰기 5급Ⅱ	읽기 3급 쓰기 2급

- 可否(가부)는 옳고 그름. 또는 찬성과 반대를 아울러 이르는 말이다.

66. 生死禍福(생사화복) : 태어남과 죽음 / 재앙과 복됨

生 (중학용)	死 (중학용)	禍 (고등용)	福 (중학용)
날 생	죽을 사	재앙 화	복 복
읽기 8급Ⅱ 쓰기 6급Ⅱ	읽기 6급 쓰기 5급	읽기 3급Ⅱ 쓰기 2급	읽기 5급Ⅱ 쓰기 4급Ⅱ

- 生死(생사)는 삶과 죽음을 아울러 이르는 말. 또는 (불교에서) 모든 생물이 과거의 업業의 결과로 개체를 이루었다가 다시 해체되는 일. 생로병사의 시작과 끝, 또는 중생의 업력業力에 의하여서 삼계三界 육도六道의 미혹한 세계를, 태어나고 죽음을 되풀이하며 돌고 도는 일을 말한다.
- 禍福(화복)은 재화災禍와 복록福祿을 아울러 이르는 말이다.
- ☞ 生死禍福(생사화복)은 살고 죽는 것과 화를 입고 복을 받는 것을 아울러 이르는 말로, 모두가 하늘의 뜻에 달려 있다는 뜻으로 쓰인다.

67. 制作命令(제작명령) : 짓다(억제)와 짓다(창작) / 목숨과 명령

制 (고등용)	作 (중학용)	命 (중학용)	令 (중학용)
지을 제	지을 작	목숨 명	하여금 령
읽기 4급Ⅱ 쓰기 3급Ⅱ	읽기 6급Ⅱ 쓰기 5급Ⅱ	읽기 7급 쓰기 6급	읽기 5급 쓰기 4급

- 制作(제작)은 규정이나 법식 따위를 생각하여 정함을 말한다.
- 命令(명령)은 윗사람이나 상위 조직이 아랫사람이나 하위 조직에 무엇을 하게 함, 또는 그런 내용. (군에서) 상급자나 상위 조직이 하급자나 하위 조직에 군사적 행위를 하게 함, 또는 그런 내용. (법률에서) 공법적 의무를 부과하여 국민의 사실상의 자유를 제한하는 처분을 말한다.

68. 草木禾穀(초목화곡) : 풀과 나무 / 벼와 곡식

草 (중학용)	木 (중학용)	禾 (고등용)	穀 (중학용)
풀 초	나무 목	벼 화	곡식 곡
읽기 7급 쓰기 6급	읽기 8급 쓰기 6급Ⅱ	읽기 8급 쓰기 6급Ⅱ	읽기 4급 쓰기 3급

- 草木(초목)은 풀과 나무를 아울러 이르는 말이다.
- 禾穀(화곡)은 벼에 딸린 곡식을 통틀어 이르는 말이다.

69. 會遇盟約(회우맹약) : 모임과 만남 / 맹세와 약속

會 (중학용)	遇 (중학용)	盟 (고등용)	約 (중학용)
모일 회	만날 우	맹세 맹	약속 약
읽기 6급Ⅱ 쓰기 5급Ⅱ	읽기 4급 쓰기 3급	읽기 3급Ⅱ 쓰기 2급	읽기 5급Ⅱ 쓰기 4급Ⅱ

- 會遇(회우)는 한데 모여 만남. 오다가다 만나거나 마주침을 말한다.
- 盟約(맹약)은 굳게 맹세한 약속. 또는 동맹국 사이의 조약을 말한다.

70. 回還歸反(회환귀반) : 돌아옴(회전)과 돌아옴(반환) / 돌아감과 돌이킴

回 (중학용)	還 (고등용)	歸 (중학용)	反 (중학용)
돌아올 회	돌아올 환	돌아갈 귀	돌이킬 반
읽기 4급Ⅱ 쓰기 3급Ⅱ	읽기 3급Ⅱ 쓰기 2급	읽기 4급 쓰기 3급	읽기 6급Ⅱ 쓰기 5급Ⅱ

- 回還(회환)은 갔다가 다시 돌아옴을 뜻한다.

71. 追隨交接(추수교접) : '쫓다'와 '따르다' / '사귀다'와 '붙이다'

追 (중학용)	隨 (고등용)	交 (중학용)	接 (중학용)
쫓을 추	따를 수	사귈 교	붙일 접
읽기 3급Ⅱ 쓰기 2급	읽기 3급Ⅱ 쓰기 2급	읽기 6급 쓰기 5급	읽기 4급Ⅱ 쓰기 3급Ⅱ

- 追隨(추수)는 뒤쫓아 따름. 또는 남의 뒤를 쫓아 따르는 것을 말한다.
- 交接(교접)은 서로 닿아서 접촉함. 또는 동물 생식을 하기 위하여 동물의 암컷과 수컷이 성적性的인 관계를 맺는 일을 말한다.

72. 加減損益(가감손익) : '더하다'와 '빼다' / '덜다'와 '더하다'

加 (중학용)	減 (중학용)	損 (고등용)	益 (중학용)
더할 가	덜 감	덜 손	더할 익
읽기 5급 쓰기 4급	읽기 4급Ⅱ 쓰기 3급Ⅱ	읽기 4급 쓰기 3급	읽기 4급Ⅱ 쓰기 3급Ⅱ

- 加減(가감)은 더하거나 빼는 일. 또는 그렇게 하여 알맞게 맞추는 일. 또는 (수학)에서 덧셈과 뺄셈을 아울러 이르는 말이다.
- 損益(손익)은 손해와 이익을 아울러 이르는 말. 또는 (경영에서) 기말 결산의 한 절차로서, 원장元帳의 손익에 딸린 각 계정의 잔액을 대체 집합하여 순손익금을 산정하기 위하여 설정되는 계정을 말한다.

73. 淸濁高低(청탁고저) : 맑음과 흐림 / 높음과 낮음

淸 (중학용)	濁 (고등용)	高 (중학용)	低 (중학용)
맑을 청	흐릴 탁	높을 고	낮을 저
읽기 6급Ⅱ 쓰기 5급Ⅱ	읽기 3급 쓰기 2급	읽기 6급Ⅱ 쓰기 5급Ⅱ	읽기 4급Ⅱ 쓰기 3급Ⅱ

- 淸濁(청탁)은 맑음과 흐림. 또는 옳고 그름. 또는 착함과 악함의 비유적 표현. 또는 청주와 탁주를 아울러 이르는 말이다.
- 高低(고저)는 높음과 낮음. 또는 높고 낮은 정도를 말한다.

74. 抑揚殺活(억양살활) : 누름과 날림 / '죽이다'와 '살리다'

抑 (고등용)	揚 (중학용)	殺 (중학용)	活 (중학용)
누를 억	날릴 양	죽일 살	살 활
읽기 3급Ⅱ 쓰기 2급	읽기 3급Ⅱ 쓰기 2급	읽기 4급Ⅱ 쓰기 3급Ⅱ	읽기 7급Ⅱ 쓰기 6급

- 抑揚(억양)은 혹은 억누르고, 혹은 찬양함. 또는 (언어에서) 음音의 상대적인 높이를 변하게 함, 또는 그런 변화. 음절 억양, 단어 억양, 문장 억양 따위가 있다.
- 殺活(살활)은 사람을 죽이고 살리는 것. 또는 사람을 마음대로 다루는 것을 말한다.

75. 去留用捨(거류용사) : '가다'와 '머무르다' / '쓰다'와 '버리다'

去 (중학용)	留 (중학용)	用 (중학용)	捨 (고등용)
갈 거	머무를 류	쓸 용	버릴 사
읽기 5급 쓰기 4급	읽기 4급Ⅱ 쓰기 3급Ⅱ	읽기 6급Ⅱ 쓰기 5급Ⅱ	읽기 3급 쓰기 2급

- 去留(거류)는 떠나감과 머물러 있음. 또는 죽음과 삶. 또는 일이 되고 안됨을 이르는 말이다.
- 用捨(용사)는 취하여 쓰거나 내버림을 뜻한다.

76. 萬億雙匹(만억쌍필) : 만(숫자)과 억(숫자) / 쌍과 짝

萬 (중학용)	億 (중학용)	雙 (고등용)	匹 (중학용)
일만 만	억 억	쌍 쌍	짝 필
읽기 8급Ⅱ 쓰기 6급Ⅱ	읽기 5급 쓰기 4급	읽기 3급Ⅱ 쓰기 2급	읽기 8급 쓰기 2급

- 萬億(만억)은 아주 많은 수를 뜻한다.

77. 房屋堂廊(방옥당랑) : 방과 집(상호) / 집(대청)과 사랑채

房 (중학용)	屋 (중학용)	堂 (중학용)	廊 (고등용)
방 방	집 옥	집 당	사랑채 랑
읽기 4급Ⅱ 쓰기 3급Ⅱ	읽기 5급 쓰기 4급	읽기 6급Ⅱ 쓰기 5급Ⅱ	읽기 3급Ⅱ 쓰기 2급

- 房屋(방옥)은 큰 방 안에 따로 규모가 작게 만든 아랫방을 말한다.

78. 財貨賦稅(재화부세) : 재물(재산)과 재물(상품) / 부세(세금 부과)

財 (중학용)	貨 (중학용)	賦 (고등용)	稅 (중학용)
재물 재	재화 화	부세 부	부세 세
읽기 5급Ⅱ 쓰기 4급Ⅱ	읽기 4급Ⅱ 쓰기 3급Ⅱ	읽기 3급Ⅱ 쓰기 2급	읽기 4급Ⅱ 쓰기 3급Ⅱ

- 財貨(재화)는 사람이 바라는 바를 충족시켜 주는 모든 물건. 또는 (법률에서) 절도, 강도, 사기, 횡령 따위의 재산 범죄의 대상이 되는 물건. 주로 형법刑法에서 사용하는 용어이다.
- 賦稅(부세)는 세금을 매겨서 부과하는 일을 말한다.

79. 將相卿士(장상경사) : 장수와 정승 / 재상과 선비

將 (중학용)	相 (중학용)	卿 (고등용)	士 (중학용)
장수 장	서로(정승) 상	벼슬(재상) 경	선비 사
읽기 4급Ⅱ 쓰기 3급Ⅱ	읽기 5급Ⅱ 쓰기 4급Ⅱ	읽기 3급 쓰기 2급	읽기 6급Ⅱ 쓰기 4급Ⅱ

- 將相(장상)은 장수와 재상을 아울러 이르는 말이다.
- 卿士(경사)는 영의정領議政, 좌의정左議政, 우의정右議政 이외의 모든 벼슬 아치를 卿士大夫(경사대부)라고 하는 데서 나온 말이다.

80. 愁恨憂慮(수한우려) : '근심'과 '한스러움' / '근심'과 '생각함'

愁(중학용)	恨(중학용)	憂(중학용)	慮(고등용)
근심 수	한할 한	근심 우	생각할 려
읽기 3급Ⅱ 쓰기 2급	읽기 4급 쓰기 3급	읽기 3급Ⅱ 쓰기 2급	읽기 4급 쓰기 3급

- 愁恨(수한)은 근심하며 원망함을 뜻한다.
- 憂慮(우려)는 근심하거나 걱정함, 또는 그 근심과 걱정을 말한다.

81. 史傳詩詞(사전시사) : 지나온 역사와 전함 / 시와 말

史(중학용)	傳(중학용)	詩(중학용)	詞(고등용)
사관 사	전할 전	시 시	말 사
읽기 5급Ⅱ 쓰기 4급Ⅱ	읽기 5급Ⅱ 쓰기 4급Ⅱ	읽기 4급Ⅱ 쓰기 3급Ⅱ	읽기 3급Ⅱ 쓰기 2급

- 史傳(사전)은 역사와 전기傳記를 아울러 이르는 말, 또는 역사에 전해진 기록을 말한다.
- 詩詞(시사)는 시詩와 문장文章을 일컫는 말이다.

82. 臭味聲色(취미성색) : 냄새와 맛 / 소리와 빛

臭 (고등용)	味 (중학용)	聲 (중학용)	色 (중학용)
냄새 취	맛 미	소리 성	빛 색
읽기 3급 쓰기 2급	읽기 4급Ⅱ 쓰기 3급Ⅱ	읽기 4급Ⅱ 쓰기 3급Ⅱ	읽기 7급 쓰기 6급

- 臭味(취미)는 냄새와 맛을 아울러 이르는 말이다.
- 聲色(성색)은 말소리와 얼굴빛을 아울러 이르는 말. 또는 음악과 여색女色을 아울러 이르는 말이다.

83. 治亂得失(치란득실) : 다스림과 어지럼 / 얻음과 잃음

治 (중학용)	亂 (고등용)	得 (중학용)	失 (중학용)
다스릴 치	어지러울 란	얻을 득	잃을 실
읽기 4급Ⅱ 쓰기 3급Ⅱ	읽기 4급 쓰기 3급	읽기 4급Ⅱ 쓰기 3급Ⅱ	읽기 6급 쓰기 5급

- 治亂(치란)은 잘 다스려진 세상과 어지러운 세상. 또는 혼란에 빠진 세상을 다스림을 말한다.
- 得失(득실)은 얻음과 잃음. 또는 이익과 손해를 아울러 이르는 말. 또는 성공과 실패를 아울러 이르는 말이다.

84. 明暗通塞(명암통색) : 밝음과 어두움 / 통함과 막힘

明 (중학용)	暗 (중학용)	通 (중학용)	塞 (고등용)
밝을 명	어두울 암	통할 통	막힐 색
읽기 6급Ⅱ 쓰기 5급Ⅱ	읽기 4급Ⅱ 쓰기 3급Ⅱ	읽기 6급 쓰기 5급	읽기 3급Ⅱ 쓰기 2급

- 明暗(명암)은 밝음과 어두움. 또는 기쁜 일과 슬픈 일. 또는 행복과 불행을 통틀어 이르며, (미술 회화에서), 색의 농담이나 밝기의 정도를 이르는 말이다.
- 通塞(통색)은 통함과 막힘. 또는 운수가 트임과 트이지 아니함. 또는 행복함과 불행함을 이르는 말이다.

85. 吏民工商(이민공상) : 아전과 백성 / 장인과 장사

吏 (고등용)	民 (중학용)	工 (중학용)	商 (중학용)
벼슬아치(아전) 이	백성 민	장인 공	장사 상
읽기 3급Ⅱ 쓰기 2급	읽기 8급 쓰기 6급Ⅱ	읽기 7급Ⅱ 쓰기 6급	읽기 5급Ⅱ 쓰기 4급Ⅱ

- 吏民(이민)은 지방의 아전과 백성을 칭하는 말이다.
- 工商(공상)은 공업과 상업을 아울러 이르는 말. 또는 물건을 만들거나 파는 일에 종사하는 사람을 말한다.

86. 菜蔬花藥(채소화약) : 나물과 푸성귀 / 꽃과 약초

菜 (중학용)	蔬 (고등용)	花 (중학용)	藥 (중학용)
나물 채	푸성귀 소	꽃 화	약초 약
읽기 3급Ⅱ 쓰기 2급	읽기 3급 쓰기 2급	읽기 7급 쓰기 6급	읽기 6급Ⅱ 쓰기 5급Ⅱ

- 菜蔬(채소)는 밭에서 기르는 농작물을 말한다. 주로 그 잎이나 줄기, 열매 따위를 식용한다. 보리나 밀 따위의 곡류는 제외한다.

87. 道路橋驛(도로교역) : 큰길과 마을길 / 다리와 정거장

道 (중학용)	路 (중학용)	橋 (중학용)	驛 (고등용)
큰길 도	길 로	다리 교	역(정거장) 역
읽기 7급Ⅱ 쓰기 6급	읽기 6급 쓰기 5급	읽기 5급 쓰기 4급	읽기 3급Ⅱ 쓰기 2급

- 道路(도로)는 사람, 차 따위가 잘 다닐 수 있도록 만들어 놓은 비교적 넓은 길을 말한다.

2. (중학용 2자 + 고등용 2자) : **4자문자 33개(88~120번/132자)**

88. 伯仲叔季(백중숙계) : 맏이와 버금 / 아저씨와 막내

伯 (고등용)	仲 (고등용)	叔 (중학용)	季 (중학용)
맏 백	버금 중	아저씨 숙	계절(막내) 계
읽기 3급Ⅱ 쓰기 2급	읽기 3급Ⅱ 쓰기 2급	읽기 4급 쓰기 3급	읽기 4급 쓰기 3급

- 伯仲(백중)은 맏이와 둘째를 아울러 이르는 말. 또는 재주나 실력, 기술 따위가 서로 비슷하여 낫고 못함이 없음. 또는 그런 형세를 뜻한다.
- 叔季(숙계)는 네 형제 중 셋째와 넷째. 또는 정치, 도덕, 풍속 따위가 아주 쇠퇴하여 끝판이 다 된 세상을 말한다.

89. 光彩形影(광채형영) : 빛과 채색 / 형상과 그림자

光 (중학용)	彩 (고등용)	形 (중학용)	影 (고등용)
빛 광	채색 채	형상 형	그림자 영
읽기 6급Ⅱ 쓰기 5급Ⅱ	읽기 3급Ⅱ 쓰기 2급	읽기 6급Ⅱ 쓰기 5급Ⅱ	읽기 3급Ⅱ 쓰기 2급

- 光彩(광채)는 아름답고 찬란한 빛, 또는 정기 있는 밝은 빛. 또는 섬뜩할 정도로 날카로운 빛을 말한다.
- 形影(형영)은 형체와 그림자를 아울러 이르는 말. 또는 항상 서로 떨어질 수 없는 불가분의 관계에 있는 것을 비유적으로 이르는 말이다.

90. 晝夜晨昏(주야신혼) : 낮과 밤 / 새벽과 저녁

晝 (중학용)	夜 (중학용)	晨 (고등용)	昏 (고등용)
낮 주	밤 야	새벽 신	저녁 혼
읽기 6급 쓰기 5급	읽기 6급 쓰기 5급	읽기 3급 쓰기 2급	읽기 3급 쓰기 2급

- 晝夜(주야)는 밤과 낮을 아울러 이르는 말. 또는 쉬지 아니하고 계속함을 뜻한다.
- 晨昏(신혼)은 새벽과 해 질 무렵을 아울러 이르는 말이다.

91. 求乞報償(구걸보상) : '구하다'와 '빌다' / '갚다'와 '갚다(상환)'

求 (중학용)	乞 (고등용)	報 (중학용)	償 (고등용)
구할 구	빌 걸	갚을 보	갚을 상
읽기 4급Ⅱ 쓰기 3급Ⅱ	읽기 3급 쓰기 2급	읽기 4급Ⅱ 쓰기 3급Ⅱ	읽기 3급Ⅱ 쓰기 2급

- 求乞(구걸)은 돈이나 곡식, 물건 따위를 거저 달라고 비는 것을 뜻한다.
- 報償(보상)은 남에게 끼친 손해를 갚음. 또는 (법률에서) 국가 또는 단체가 적법한 행위에 의하여 국민이나 주민에게 가한 재산상의 손실을 갚아 주기 위하여 제공하는 대상代償을 말한다.

92. 慈良敦睦(자량돈목) : 사랑과 어짊 / 도타움과 화목함

慈 (중학용)	良 (중학용)	敦 (고등용)	睦 (고등용)
사랑 자	어질 량	도타울 돈	화목할 목
읽기 3급Ⅱ 쓰기 2급	읽기 5급Ⅱ 쓰기 4급Ⅱ	읽기 3급 쓰기 2급	읽기 3급Ⅱ 쓰기 2급

- 敦睦(돈목)은 정이 두텁고 화목함. 또는 일가친척이 사이가 좋고 화목함을 말한다.

93. 召呼請謁(소호청알) : 부름(초래)과 부름(숨 내쉼) / 청함과 뵘

召 (고등용)	呼 (중학용)	請 (중학용)	謁 (고등용)
부를 소	부를 호	청할 청	뵐 알
읽기 3급 쓰기 2급	읽기 4급Ⅱ 쓰기 3급Ⅱ	읽기 4급Ⅱ 쓰기 3급Ⅱ	읽기 3급 쓰기 2급

- 請謁(청알)은 만나 뵙기를 청함의 뜻이다.

94. 慶弔賀慰(경조하위) : 경사와 조상 / 하례와 위로

慶 (중학용)	弔 (고등용)	賀 (중학용)	慰 (고등용)
경사 경	조상할 조	하례할 하	위로할 위
읽기 4급Ⅱ 쓰기 3급Ⅱ	읽기 3급 쓰기 2급	읽기 3급Ⅱ 쓰기 2급	읽기 4급 쓰기 3급

- 慶弔(경조)는 경사스러움과 불행함. 또는 경축하는 것과 조문弔問하는 일을 말한다.

95. 原野丘陵(원야구릉) : 언덕과 들 / 언덕(무덤)과 큰 언덕(꼭대기)

原 (중학용)	野 (중학용)	丘 (고등용)	陵 (고등용)
언덕 원	들 야	언덕 구	언덕 릉
읽기 5급 쓰기 4급	읽기 6급 쓰기 5급	읽기 3급Ⅱ 쓰기 2급	읽기 3급Ⅱ 쓰기 2급

- 原野(원야)는 개척하지 아니하여 인가가 없는 벌판과 들을 말한다.
- 丘陵(구릉)은 땅이 비탈지고 조금 높은 곳을 말한다.

96. 音響芳香(음향방향) : 소리와 울림 / 꽃다움과 향기

音 (중학용)	響 (고등용)	芳 (고등용)	香 (중학용)
소리 음	울릴 향	꽃다울 방	향기 향
읽기 6급Ⅱ 쓰기 5급Ⅱ	읽기 3급Ⅱ 쓰기 2급	읽기 3급Ⅱ 쓰기 2급	읽기 4급Ⅱ 쓰기 3급Ⅱ

- 音響(음향)은 물체에서 나는 소리와 그 울림을 뜻한다.
- 芳香(방향)은 꽃다운 향기를 말한다.

97. 眞假優劣(진가우열) : 참됨과 거짓 / 넉넉함과 못함

眞 (중학용)	假 (중학용)	優 (고등용)	劣 (고등용)
참 진	거짓 가	넉넉할 우	못할 열
읽기 4급Ⅱ 쓰기 3급Ⅱ	읽기 4급Ⅱ 쓰기 3급Ⅱ	읽기 4급 쓰기 3급	읽기 3급 쓰기 2급

- 眞假(진가)는 진짜와 가짜를 아울러 이르는 말. 또는 (불교에서) 가설假說한 방편과 영구불변의 진실을 이르는 말이다.
- 優劣(우열)은 나음과 못함을 이르는 말이다.

98. 尊卑貴賤(존비귀천) : 높은 신분과 낮은 신분 / 귀함과 천함

尊 (중학용)	卑 (고등용)	貴 (중학용)	賤 (고등용)
높을 존	낮을 비	귀할 귀	천할 천
읽기 4급Ⅱ 쓰기 3급Ⅱ	읽기 3급Ⅱ 쓰기 2급	읽기 5급 쓰기 4급	읽기 3급Ⅱ 쓰기 2급

- 尊卑(존비)는 사회적 지위나 신분의 존귀함과 비천함을 말한다.
- 貴賤(귀천)은 부귀富貴와 빈천貧賤을 아울러 이르는 말. 또는 신분이나 일 따위의 귀함과 천함을 말한다.
- ☞ 尊卑貴賤(존비귀천)은 사회적 지위나 신분의 높음과 낮음, 또는 귀貴함과 천賤함을 이르는 말이다.

99. **爵祿官位**(작록관위) : 벼슬과 녹봉 / 벼슬과 자리

爵 (고등용)	祿 (고등용)	官 (중학용)	位 (중학용)
벼슬 작	녹 록	벼슬 관	자리 위
읽기 3급 쓰기 2급	읽기 3급Ⅱ 쓰기 2급	읽기 4급Ⅱ 쓰기 3급Ⅱ	읽기 5급 쓰기 4급

- 爵祿(작록)은 관작官爵과 봉록俸祿을 아울러 이르는 말이다.
- 官位(관위)는 예전에 벼슬자리, 또는 직위를 이르던 말. 관리나 벼슬의 등급을 말한다.

100. **遲速緩急**(지속완급) : 더딤과 빠름 / 느림과 급함

遲 (고등용)	速 (중학용)	緩 (고등용)	急 (중학용)
더딜 지	빠를 속	느릴 완	급할 급
읽기 3급 쓰기 2급	읽기 6급 쓰기 5급	읽기 3급Ⅱ 쓰기 2급	읽기 6급Ⅱ 쓰기 5급Ⅱ

- 遲速(지속)은 더딤과 빠름을 뜻하는 말이다.
- 緩急(완급)은 느림과 빠름. 또는 일의 급함과 급하지 않음을 뜻하는 말이다.

101. 計謀許諾(계모허락) : 계교와 꾀 / 허락(편듦)과 허락(승낙)

計 (중학용)	謀 (고등용)	許 (중학용)	諾 (고등용)
셀 계	꾀 모	허락할 허	허락할 락
읽기 6급Ⅱ 쓰기 5급Ⅱ	읽기 3급Ⅱ 쓰기 2급	읽기 5급 쓰기 4급	읽기 3급Ⅱ 쓰기 2급

- 計謀(계모)는 어떤 일을 이루기 위한 꾀나 수단을 말한다.
- 許諾(허락)은 청하는 일을 하도록 들어줌의 뜻이다.

102. 孔孟顔曾(공맹안증) : 공자와 맹자 / 안자와 증자

孔 (고등용)	孟 (고등용)	顔 (중학용)	曾 (중학용)
구멍(공자) 공	맏(맹자) 맹	낯(얼굴) 안	일찍 증
읽기 4급 쓰기 3급	읽기 8급Ⅱ 쓰기 6급Ⅱ	읽기 3급Ⅱ 쓰기 2급	읽기 3급Ⅱ 쓰기 2급

- 孔孟(공맹)은 공자와 맹자를 아울러 이르는 말이다.
- 顔曾(안증)은 안자와 증자를 아울러 이르는 말이다.

103. 完缺純雜(완결순잡) : 완전함과 이지러짐 / 순수함과 섞임

完 (중학용)	缺 (고등용)	純 (중학용)	雜 (고등용)
완전할 완	이지러질 결	순수할 순	섞일 잡
읽기 5급 쓰기 4급	읽기 4급Ⅱ 쓰기 3급Ⅱ	읽기 4급Ⅱ 쓰기 3급Ⅱ	읽기 4급 쓰기 3급

- '완결'과 '순잡'은 사전에 기록되지 않은 용어임.

104. 軍旅營陣(군려영진) : 군사와 나그네 / '경영하다'와 '진치다'

軍(중학용)	旅(중학용)	營(고등용)	陣(고등용)
군사 군	군대(나그네) 려	경영할 영	진칠 진
읽기 8급 쓰기 6급Ⅱ	읽기 5급Ⅱ 쓰기 4급Ⅱ	읽기 4급 쓰기 3급	읽기 4급 쓰기 3급

- 軍旅(군려)는 전쟁터에 나와 있는 군대. 국가와 국가, 또는 교전交戰 단체 사이에 무력을 사용하여 싸움하는 것을 말한다.

105. 紅紫綠碧(홍자록벽) : 분홍과 자줏빛 / 초록색과 푸른색

紅(중학용)	紫(고등용)	綠(중학용)	碧(고등용)
분홍 홍	자줏빛 자	푸를(초록) 록	푸를 벽
읽기 4급 쓰기 3급	읽기 3급Ⅱ 쓰기 2급	읽기 6급 쓰기 5급	읽기 3급Ⅱ 쓰기 2급

- 紅紫(홍자)는 붉은빛과 보랏빛을 아울러 이르는 말. 또는 여러 가지 꽃의 아름다운 색깔을 비유적으로 이르는 말이다.

106. 孤獨單微(고독단미) : 외로움과 홀로 / 홑(혼자)과 작음

孤(고등용)	獨(중학용)	單(중학용)	微(고등용)
외로울 고	홀로 독	홑 단	작을 미
읽기 4급 쓰기 3급	읽기 5급Ⅱ 쓰기 4급Ⅱ	읽기 4급Ⅱ 쓰기 3급Ⅱ	읽기 3급Ⅱ 쓰기 2급

- 孤獨(고독)은 세상에 홀로 떨어져 있는 듯이 매우 외롭고 쓸쓸함. 또는 부모 없는 어린아이와 자식 없는 늙은이를 뜻하는 말이다.

107. **郡縣州都**(군현주도) : 고을(관아)과 고을(연결) / 고을(국토)
 과 도읍

郡 (중학용)	縣 (고등용)	州 (고등용)	都 (중학용)
고을 군	고을 현	고을 주	도읍 도
읽기 6급 쓰기 5급	읽기 3급 쓰기 2급	읽기 5급Ⅱ 쓰기 4급Ⅱ	읽기 5급 쓰기 4급

- 郡縣(군현)은 군현제도에서의 군郡과 현縣을 아울러 이르는 말. 또는 (역사)에서 지방제도인 주州, 부府, 군郡, 현縣 따위를 통틀어 이르던 말이다.
- 州都(주도)는 州(주)를 행정단위로 하는 국가에서 주의 정치, 문화 따위의 중심 도시를 말한다.

108. **衣服冠帶**(의복관대) : 옷(웃옷)과 옷(의복) / 갓과 띠

衣 (중학용)	服 (중학용)	冠 (고등용)	帶 (고등용)
옷 의	옷 복	갓 관	띠 대
읽기 6급 쓰기 5급	읽기 6급 쓰기 5급	읽기 3급Ⅱ 쓰기 2급	읽기 4급Ⅱ 쓰기 3급Ⅱ

- 衣服(의복)은 몸을 싸서 가리거나 보호하기 위하여 피륙 따위로 만들어 입는 물건을 말한다.
- 冠帶(관대)는 '관디'의 원말. "영의정 대감의 몸은 호리호리하고 가냘프다. 관대를 입었는데, 몸은 옷을 이기지 못하여 금방 곧 쓰러질 듯하다."

109. 利害災祥(이해재상) : 이로움과 해로움 / 재앙과 복

利 (중학용)	害 (중학용)	災 (고등용)	祥 (고등용)
이로울 이	해할 해	재앙 재	복 상
읽기 6급Ⅱ 쓰기 5급Ⅱ	읽기 5급Ⅱ 쓰기 4급Ⅱ	읽기 5급 쓰기 4급	읽기 3급 쓰기 2급

- 利害(이해)는 이익과 손해를 아울러 이르는 말이다.
- 災祥(재상)은 재앙과 상서祥瑞를 아울러 이르는 말. 또는 재앙이 생길 징조를 말한다.

110. 浮沈隱現(부침은현) : '뜨다'와 '잠기다' / '숨다'와 '나타나다'

浮 (중학용)	沈 (고등용)	隱 (고등용)	現 (중학용)
뜰 부	잠길 침	숨을 은	나타날 현
읽기 3급Ⅱ 쓰기 2급	읽기 8급Ⅱ 쓰기 6급Ⅱ	읽기 4급 쓰기 3급	읽기 6급Ⅱ 쓰기 5급Ⅱ

- 浮沈(부침)은 물 위에 떠올랐다 물속에 잠겼다 함. 또는 세력 따위가 성하고 쇠함을 비유적으로 이르는 말. 또는 편지가 받아볼 사람에게 이르지 못하고 도중에서 없어짐을 뜻하는 말이다.
- 隱現(은현)은 숨었다 나타났다 함. 또는 보일락 말락함을 뜻한다.

111. 從違離合(종위이합) : 좇음과 어긋남 / '떠나다'와 '모이다'

從 (중학용)	違 (고등용)	離 (고등용)	合 (중학용)
좇을 종	어긋날 위	떠날 이	모을 합
읽기 4급 쓰기 3급	읽기 3급 쓰기 2급	읽기 4급 쓰기 3급	읽기 6급 쓰기 5급

- 從違(종위)는 복종과 위배. 또는 용서함과 용서하지 아니함를 아울러 이르는 말이다.
- 離合(이합)은 헤어지고 만남을 뜻한다.

112. 盛衰窮達(성쇠궁달) : 성함과 쇠(퇴)함 / 궁함과 통달함

盛 (중학용)	衰 (고등용)	窮 (고등용)	達 (중학용)
성할 성	쇠할 쇠	궁할 궁	통달할 달
읽기 4급Ⅱ 쓰기 3급Ⅱ	읽기 3급Ⅱ 쓰기 2급	읽기 4급 쓰기 3급	읽기 4급Ⅱ 쓰기 3급Ⅱ

- 盛衰(성쇠)는 성하고 쇠퇴함을 뜻한다.
- 窮達(궁달)은 빈궁貧窮과 영달榮達을 아울러 이르는 말. 또는 깊이 연구하여 통달함을 뜻한다.

113. 齒牙脣舌(치아순설) : 이와 어금니 / 입술과 혀

齒 (중학용)	牙 (고등용)	脣 (고등용)	舌 (중학용)
이 치	어금니 아	입술 순	혀 설
읽기 4급Ⅱ 쓰기 3급Ⅱ	읽기 8급Ⅱ 쓰기 6급Ⅱ	읽기 3급 쓰기 2급	읽기 4급 쓰기 3급

- 齒牙(치아)는 '이(齒)'를 점잖게 이르는 말이다.
- 脣舌(순설)은 입술과 혀를 아울러 이르는 말. 또는 수다스러움을 비유적으로 이르는 말이다.

114. 變化周旋(변화주선) : 변함과 변화됨 / '두루(둘레)'와 '돌다'

變 (중학용)	化 (중학용)	周 (고등용)	旋 (고등용)
변할 변	변화할 화	두루 주	돌 선
읽기 5급Ⅱ 쓰기 4급Ⅱ	읽기 5급Ⅱ 쓰기 4급Ⅱ	읽기 4급 쓰기 3급	읽기 3급Ⅱ 쓰기 2급

- 變化(변화)는 사물의 성질, 모양, 상태 따위가 바뀌어 달라짐을 뜻한다.
- 周旋(주선)은 일이 잘되도록 여러 가지 방법으로 힘씀. 또는 (법률에서) 국가 간의 분쟁을 평화적으로 해결하기 위하여 제삼국이 분쟁 당사국 간의 교섭을 진행하는 일을 뜻한다.

115. 誠僞敬怠(성위경태) : 정성과 거짓 / 공경과 게으름

誠 (중학용)	僞 (고등용)	敬 (중학용)	怠 (고등용)
정성 성	거짓 위	공경 경	게으를 태
읽기 4급Ⅱ 쓰기 3급Ⅱ	읽기 3급Ⅱ 쓰기 2급	읽기 5급Ⅱ 쓰기 4급Ⅱ	읽기 3급 쓰기 2급

- '성위'와 '경태'는 사전에 기록되지 않은 용어임.

116. 尋丈分寸(심장분촌) : 탐구와 어른 / 푼(단위)과 치(단위)

尋 (고등용)	丈 (고등용)	分 (중학용)	寸 (중학용)
찾을(탐구) 심	어른 장	푼 분	치 촌
읽기 3급 쓰기 2급	읽기 3급Ⅱ 쓰기 2급	읽기 6급Ⅱ 쓰기 5급Ⅱ	읽기 8급 쓰기 6급Ⅱ

- 分寸(분촌)은 일분일촌이라는 뜻으로, 아주 적음을 비유적으로 이르는 말이다.

117. 縱橫遠近(종횡원근) : 세로와 가로 / '멀다'와 '가깝다'

縱 (고등용)	橫 (고등용)	遠 (중학용)	近 (중학용)
세로 종	가로 횡	멀 원	가까울 근
읽기 3급Ⅱ 쓰기 2급	읽기 3급Ⅱ 쓰기 2급	읽기 6급 쓰기 5급	읽기 6급 쓰기 5급

- 縱橫(종횡)은 세로와 가로를 아울러 이르는 말. 또는 거침없이 마구 오가거나 이리저리 다님을 말한다.
- 遠近(원근)은 멀고 가까움. 또는 먼 곳과 가까운 곳의 사람을 뜻한다.

118. 冷熱燥濕(냉열조습) : 차가움과 더움 / 마른 것과 젖은 것

冷 (중학용)	熱 (중학용)	燥 (고등용)	濕 (고등용)
찰 냉	더울 열	마를 조	젖을 습
읽기 5급 쓰기 4급	읽기 5급 쓰기 4급	읽기 3급 쓰기 2급	읽기 3급Ⅱ 쓰기 2급

- 冷熱(냉열)은 차가움과 뜨거움. 또는 냉담함과 열렬함을 뜻하는 말이다.
- 燥濕(조습)은 바싹 마름과 축축이 젖은 상태를 말한다.

119. 珠玉寶貝(주옥보패) : 구슬과 옥 / 보배와 조개

珠 (고등용)	玉 (중학용)	寶 (고등용)	貝 (중학용)
구슬 주	옥 옥	보배 보	조개 패
읽기 3급Ⅱ 쓰기 2급	읽기 4급Ⅱ 쓰기 3급Ⅱ	읽기 4급Ⅱ 쓰기 3급Ⅱ	읽기 3급 쓰기 2급

- 珠玉(주옥)은 구슬과 옥을 아울러 이르는 말이다.
- 寶貝(보패)는 '보배'의 원말이다.

120. 疏密斷續(소밀단속) : 소통됨과 빽빽함 / 끊어짐과 이어짐

疏 (고등용)	密 (중학용)	斷 (고등용)	續 (중학용)
소통할 소	빽빽할 밀	끊을 단	이을 속
읽기 3급Ⅱ 쓰기 2급	읽기 4급Ⅱ 쓰기 3급Ⅱ	읽기 4급Ⅱ 쓰기 3급Ⅱ	읽기 4급Ⅱ 쓰기 3급Ⅱ

- 疏密(소밀)은 성김과 빽빽함을 이르는 말이다.
- 斷續(단속)은 끊겼다 이어졌다 함, 또는 끊었다 이었다 함을 뜻한다.

3. (중학용 1자+고등용 3자) : 4자문자 11개(121~131번/44자)

121. 寬和恭愼(관화공신) : '너그럽다'와 '화락하다' / '공손하다'와 '삼가다'

寬(고등용)	和(중학용)	恭(고등용)	愼(고등용)
너그러울 관	화락할 화	공손할 공	삼갈 신
읽기 3급Ⅱ 쓰기 2급	읽기 6급Ⅱ 쓰기 5급Ⅱ	읽기 3급Ⅱ 쓰기 2급	읽기 3급Ⅱ 쓰기 2급

- 寬和(관화)는 너그럽고 온화하다는 뜻이다.
- 恭愼(공신)은 공손히 하고 삼감을 말한다.

122. 寺院樓閣(사원누각) : 절과 집(정원) / 다락과 집(층집)

寺(중학용)	院(고등용)	樓(고등용)	閣(고등용)
절 사	집 원	다락 누	집 각
읽기 4급Ⅱ 쓰기 3급Ⅱ	읽기 5급 쓰기 4급	읽기 3급Ⅱ 쓰기 2급	읽기 3급Ⅱ 쓰기 2급

- 寺院(사원)은 종교의 교당을 통틀어 이르는 말. 또는 승려가 불상을 모시고 불도佛道를 닦으며 교법을 펴는 집을 뜻한다.
- 樓閣(누각)은 사방을 바라볼 수 있도록 문과 벽이 없이 다락처럼 높이 지은 집. 또는 이층이나 삼층으로 지은 한옥을 말한다.

123. 英傑豪俊(영걸호준) : 영웅과 호걸(용맹) / 호걸(귀인)과 준걸

英 (중학용)	傑 (고등용)	豪 (고등용)	俊 (고등용)
꽃부리 영	영걸 걸	호걸 호	준걸 준
읽기 6급 쓰기 5급	읽기 4급 쓰기 3급	읽기 3급Ⅱ 쓰기 2급	읽기 3급 쓰기 2급

- 英傑(영걸)은 영웅과 호걸을 아울러 이르는 말. 또는 영특하고 용기와 기상이 뛰어남을 뜻한다.
- 豪俊(호준)은 재주와 지혜가 뛰어남, 또는 그런 사람을 말한다.

124. 剛柔屈伸(강유굴신) : 강함과 부드러움 / 굽힘과 폄

剛 (고등용)	柔 (중학용)	屈 (고등용)	伸 (고등용)
굳셀 강	부드러울 유	굽힐 굴	펼 신
읽기 3급Ⅱ 쓰기 2급	읽기 3급Ⅱ 쓰기 2급	읽기 4급 쓰기 3급	읽기 3급 쓰기 2급

- 剛柔(강유)는 성품의 굳셈과 부드러움을 말한다.
- 屈伸(굴신)은 팔, 다리 따위를 굽혔다 폈다 함을 뜻한다.

125. 胸背腰腹(흉배요복) : 가슴과 등 / 허리와 배

胸 (중학용)	背 (고등용)	腰 (고등용)	腹 (고등용)
가슴 흉	등 배	허리 요	배 복
읽기 3급Ⅱ 쓰기 2급	읽기 4급Ⅱ 쓰기 3급Ⅱ	읽기 3급 쓰기 2급	읽기 3급Ⅱ 쓰기 2급

- 胸背(흉배)는 가슴과 등을 아울러 이르는 말. 또는 가슴의 뒷부분을 말한다.

126. 葬埋祭祀(장매제사) : 장사 지냄과 매장 / 제사 지냄과 제사(터)

葬 (고등용)	埋 (고등용)	祭 (중학용)	祀 (고등용)
장사 지낼 장	묻을 매	제사 제	제사 사
읽기 3급Ⅱ 쓰기 2급	읽기 3급 쓰기 2급	읽기 4급Ⅱ 쓰기 3급Ⅱ	읽기 3급Ⅱ 쓰기 2급

- 葬埋(장매)는 시신을 매장하는 일. 또는 장사葬事와 같은 의미다.
- 祭祀(제사)는 신령이나 죽은 사람의 넋에게 음식을 바치어 정성을 나타냄. 또는 그런 의식을 말한다.

127. 採拔捕捉(채발포착) : '캐다'와 '빼다' / '(사로)잡다'와 '(쥐어)잡다'

採 (중학용)	拔 (고등용)	捕 (고등용)	捉 (고등용)
캘 채	뺄 발	잡을 포	잡을 착
읽기 4급 쓰기 3급	읽기 3급Ⅱ 쓰기 2급	읽기 3급Ⅱ 쓰기 2급	읽기 3급 쓰기 2급

- 捕捉(포착)은 꼭 붙잡음. 또는 요점이나 요령을 얻음. 또는 어떤 기회나 정세를 알아차림을 뜻한다.

128. 愚慧邪正(우혜사정) : 어리석음과 슬기로움 / 간사함과 바름

愚 (고등용)	慧 (고등용)	邪 (고등용)	正 (중학용)
어리석을 우	슬기로울 혜	간사할 사	바를 정
읽기 3급Ⅱ 쓰기 2급	읽기 3급Ⅱ 쓰기 2급	읽기 3급Ⅱ 쓰기 2급	읽기 7급Ⅱ 쓰기 6급

- 邪正(사정)은 그릇됨과 올바름을 아울러 이르는 말이다.

129. 奇偶幾倍(기우기배) : 짝 안 맞음과 짝 맞음 / 몇과 곱

奇 (고등용)	偶 (고등용)	幾 (중학용)	倍 (고등용)
기특할(짝 안 맞을) 기	짝(맞을) 우	조짐(몇) 기	곱 배
읽기 4급 쓰기 3급	읽기 3급Ⅱ 쓰기 2급	읽기 3급 쓰기 2급	읽기 5급 쓰기 4급

- 奇偶(기우)는 (수학에서) 홀수와 짝수를 아울러 이르는 말이다.

130. 放逸奔逃(방일분도) : '놓다'와 '달아나다' / '달리다'와 '도망하다'

放 (중학용)	逸 (고등용)	奔 (고등용)	逃 (고등용)
놓을 방	달아날 일	달릴 분	도망할 도
읽기 6급Ⅱ 쓰기 5급Ⅱ	읽기 3급Ⅱ 쓰기 2급	읽기 3급Ⅱ 쓰기 2급	읽기 4급 쓰기 3급

- 放逸(방일)은 제멋대로 거리낌 없이 방탕하게 놂을 뜻한다.
- 奔逃(분도)는 달아남과 도주함을 뜻한다.

131. 辭受予奪(사수여탈) : '사양하다'와 '받다' / '주다'와 '빼앗다'

辭 (고등용)	受 (중학용)	予 (고등용)	奪 (고등용)
사양할 사	받을 수	나(줄) 여	빼앗을 탈
읽기 4급 쓰기 3급	읽기 4급Ⅱ 쓰기 3급Ⅱ	읽기 3급 쓰기 2급	읽기 3급Ⅱ 쓰기 2급

- 辭受(사수)는 사양함과 받음을 뜻한다.
- 予奪(여탈)은 주는 것과 빼앗는 것을 말한다.

4. (고등용 4자) : 4자문자 3개(132~134번/12자)

132. 辨訟券簿(변송권부) : 분변과 송사 / 계약서와 장부

辯 (고등용)	訟 (고등용)	券 (고등용)	簿 (고등용)
분변할 변	송사할 송	문서(계약서) 권	문서(장부) 부
읽기 3급 쓰기 2급	읽기 3급Ⅱ 쓰기 2급	읽기 4급 쓰기 3급	읽기 3급Ⅱ 쓰기 2급

- 辨訟(변송)은 소송을 가려서 밝힘을 뜻한다.

133. 貢獻贈賜(공헌증사) : '바치다'와 '드리다' / 선사함과 베풂

貢 (고등용)	獻 (고등용)	贈 (고등용)	賜 (고등용)
바칠 공	드릴 헌	줄(선사할) 증	줄(베풀) 사
읽기 3급Ⅱ 쓰기 2급	읽기 3급Ⅱ 쓰기 2급	읽기 3급 쓰기 2급	읽기 3급 쓰기 2급

- 貢獻(공헌)은 힘을 써 이바지함을 뜻한다.
- 贈賜(증사)는 보내고 받음을 뜻한다.

134. 壇廟碑塔(단묘비탑) : 단과 사당 / 비석과 탑

壇(고등용)	廟(고등용)	碑(고등용)	塔(고등용)
단 단	사당 묘	비석 비	탑 탑
읽기 5급 쓰기 4급	읽기 3급 쓰기 2급	읽기 4급 쓰기 3급	읽기 3급Ⅱ 쓰기 2급

- 壇廟(단묘)는 조선시대 경기도 포천지역에 위치한 각종 제단과 사당을 지칭한다.
- 碑塔.塔碑(비탑. 탑비)는 승려의 출생에서 사망에 이르는 일생의 행적을 적은 것을 말한다.

III. 제3단계 : 중·고등학생용 한자 + 상위 등급 한자
(4자문자 210개 : 135~344번 / 840자)

1. (중학용 3자+상위 등급 1자) : 4자문자 14개(135~148번/56자)

135. 孝悌忠信(효제충신) : 효도와 공손함 / 충성과 믿음

孝 (중학용)	悌 (상위한자)	忠 (중학용)	信 (중학용)
효도 효	공손할 제	충성 충	믿을 신
읽기 7급Ⅱ 쓰기 6급	읽기 1급 쓰기 특급	읽기 4급Ⅱ 쓰기 3급Ⅱ	읽기 6급Ⅱ 쓰기 5급Ⅱ

- 孝悌(효제)는 부모에 대한 효도와 형제에 대한 우애를 통틀어 이르는 말이다.
- 忠信(충신)은 충성과 신의를 아울러 이르는 말이다.
- ☞ 孝悌忠信(효제충신)은 어버이에 대한 효도孝道, 형제兄弟끼리의 우애友愛, 임금에 대한 충성忠誠과 벗 사이의 믿음을 통틀어 이르는 말이다.

136. 壽夭貧富(수요빈부) : 목숨과 일찍 죽음 / 가난함과 부자

壽 (중학용)	夭 (상위한자)	貧 (중학용)	富 (중학용)
목숨 수	일찍 죽을 요	가난할 빈	부자 부
읽기 3급Ⅱ 쓰기 2급	읽기 1급 쓰기 특급	읽기 4급Ⅱ 쓰기 3급Ⅱ	읽기 4급Ⅱ 쓰기 3급Ⅱ

- 壽夭(수요)는 오래 삶과 일찍 죽음을 뜻한다.
- 貧富(빈부)는 가난함과 부유함, 가난한 사람과 부유한 사람을 아울러 이르는 말이다.

137. 紙筆墨硯(지필묵연) : 종이와 붓 / 먹과 벼루

紙(중학용)	筆(중학용)	墨(중학용)	硯(상위한자)
종이 지	붓 필	먹 묵	벼루 연
읽기 7급 쓰기 6급	읽기 5급Ⅱ 쓰기 4급Ⅱ	읽기 3급Ⅱ 쓰기 2급	읽기 2급 쓰기 1급

- 紙筆(지필)은 종이와 붓을 아울러 이르는 말이다.
- 墨硯(묵연)은 먹과 벼루를 아울러 이르는 말이다.

138. 吾我爾汝(오아이여) : 나(우리)와 나(아집) / 너(당신)와 너(자네)

吾(중학용)	我(중학용)	爾(상위한자)	汝(중학용)
나 오	나 아	너 이	너 여
읽기 3급 쓰기 2급	읽기 3급Ⅱ 쓰기 2급	읽기 1급 쓰기 특급	읽기 3급 쓰기 2급

- 爾汝(이여)는 서로 너니 나니 하고 부르며 허물없이 말을 건넴. 또는 그런 사이를 말한다.

139. 江淮河漢(강회하한) : 강과 물이름(강) / 물이름(운하)과 한나라

江(중학용)	淮(상위한자)	河(중학용)	漢(중학용)
강 강	물이름 회	물이름 하	한나라 한
읽기 7급Ⅱ 쓰기 6급	읽기 2급 쓰기 특급Ⅱ	읽기 5급 쓰기 4급	읽기 7급Ⅱ 쓰기 6급

- 江淮(강회)는 중국의 양쯔장(揚子江)과 화이수이(淮水). 또는 장쑤(江蘇)성과 안후이(安徽)성 일대를 말한다.
- 河漢(하한)은 '은하'를 일상적으로 이르는 말이다.

140. 枝葉莖節(지엽경절) : 가지와 잎 / 줄기와 대마디

枝 (중학용)	葉 (중학용)	莖 (상위한자)	節 (중학용)
가지 지	잎 엽	줄기 경	대마디 절
읽기 3급Ⅱ 쓰기 2급	읽기 5급 쓰기 4급	읽기 1급 쓰기 특급	읽기 5급Ⅱ 쓰기 4급Ⅱ

- 枝葉(지엽)은 식물의 가지와 잎. 또는 본질적이거나 중요하지 아니하고 부차적인 부분을 뜻한다.
- 莖節(경절)은 줄기의 마디를 말한다.

141. 馬牛羊豕(마우양시) : 말과 소 / 양과 돼지

馬 (중학용)	牛 (중학용)	羊 (중학용)	豕 (상위한자)
말 마	소 우	양 양	돼지 시
읽기 5급 쓰기 4급	읽기 5급 쓰기 4급	읽기 4급Ⅱ 쓰기 3급Ⅱ	읽기 특급Ⅱ 쓰기

- 馬牛(마우)는 말과 소를 뜻한다.
- 羊豕(양시)는 양과 돼지를 뜻한다.

142. 皮肉膏血(피육고혈) : 가죽과 고기 / 기름(지방)과 피

皮 (중학용)	肉 (중학용)	膏 (상위한자)	血 (중학용)
가죽 피	고기 육	기름 고	피 혈
읽기 3급Ⅱ 쓰기 2급	읽기 4급Ⅱ 쓰기 3급Ⅱ	읽기 1급 쓰기 특급	읽기 4급Ⅱ 쓰기 3급Ⅱ

- 皮肉(피육)은 가죽과 살을 아울러 이르는 말이다.
- 膏血(고혈)은 사람의 기름과 피. 또는 몹시 고생하여 얻은 이익이나 재산을 비유적으로 이르는 말이다.

143. 陰陽氣暈(음양기훈) : 그늘과 볕 / 기운과 햇무리

陰 (중학용)	陽 (중학용)	氣 (중학용)	暈 (상위한자)
응달 음	볕 양	기운 기	햇무리 훈
읽기 4급 쓰기 3급	읽기 6급 쓰기 5급	읽기 7급Ⅱ 쓰기 6급	읽기 1급 쓰기 특급

- 陰陽(음양)은 남녀의 성性에 관한 이치. 또는 물리 전기나 자기의 음극과 양극을 아울러 이르는 말이다.
- 氣暈(기훈)은 (한의에서) 과로로 힘이 없고 현기증이 나는 증상을 말한다.

144. 洞壑巖谷(동학암곡) : 골(깊은)과 골(낮은) / 바위와 골(깊은 굴)

洞 (중학용)	壑 (상위한자)	巖 (중학용)	谷 (중학용)
골 동	골 학	바위 암	골 곡
읽기 7급 쓰기 6급	읽기 1급 쓰기 특급	읽기 3급Ⅱ 쓰기 2급	읽기 3급Ⅱ 쓰기 2급

- 洞壑(동학)은 산천으로 둘러싸인 경치 좋은 곳, 또는 깊고 큰 골짜기. 또는 깊고 넓은 굴의 구멍을 말한다.

145. 登降仰俯(등강앙부) : 올라감과 내려감 / 우러름과 구부림

登 (중학용)	降 (중학용)	仰 (중학용)	俯 (상위한자)
오를 등	내릴 강	우러를 앙	구부릴 부
읽기 7급 쓰기 6급	읽기 4급 쓰기 3급	읽기 3급Ⅱ 쓰기 2급	읽기 1급 쓰기 특급

- 登降(등강)은 오르고 내림을 뜻한다.
- 仰俯(앙부)는 아래를 굽어보고 위를 우러러봄을 뜻한다.

146. 握執扶持(악집부지) : '쥐다'와 '잡다' / '돕다'와 '가지다'

握 (상위한자)	執 (중학용)	扶 (중학용)	持 (중학용)
쥘 악	잡을 집	도울 부	가질 지
읽기 2급 쓰기 1급	읽기 3급Ⅱ 쓰기 2급	읽기 3급Ⅱ 쓰기 2급	읽기 4급 쓰기 3급

- 扶持(부지)는 상당히 어렵게 보존하거나 유지하여 나감을 뜻한다.

147. 篆字圖畫(전자도화) : 전자(새긴 글)와 글자 / 그림(서적)과 그림
     (도안)

篆 (상위한자)	字 (중학용)	圖 (중학용)	畫 (중학용)
전자 전	글자 자	그림 도	그림 화
읽기 1급 쓰기 특급	읽기 7급 쓰기 6급	읽기 6급Ⅱ 쓰기 5급Ⅱ	읽기 6급 쓰기 5급

- 篆字(전자)는 한자 서체의 하나로, 대전大篆과 소전小篆의 두 가지가 있다.
- 圖畫(도화)는 도안과 그림을 아울러 이르는 말. 또는 그림을 그리는 일, 또는 그려 놓은 그림을 말한다.

148. 聚散動靜(취산동정) : 모임과 흩어짐 /움직임과 고요함

聚 (상위한자)	散 (중학용)	動 (중학용)	靜 (중학용)
모을 취	흩을 산	움직일 동	고요할 정
읽기 2급 쓰기 특급Ⅱ	읽기 4급 쓰기 3급	읽기 7급Ⅱ 쓰기 6급	읽기 4급 쓰기 3급

- 聚散(취산)은 모임과 흩어짐을 뜻한다.
- 動靜(동정)은 물질의 운동과 정지. 또는 사람이 일상적으로 하는 일체의 행위. 또는 일이나 현상이 벌어지고 있는 낌새를 말한다.

2. (중학용 2자+고등용 1자+상위 등급 1자) : 4자문자 21개(149~169번/84자)

149. 帝王后妃(제왕후비) : 임금(천자)과 임금(군주) / 황후와 왕비

帝 (중학용)	王 (중학용)	后 (상위한자)	妃 (고등용)
임금 제	임금 왕	황후 후	왕비 비
읽기 4급 쓰기 3급	읽기 8급 Ⅱ 쓰기 6급 Ⅱ	읽기 2급 쓰기 특급	읽기 3급 Ⅱ 쓰기 2급

- 帝王(제왕)은 황제와 국왕을 아울러 이르는 말이다.
- 后妃(후비)는 임금의 아내를 말한다.

150. 灑掃應對(쇄소응대) : '물 뿌리다'와 '쓸다' / 응함과 대함

灑 (상위한자)	掃 (고등용)	應 (중학용)	對 (중학용)
(물) 뿌릴 쇄	쓸 소	응할 응	대할 대
읽기 1급 쓰기 특급	읽기 4급 Ⅱ 쓰기 3급 Ⅱ	읽기 4급 Ⅱ 쓰기 3급 Ⅱ	읽기 6급 Ⅱ 쓰기 5급 Ⅱ

- 灑掃(쇄소)는 쓸고 닦아 깨끗이 함을 뜻한다.
- 應對(응대)는 부름이나 물음 또는 요구 따위에 응하여 상대함을 뜻한다.
- ☞ 灑掃應對(쇄소응대)는 물 뿌리고 비로 쓸고 응하고 대답한다는 뜻으로, 어린이가 일상생활에서 하는 일을 가리키는 문구로 『소학』서제序題에 나온다.

151. 聖賢睿哲(성현예철) : 거룩함과 어짊 / 슬기로움과 밝음

聖 (중학용)	賢 (중학용)	睿 (상위한자)	哲 (고등용)
거룩할 성	어질 현	슬기 예	밝을 철
읽기 4급Ⅱ 쓰기 3급Ⅱ	읽기 4급Ⅱ 쓰기 3급Ⅱ	읽기 2급 쓰기 특급Ⅱ	읽기 3급Ⅱ 쓰기 2급

- 聖賢(성현)은 성인聖人과 현인賢人을 아울러 이르는 말이다.
- 睿哲(예철)은 지혜가 깊고 사리에 밝다는 뜻이다.

152. 顚倒進退(전도진퇴) : 정수리(꼭대기)와 넘어짐 / 나아감과 물러남

顚 (상위한자)	倒 (고등용)	進 (중학용)	退 (중학용)
정수리 전	넘어질 도	나아갈 진	물러날 퇴
읽기 1급 쓰기 특급	읽기 3급Ⅱ 쓰기 2급	읽기 4급Ⅱ 쓰기 3급Ⅱ	읽기 4급Ⅱ 쓰기 3급Ⅱ

- 顚倒(전도)는 엎어져 넘어지거나 넘어뜨림. 또는 차례, 위치, 이치, 가치관 따위가 뒤바뀌어 원래와 달리 거꾸로 됨. 또는 (불교에서) 번뇌 때문에 잘못된 생각을 갖거나 현실을 잘못 이해하는 일을 뜻한다.
- 進退(진퇴)는 앞으로 나아가고 뒤로 물러남. 또는 직위나 자리에서 머물러 있음과 물러남을 뜻한다.

153. 羽毛鱗甲(우모린갑) : 깃과 털 / 비늘과 껍질

羽 (고등용)	毛 (중학용)	鱗 (상위한자)	甲 (중학용)
깃 우	털 모	비늘 린	껍질 갑
읽기 3급Ⅱ 쓰기 2급	읽기 4급Ⅱ 쓰기 3급Ⅱ	읽기 1급 쓰기 특급	읽기 4급 쓰기 3급

- 牛毛(우모)는 조류의 몸 표면을 덮고 있는 털을 말한다.
- 鱗甲(린갑)은 비늘과 껍데기란 뜻으로, 물고기와 조개를 비유적으로 이르는 말. 또는 악어, 거북 따위와 같은 동물의 비늘 모양의 딱딱한 껍데기. 또는 마음이 음침하여 남에게 속을 터놓지 않음을 비유적으로 이르는 말이다.

154. 城郭村閭(성곽촌려) : 재(고개)와 외성 / 마을과 이문(마을 어귀)

城 (중학용)	郭 (고등용)	村 (중학용)	閭 (상위한자)
재 성	외성 곽	마을 촌	이문 려
읽기 4급Ⅱ 쓰기 3급Ⅱ	읽기 3급 쓰기 2급	읽기 7급 쓰기 6급	읽기 1급 쓰기 특급

- 城郭(성곽)은 내성內城과 외성外城을 통틀어 이르는 말이다. 예전에, 적을 막기 위하여 흙이나 돌 따위로 높이 쌓아 만든 담으로 둘러싼 구역을 말한다.
- 村閭(촌려)는 마을 입구의 문. 또는 시골의 작은 마을을 말한다.

155. 唱嘯吹彈(창소취탄) : 부름과 휘파람 / 붊과 탄알

唱(중학용)	嘯(상위한자)	吹(중학용)	彈(고등용)
(노래) 부를 창	휘파람 불 소	불 취	탄알 탄
읽기 5급 쓰기 4급	읽기 특급Ⅱ 쓰기	읽기 3급Ⅱ 쓰기 2급	읽기 4급 쓰기 3급

- 吹彈(취탄)은 관악기를 불거나 현악기를 켬. 또는 음악을 연주함이란 뜻이다.

156. 顧瞻觀省(고첨관성) : '돌아보다'와 '쳐다보다' / '보다'와 '살피다'

顧(고등용)	瞻(상위한자)	觀(중학용)	省(중학용)
돌아볼 고	볼 첨	볼 관	살필 성
읽기 3급 쓰기 2급	읽기 2급 쓰기 특급Ⅱ	읽기 5급Ⅱ 쓰기 4급Ⅱ	읽기 6급Ⅱ 쓰기 5급Ⅱ

- 顧瞻(고첨)은 고개를 돌려 돌아봄의 뜻이다.
- 觀省(관성)은 바라보며 깨달음을 얻는다는 뜻이다.

157. 敎誘訓誨(교유훈회) : 가르침(본받음)과 꾐 / 가르침(타이름) 과 가르침(인도)

敎(중학용)	誘(고등용)	訓(중학용)	誨(상위한자)
가르칠 교	꾈 유	가르칠 훈	가르칠 회
읽기 8급 쓰기 6급Ⅱ	읽기 3급Ⅱ 쓰기 2급	읽기 6급 쓰기 5급	읽기 1급 쓰기 특급

- 敎誘(교유)는 잘 달래고 가르치어 이끎을 뜻한다.
- 訓誨(훈회)는 가르치고 타일러 뉘우치게 함을 뜻한다.

158. 潮汐波浪(조석파랑) : 조수와 석수 / 물결(진동)과 물결(파도)

潮(고등용)	汐(상위한자)	波(중학용)	浪(중학용)
조수 조	석수 석	물결 파	물결 랑
읽기 4급 쓰기 3급	읽기 특급 쓰기	읽기 4급Ⅱ 쓰기 3급Ⅱ	읽기 3급Ⅱ 쓰기 2급

- 潮汐(조석)은 해양 달, 태양 따위의 인력에 의하여 해면이 주기적으로 높아졌다 낮아졌다 하는 현상을 말하며, 보통 12시간 25분의 간격으로 하루에 두 번 일어난다. 또는 해양 밀물과 썰물을 통틀어 이르는 말이다.
- 波浪(파랑)은 잔물결과 큰 물결을 뜻한다.

159. 游泳解脫(유영해탈) : '헤엄치다(수영)'와 '헤엄치다(자맥)' / '풀다'와 '벗다'

游(상위한자)	泳(고등용)	解(중학용)	脫(중학용)
헤엄칠 유	헤엄칠 영	풀 해	벗을 탈
읽기 1급 쓰기 특급	읽기 3급 쓰기 2급	읽기 4급Ⅱ 쓰기 3급Ⅱ	읽기 4급 쓰기 3급

- 遊泳(유영)은 물속에서 헤엄치며 놂. 또는 이리저리 떠돌아다니는 일을 뜻한다.
- 解脫(해탈)은 얽매임에서 벗어남. 또는 (불교에서) 번뇌의 얽매임에서 풀리고 미혹의 괴로움에서 벗어남을 뜻한다.

160. 告戒詢訪(고계순방) : '고하다'와 '경계하다' / '묻다'와 '찾다'

告 (중학용)	戒 (고등용)	詢 (상위한자)	訪 (중학용)
고할 고	경계할 계	물을 순	찾을 방
읽기 5급Ⅱ 쓰기 4급Ⅱ	읽기 4급 쓰기 3급	읽기 특급Ⅱ 쓰기	읽기 8급Ⅱ 쓰기 6급Ⅱ

- '고계'와 '순방'은 사전에 기록되지 않은 글자임.

161. 淺深濃淡(천심농담) : '얕다'와 '깊다' / '짙다'와 '묽다'

淺 (중학용)	深 (중학용)	濃 (상위한자)	淡 (고등용)
얕을 천	깊을 심	짙을 농	묽을 담
읽기 3급Ⅱ 쓰기 2급	읽기 4급Ⅱ 쓰기 3급Ⅱ	읽기 2급 쓰기 1급	읽기 2급 쓰기 1급

- 淺深(천심)은 얕음과 깊음을 뜻하는 말이다.
- 濃淡(농담)은 색깔이나 명암 따위의 짙음과 옅음. 또는 용액 따위의 진함과 묽음. 또는 생각이나 표현의 강함과 약함을 뜻한다.

162. 難易煩閒(난이번한) : '어렵다'와 '쉽다' / '번거롭다'와 '한가하다'

難 (중학용)	易 (중학용)	煩 (고등용)	閒 (상위한자)
어려울 난	쉬울 이	번거로울 번	한가할 한
읽기 4급Ⅱ 쓰기 3급Ⅱ	읽기 4급 쓰기 3급	읽기 3급 쓰기 2급	읽기 특급Ⅱ 쓰기

- 難易(난이)는 어려움과 쉬움을 뜻한다.

163. 充滿氾濫(충만범람) : '채우다'와 '가득하다' / '뜨다'와 '넘치다'

充 (중학용)	滿 (중학용)	氾 (상위한자)	濫 (고등용)
채울 충	가득할 만	뜰 범	넘칠 람
읽기 5급Ⅱ 쓰기 4급Ⅱ	읽기 4급Ⅱ 쓰기 3급Ⅱ	읽기 2급 쓰기 1급	읽기 3급 쓰기 2급

- 充滿(충만)은 한껏 차서 가득함을 뜻한다.
- 氾濫(범람)은 큰물이 흘러넘침. 또는 바람직하지 못한 것들이 마구 쏟아져 돌아다님을 뜻한다.

164. 舞蹈歌詠(무도가영) : '춤추다'와 '밟다' / '노래하다'와 '읊다'

舞 (중학용)	蹈 (상위한자)	歌 (중학용)	詠 (고등용)
춤출 무	밟을 도	노래 가	읊을 영
읽기 4급 쓰기 3급	읽기 1급 쓰기 특급	읽기 7급 쓰기 6급	읽기 3급 쓰기 2급

- 舞蹈(무도)는 춤을 춤. 또는 음악에 맞추어 율동적인 동작으로 감정과 의지를 표현하는 예술을 뜻한다.
- 歌詠(가영)은 시가를 읊음. 또는 (불교에서) 범패의 하나. 부처를 찬미하는 내용으로, 범패승이 독창하는 것을 뜻한다.

165. 勤孜奮發(근자분발) : 부지런함과 힘씀 / '떨치다'와 '피다'

勤 (중학용)	孜 (상위한자)	奮 (고등용)	發 (중학용)
부지런할 근	힘쓸 자	떨칠 분	필 발
읽기 4급 쓰기 3급	읽기 특급Ⅱ 쓰기	읽기 3급Ⅱ 쓰기 2급	읽기 6급Ⅱ 쓰기 5급Ⅱ

- 奮發(분발)은 마음과 힘을 다하여 떨쳐 일어남을 뜻한다.

166. 敏捷勸勉(민첩권면) : 민첩함과 빠름 / 권함과 힘씀

敏 (고등용)	捷 (상위한자)	勸 (중학용)	勉 (중학용)
민첩할 민	빠를 첩	권할 권	힘쓸 면
읽기 3급 쓰기 2급	읽기 1급 쓰기 특급	읽기 4급 쓰기 3급	읽기 4급 쓰기 3급

- 敏捷(민첩)은 재빠르고 날쌔다는 뜻이다.
- 勸勉(권면)은 알아듣도록 권하고 격려하여 힘쓰게 함을 뜻한다.

167. 洪纖巨細(홍섬거세) : '넓다'와 '가늘다' / '크다'와 '가늘다'

洪 (고등용)	纖 (상위한자)	巨 (중학용)	細 (중학용)
넓을 홍	가늘 섬	클 거	가늘 세
읽기 3급Ⅱ 쓰기 2급	읽기 2급 쓰기 1급	읽기 4급 쓰기 3급	읽기 4급Ⅱ 쓰기 3급Ⅱ

- 洪纖(홍섬)은 넓고 큰 것과 가늘고 작은 것을 통틀어 이르는 말이다.
- 巨細(거세)는 거대함과 세미細微함을 뜻한다.

168. 堅固侈麗(견고치려) : '굳다(흙)'와 '굳다(정신)' / '사치하다'와 '곱다'

堅 (중학용)	固 (중학용)	侈 (상위한자)	麗 (고등용)
굳을 견	굳을 고	사치할 치	고울 려
읽기 4급 쓰기 3급	읽기 5급 쓰기 4급	읽기 1급 쓰기 특급	읽기 4급Ⅱ 쓰기 3급Ⅱ

- 堅固(견고)는 굳고 단단함. 또는 사상이나 의지 따위가 동요됨이 없이 확고함을 뜻한다.
- 侈麗(치려)는 크고 아름다움을 뜻한다.

169. 吉凶悔吝(길흉회린) : 길함과 흉함 / 뉘우침과 아낌

吉 (중학용)	凶 (중학용)	悔 (고등용)	吝 (상위한자)
길할 길	흉할 흉	뉘우칠 회	아낄 린
읽기 5급 쓰기 4급	읽기 5급Ⅱ 쓰기 4급Ⅱ	읽기 3급Ⅱ 쓰기 2급	읽기 1급 쓰기 특급

- 吉凶(길흉)은 운이 좋고 나쁨을 뜻한다.
- 悔吝(회린)은 '길함'이 '흉함'으로, '흉함'이 '길함'으로 바뀌는 과정적 동기 내지 상태를 말한다.
- ☞ 吉凶悔吝(길흉회린)은 변화하지 않는 사물은 없듯이 길흉도 시간이 흐름에 따라 서로 바뀐다는 뜻이다.

3. (중학용 2자+상위 등급 2자) : 4자문자 18개(170~187번 / 72자)

170. 稼穡耕種(가색경종) : '(곡식) 심다'와 '거두다' / 밭갈기와 씨 뿌림

稼(상위한자)	穡(상위한자)	耕(중학용)	種(중학용)
심을 가	거둘 색	밭갈 경	씨(뿌릴) 종
읽기 1급 쓰기 특급	읽기 특급Ⅱ 쓰기	읽기 3급 쓰기 2급	읽기 5급Ⅱ 쓰기 4급Ⅱ

- 稼穡(가색)은 쌀이나 보리, 밀 따위의 주식이 되는 곡물에 의거하여 경영하는 농업을 말한다.
- 耕種(경종)은 논밭을 갈고 씨를 뿌리는 것을 말한다.

171. 股肱手足(고굉수족) : 넓적다리와 팔 / 손과 발

股(상위한자)	肱(상위한자)	手(중학용)	足(중학용)
넓적다리 고	팔뚝 굉	손 수	족발 족
읽기 1급 쓰기 특급	읽기 1급 쓰기 특급	읽기 7급Ⅱ 쓰기 6급	읽기 7급Ⅱ 쓰기 6급

- 股肱(고굉)은 다리와 팔이라는 뜻으로, 온몸을 이르는 말. 또는 다리와 팔같이 중요한 신하라는 뜻으로, 임금이 가장 신임하는 신하를 이르는 말이다.
- 手足(수족)은 손과 발을 아울러 이르는 말. 또는 자기의 손이나 발처럼 마음대로 부리는 사람을 비유적으로 이르는 말. 또는 형제나 자식을 비유적으로 이르는 말이다.

172. 胎孕產育 (태잉산육) : 아이 뱀과 임신(품다) / 낳음과 기름

胎 (상위한자)	孕 (상위한자)	産 (중학용)	育 (중학용)
아이 밸 태	임신할 잉	낳을 산	기를 육
읽기 2급 쓰기 1급	읽기 1급 쓰기 특급	읽기 5급Ⅱ 쓰기 4급Ⅱ	읽기 7급 쓰기 6급

- 胎孕(태잉)은 아이나 새끼를 뱀을 뜻한다.
- 産育(산육)은 아이를 낳아서 기르는 일을 뜻한다.

173. 功罪黜陟 (공죄출척) : 공과 허물 / 내침과 오름

功 (중학용)	罪 (중학용)	黜 (상위한자)	陟 (상위한자)
공 공	허물 죄	내칠 출	오를 척
읽기 6급Ⅱ 쓰기 5급Ⅱ	읽기 5급 쓰기 4급	읽기 1급 쓰기 특급	읽기 2급 쓰기 특급Ⅱ

- 功罪(공죄)는 공로와 죄과를 아울러 이르는 말이다.
- 黜陟(출척)은 못된 사람을 내쫓고 착한 사람을 올리어 씀을 말한다.

174. 精粗汙潔 (정조오결) : '자세하다'와 '거칠다' / 더러움과 깨끗함

精 (중학용)	粗 (상위한자)	汙 (상위한자)	潔 (중학용)
정(자세)할 정	거칠 조	더러울 오	깨끗할 결
읽기 4급Ⅱ 쓰기 3급Ⅱ	읽기 1급 쓰기 특급	읽기 특급 쓰기	읽기 4급Ⅱ 쓰기 3급Ⅱ

- 精粗(정조)는 정밀精密한 것과 거친 것을 말한다.

175. 章句箋註(장구전주) : 글월과 글귀 / 찌지(종이 쪽)와 글 뜻풀이

章 (상위한자)	句 (상위한자)	箋 (중학용)	註 (중학용)
글월 장	글귀 구	찌지 전	글 뜻풀 주
읽기 6급 쓰기 5급	읽기 4급Ⅱ 쓰기 3급Ⅱ	읽기 1급 쓰기 특급	읽기 1급 쓰기 특급

- 章句(장구)는 글의 장과 구를 아울러 이르는 말. 또는 글의 장을 나누고 구를 자르는 일. 또는 문장의 단락을 말한다.
- 箋註(전주)는 본문의 뜻을 설명한 주석을 말한다.

176. 空匱竭盡(공궤갈진) : 빔과 다함 / 다함(없어짐)과 다함(완수)

空 (중학용)	匱 (상위한자)	竭 (상위한자)	盡 (중학용)
빌 공	다할 궤	다할 갈	다할 진
읽기 7급Ⅱ 쓰기 6급	읽기 특급 쓰기	읽기 1급 쓰기 특급	읽기 4급 쓰기 3급

177. 愉悅欣快(유열흔쾌) : 즐거움과 기쁨 / 기뻐함과 쾌함

愉 (상위한자)	悅 (중학용)	欣 (상위한자)	快 (중학용)
즐거울 유	기뻐할 열	기쁠 흔	쾌할 쾌
읽기 1급 쓰기 특급	읽기 3급Ⅱ 쓰기 2급	읽기 1급 쓰기 특급	읽기 4급Ⅱ 쓰기 3급Ⅱ

- 愉悅(유열)은 유쾌하고 기쁨을 뜻한다.
- 欣快(흔쾌)는 기쁘고 유쾌하다는 뜻이다.

178. 貞淑舒坦(정숙서탄) : '곧다'와 '맑다' / '펴다'와 '평탄하다'

貞 (중학용)	淑 (중학용)	舒 (상위한자)	坦 (상위한자)
곧을 정	맑을 숙	펼 서	평탄할 탄
읽기 3급 Ⅱ 쓰기 2급	읽기 3급 Ⅱ 쓰기 2급	읽기 2급 쓰기 특급 Ⅱ	읽기 1급 쓰기 특급

- 貞淑(정숙)은 여자로서 행실이 곧고 마음씨가 맑고 고움을 뜻한다.

179. 揣揆本末(췌규본말) : 헤아림과 헤아림 / 근본과 끝

揣 (상위한자)	揆 (상위한자)	本 (중학용)	末 (중학용)
헤아릴 췌	헤아릴 규	근본 본	끝 말
읽기 특급 쓰기	읽기 2급 쓰기 특급 Ⅱ	읽기 6급 쓰기 5급	읽기 5급 쓰기 4급

- 本末(본말)은 사물이나 일의 처음과 끝. 또는 사물이나 일의 중요한 부분과 중요하지 않은 부분을 말한다.

180. 姊妹娣嫂(자매제수) : 누이(손위)와 누이(손아래) / 제수와 형수

姊 (중학용)	妹 (중학용)	娣 (상위한자)	嫂 (상위한자)
누이 자	누이 매	손아래 누이 제	형수 수
읽기 4급 쓰기 3급	읽기 4급 쓰기 3급	읽기 특급 쓰기	읽기 1급 쓰기 특급

- 姊妹(자매)는 여자끼리의 동기同氣. 언니와 여동생 사이를 이르는 말. 또는 같은 계통에 속하여 밀접한 관계에 있거나 서로 친선 관계에 있음을 이르는 말. 또는 (기독교에서) 여자 교우를 이르는 말이다.

181. 霜雪霰霾(상설선매) : 서리와 눈 / 싸락눈과 흙비(토우)

霜 (중학용)	雪 (중학용)	霰 (상위한자)	霾 (상위한자)
서리 상	눈 설	싸락눈 선(산)	토우(흙비) 매
읽기 3급Ⅱ 쓰기 2급	읽기 6급Ⅱ 쓰기 5급Ⅱ	읽기 특급 쓰기	읽기 특급 쓰기

- 霜雪(상설)은 눈과 서리를 아울러 이르는 말이다.

182. 泉瀑溪澗(천폭계간) : 샘과 폭포 / 시내와 산골물

泉 (중학용)	瀑 (상위한자)	溪 (중학용)	澗 (상위한자)
샘 천	폭포 폭	시내 계	산골물 간
읽기 4급 쓰기 3급	읽기 1급 쓰기 특급	읽기 3급Ⅱ 쓰기 2급	읽기 1급 쓰기 특급

- 溪澗(계간)은 산골짜기에 흐르는 시냇물을 말한다.

183. 飮食肴膳(음식효선) : '마시다'와 '먹다' / 안주와 반찬

飮 (중학용)	食 (중학용)	肴 (상위한자)	膳 (상위한자)
마실 음	먹을 식	안주 효	반찬 선
읽기 6급Ⅱ 쓰기 5급Ⅱ	읽기 7급Ⅱ 쓰기 6급	읽기 특급Ⅱ 쓰기	읽기 1급 쓰기 특급

- 飮食(음식)은 사람이 먹을 수 있도록 만든 밥이나 국 따위의 물건. 또는 사람이 먹고 마시는 것을 통틀어 이르는 말이다.
- 肴膳(효선)은 술과 안주를 아울러 이르는 말이다.

184. 倚伏跪立(의복궤립) : 의지함과 엎드림 / '꿇어앉다'와 '서다'

倚(상위한자)	伏(중학용)	跪(상위한자)	立(중학용)
의지할 의	엎드릴 복	꿇어앉을 궤	설 립
읽기 특급Ⅱ 쓰기 3급	읽기 4급 쓰기 3급	읽기 특급 쓰기	읽기 7급Ⅱ 쓰기 6급

- 倚伏(의복)은 화禍와 복福은 서로 인연因緣이 되어 생기고 없어진다는 뜻이다.

185. 田畦園圃(전휴원포) : 밭과 밭두둑 / 동산과 나물밭

田(중학용)	畦(상위한자)	園(중학용)	圃(상위한자)
밭 전	밭두둑 휴	동산 원	나물밭 포
읽기 4급Ⅱ 쓰기 3급Ⅱ	읽기 특급Ⅱ 쓰기	읽기 6급 쓰기 5급	읽기 1급 쓰기 특급

- 田畦(전휴)는 밭과 밭두둑을 말한다.
- 園圃(원포)는 과실나무와 채소 따위를 심어 가꾸는 뒤란이나 밭을 말한다.

186. 酸鹹甘苦(산함감고) : '시다'와 '짜다' / '달다'와 '쓰다'

酸 (상위한자)	鹹 (상위한자)	甘 (중학용)	苦 (중학용)
실 산	짤 함	달 감	쓸 고
읽기 2급 쓰기 1급	읽기 1급 쓰기 특급	읽기 4급 쓰기 3급	읽기 6급 쓰기 5급

- 甘苦(감고)는 단맛과 쓴맛을 아울러 이르는 말. 또는 즐거움과 괴로움을 비유적으로 이르는 말. 또는 괴로움을 달게 받아들임을 뜻한다.

187. 趨走拜揖(추주배읍) : 달아남과 달림 / '절하다'와 '읍하다'

趨 (상위한자)	走 (중학용)	拜 (중학용)	揖 (상위한자)
달아날 추	달릴 주	절 배	읍할 읍
읽기 2급 쓰기 1급	읽기 4급Ⅱ 쓰기 3급Ⅱ	읽기 4급Ⅱ 쓰기 3급Ⅱ	읽기 1급 쓰기 특급

- 趨走(추주)는 윗사람 앞을 지날 때에 허리를 굽히고 빨리 걸어간다는 뜻이다.
- 拜揖(배읍)은 공손히 읍함을 뜻한다.

4. (중학용 2자+고등용 1자+상위 등급 1자) : 4자문자 34개(188~221번/136자)

188. 梅杏桃李(매행도리) : 매화와 살구 / 복숭아와 오얏

梅 (고등용)	杏 (상위한자)	桃 (고등용)	李 (중학용)
매화 매	살구 행	복숭아 도	오얏 리
읽기 3급Ⅱ 쓰기 2급	읽기 2급 쓰기 특급Ⅱ	읽기 3급Ⅱ 쓰기 2급	읽기 6급 쓰기 5급

- 梅杏(매행)은 매화나무와 살구나무를 뜻한다.
- 桃李(도리)는 복숭아와 자두, 또는 그 꽃을 뜻하다. 또는 남이 천거한 어진 사람을 비유적으로 이르는 말이다.

189. 寵辱賞罰(총욕상벌) : '사랑하다'와 '욕하다' / 상과 벌

寵 (상위한자)	辱 (고등용)	賞 (중학용)	罰 (고등용)
사랑할 총	욕될 욕	상줄 상	죄 벌
읽기 1급 쓰기 특급	읽기 3급Ⅱ 쓰기 2급	읽기 5급 쓰기 4급	읽기 4급Ⅱ 쓰기 3급Ⅱ

- 寵辱(총욕)은 총애와 모욕을 아울러 이르는 말이다.
- 賞罰(상벌)은 상과 벌을 아울러 이르는 말. 또는 잘한 것에 상을 주고, 잘못한 것에 벌을 주는 일을 말한다.

190. 雷電霞霧(뇌전하무) : 우레와 번개 / 노을과 안개

雷 (고등용)	電 (중학용)	霞 (상위한자)	霧 (고등용)
우레 뇌	번개 전	노을 하	안개 무
읽기 3급Ⅱ 쓰기 2급	읽기 7급Ⅱ 쓰기 6급	읽기 1급 쓰기 특급	읽기 3급 쓰기 2급

- 雷電(뇌전)은 천둥과 번개를 아울러 이르는 말이다.

191. 街巷蹊徑(가항혜경) : 거리와 거리(단위) / 좁은 길과 지름길

街 (중학용)	巷 (고등용)	蹊 (상위한자)	徑 (고등용)
거리 가	거리 항	좁은 길 혜	지름길 경
읽기 4급Ⅱ 쓰기 3급Ⅱ	읽기 3급 쓰기 2급	읽기 특급Ⅱ 쓰기	읽기 3급Ⅱ 쓰기 2급

- 街巷(가항)은 사람이나 차가 많이 다니는 길을 말한다.
- 蹊徑(혜경)은 중국어로 방도, 또는 방책을 말한다.

192. 宮室殿闕(궁실전궐) : 집과 방 / 전각과 대궐

宮 (고등용)	室 (중학용)	殿 (고등용)	闕 (상위한자)
집 궁	방 실	전각 전	대궐 궐
읽기 4급Ⅱ 쓰기 3급Ⅱ	읽기 8급 쓰기 6급Ⅱ	읽기 3급Ⅱ 쓰기 2급	읽기 2급 쓰기 1급

- 宮室(궁실)은 궁전 안에 있는 방을 뜻한다.
- 殿闕(전궐)은 전각과 대궐을 말한다.

193. 階庭牆壁(계정장벽) : 섬돌과 뜰 / 담과 벽

階 (고등용)	庭 (중학용)	牆 (상위한자)	壁 (고등용)
섬돌 계	뜰 정	담 장	벽 벽
읽기 4급 쓰기 3급	읽기 6급Ⅱ 쓰기 5급Ⅱ	읽기 특급Ⅱ 쓰기	읽기 4급Ⅱ 쓰기 3급Ⅱ

- 階庭(계정)은 층계 앞에 있는 뜰을 말한다.
- 牆壁(장벽)은 담과 벽壁을 아울러 이르는 말이다.

194. 絲纊條索(사광조삭) : 실과 솜 / 가지와 노(새끼줄)

絲 (중학용)	纊 (상위한자)	條 (고등용)	索 (고등용)
실 사	솜 광	가지 조	노 삭
읽기 4급 쓰기 3급	읽기 특급 쓰기	읽기 4급 쓰기 3급	읽기 3급Ⅱ 쓰기 2급

195. 兵刃擊刺(병인격자) : 병사와 칼날 / '치다'와 '찌르다'

兵 (중학용)	刃 (상위한자)	擊 (고등용)	刺 (고등용)
병사 병	칼날 인	칠 격	찌를 자
읽기 5급Ⅱ 쓰기 4급Ⅱ	읽기 2급 쓰기 1급	읽기 4급 쓰기 3급	읽기 3급Ⅱ 쓰기 2급

- 兵刃(병인)은 칼이나 창과 같이 날이 있는 병기라는 뜻으로, 무기나 병기를 이르는 말이다.
- 擊刺(격자)는 칼이나 창 따위로 때리고 찌름을 뜻한다.

196. 心肺肝脾(심폐간비) : 염통과 허파 / 간과 비장

心 (중학용)	肺 (고등용)	肝 (고등용)	脾 (상위한자)
염통 심	허파 폐	간 간	비장 비
읽기 7급 쓰기 6급	읽기 3급Ⅱ 쓰기 2급	읽기 3급Ⅱ 쓰기 2급	읽기 1급 쓰기 특급

• 心肺(심폐)는 심장과 폐를 아울러 이르는 말이다.

197. 旬望晦朔(순망회삭) : 열흘과 보름 / 그믐과 초하루

旬 (고등용)	望 (중학용)	晦 (상위한자)	朔 (고등용)
열흘 순	보름 망	그믐 회	초하루 삭
읽기 3급Ⅱ 쓰기 2급	읽기 5급Ⅱ 쓰기 4급Ⅱ	읽기 1급 쓰기 특급	읽기 3급 쓰기 2급

• 晦朔(회삭)은 그믐과 초하루를 아울러 이르는 말이다.

198. 恬雅惠諒(념아혜량) : 편안함과 바름 / 은혜와 믿음

恬 (상위한자)	雅 (고등용)	惠 (중학용)	諒 (고등용)
편안할 념	바를 아	은혜 혜	믿을 량
읽기 특급Ⅱ 쓰기	읽기 3급Ⅱ 쓰기 2급	읽기 4급Ⅱ 쓰기 3급Ⅱ	읽기 3급 쓰기 2급

• 恬雅(념아)는 욕심이 없이 늘 마음이 화평하고 단아端雅함을 뜻한다.
• 惠諒(혜량)은 남이 헤아려 살펴서 이해함을 높여 이르는 말이다.

199. 鐘鼓磬管(종고경관) : 쇠북과 북 / 경쇠(악기)와 대롱

鐘 (중학용)	鼓 (고등용)	磬 (상위한자)	管 (고등용)
쇠북 종	북 고	경쇠 경	대롱 관
읽기 특급Ⅱ 쓰기	읽기 1급 쓰기 특급	읽기 1급 쓰기 특급	읽기 4급 쓰기 3급

- 鐘鼓(종고)는 종과 북을 말한다.

200. 招搖掩揮(초요엄휘) : '부르다'와 '흔들다' / '가리다'와 '휘두르다'

招 (중학용)	搖 (고등용)	掩 (상위한자)	揮 (고등용)
부를 초	흔들 요	가릴 엄	휘두를 휘
읽기 4급 쓰기 3급	읽기 3급 쓰기 2급	읽기 1급 쓰기 특급	읽기 4급 쓰기 3급

- 招搖(초요)는 이리저리 헤매거나 어슬렁어슬렁 걸음. 또는 몸을 늘려 움직임. 또는 발돋움을 하고 몸을 흔듦을 말한다.

201. 疾病痛癢(질병통양) : 병(아픔)과 병(근심) / 아픔과 가려움

疾 (고등용)	病 (중학용)	痛 (고등용)	癢 (상위한자)
병 질	병 병	아플 통	가려울 양
읽기 3급Ⅱ 쓰기 2급	읽기 6급 쓰기 5급	읽기 4급 쓰기 3급	읽기 1급 쓰기 특급

- 疾病(질병)은 몸의 온갖 병을 뜻한다.
- 痛癢(통양)은 가려움과 아픔을 아울러 이르는 말. 또는 자신에게 직접 미치는 이해관계를 비유적으로 이르는 말이다.

202. 澣濯製裁(한탁제재) : 빨래함과 씻음 / 옷 만듦과 옷 말림

澣 (상위한자)	濯 (고등용)	製 (중학용)	裁 (고등용)
빨래할 한	씻을 탁	지을 제	마를 재
읽기 1급 쓰기 특급	읽기 3급 쓰기 2급	읽기 4급Ⅱ 쓰기 3급Ⅱ	읽기 3급Ⅱ 쓰기 2급

• 澣濯(한탁)은 때묻은 옷을 빪의 뜻이다.

203. 卜筮律曆(복서률력) : 점(점괘)과 점(길흉 예단) / 법칙과 책력

卜 (고등용)	筮 (상위한자)	律 (중학용)	曆 (고등용)
점 복	점 서	법칙 률	책력 력
읽기 3급 쓰기 2급	읽기 특급Ⅱ 쓰기	읽기 4급Ⅱ 쓰기 3급Ⅱ	읽기 3급Ⅱ 쓰기 2급

• 卜筮(복서)는 팔괘·육효·오행 따위를 살펴 과거를 알아맞히거나, 앞날의 운수·길흉 따위를 미리 판단하는 일을 말한다.

204. 騎乘馳突(기승치돌) : '말 타다'와 '타다' / '달리다'와 갑자기

騎 (고등용)	乘 (중학용)	馳 (상위한자)	突 (고등용)
말 탈 기	탈 승	달릴 치	갑자기 돌
읽기 3급Ⅱ 쓰기 2급	읽기 3급Ⅱ 쓰기 2급	읽기 1급 쓰기 특급	읽기 3급Ⅱ 쓰기 2급

• 騎乘(기승)은 말을 탐. 또는 말을 타는 일과 수레에 오르는 일을 아울러 이르는 말이다.
• 馳突(치돌)은 매우 세차게 달려들어 부딪침을 뜻한다.

205. 負戴轉運(부대전운) : (짐을) '이다'와 '지다' / '구르다'와 '옮기다'

負 (고등용)	戴 (상위한자)	轉 (고등용)	運 (중학용)
질 부	일 대	구를 전	옮길 운
읽기 4급 쓰기 3급	읽기 2급 쓰기 1급	읽기 4급 쓰기 3급	읽기 6급Ⅱ 쓰기 5급Ⅱ

- 負戴(부대)는 「짐을 등에 지고 머리에 인다」는 뜻으로, 매우 힘든 일을 함의 비유이다.
- 轉運(전운)은 실어서 보냄. 또는 운전하여 보냄을 뜻한다.

206. 榮枯贏縮(영고영축) : 영화로움과 마름 / 넉넉함과 줄어듦

榮 (중학용)	枯 (고등용)	贏 (상위한자)	縮 (고등용)
영화 영	마를 고	넉넉할 영	줄일 축
읽기 4급Ⅱ 쓰기 3급Ⅱ	읽기 3급 쓰기 2급	읽기 특급 쓰기	읽기 4급 쓰기 3급

- 榮枯(영고)는 번성함과 쇠퇴함을 말한다.
- 贏縮(영축)은 남음과 모자람을 뜻한다.

207. 尖碎破裂(첨쇄파열) : '뾰족하다'와 '부수다' / '깨뜨리다'와 '찢다'

尖 (고등용)	碎 (상위한자)	破 (중학용)	裂 (고등용)
뾰족할 첨	부술 쇄	깨뜨릴 파	찢을 열
읽기 3급 쓰기 2급	읽기 1급 쓰기 특급	읽기 4급Ⅱ 쓰기 3급Ⅱ	읽기 3급Ⅱ 쓰기 2급

- 破裂(파열)은 깨어지거나 갈라져 터짐을 뜻한다.

208. 邊隅房側(변우방측) : 가(변방)와 모퉁이 / 방(침실)과 곁

邊 (고등용)	隅 (상위한자)	房 (중학용)	側 (고등용)
가 변	모퉁이 우	방 방	곁 측
읽기 4급Ⅱ 쓰기 3급Ⅱ	읽기 1급 쓰기 특급	읽기 4급Ⅱ 쓰기 3급Ⅱ	읽기 3급Ⅱ 쓰기 2급

• 邊隅(변우)는 나라의 경계가 되는 변두리의 땅을 말한다.

209. 廣狹銳鈍(광협예둔) : '넓다'와 '좁다' / '날카롭다'와 '둔하다'

廣 (중학용)	狹 (상위한자)	銳 (고등용)	鈍 (고등용)
넓을 광	좁을 협	날카로울 예	둔할 둔
읽기 5급Ⅱ 쓰기 4급Ⅱ	읽기 1급 쓰기 특급	읽기 3급 쓰기 2급	읽기 3급 쓰기 2급

• 廣狹(광협)은 넓음과 좁음. 평면이나 넓은 물체의 가로로 건너지른 거리를 말한다.
• 銳鈍(예둔)은 날카로움과 둔함. 민첩함과 우둔함을 말한다.

210. 積累兩鎰(적루량일) : 쌓다와 포개다 / 둘과 무게 이름(중량)

積 (고등용)	累 (고등용)	兩 (중학용)	鎰 (상위한자)
쌓을 적	포갤 루	두 량	무게 이름 일
읽기 4급 쓰기 3급	읽기 3급Ⅱ 쓰기 2급	읽기 4급Ⅱ 쓰기 3급Ⅱ	읽기 2급 쓰기 특급Ⅱ

• 積累(적루)는 포개어 여러 번 쌓음, 또는 포개져 여러 번 쌓임을 뜻한다.

211. 朽腐壞落(후부괴락) : '썩다(소멸)'와 '썩다(냄새)' / 무너짐과 떨어짐

朽 (상위한자)	腐 (고등용)	壞 (고등용)	落 (중학용)
썩을 후	썩을 부	무너질 괴	떨어질 락
읽기 1급 쓰기 특급	읽기 3급Ⅱ 쓰기 2급	읽기 3급Ⅱ 쓰기 2급	읽기 5급 쓰기 4급

• 壞落(괴락)은 무너져 떨어짐을 말한다.

212. 繫結牽曳(계결견예) : '매다'와 '맺다' / '이끌다'와 '끌다'

繫 (고등용)	結 (중학용)	牽 (고등용)	曳 (상위한자)
맬 계	맺을 결	이끌 견	끌 예
읽기 3급 쓰기 2급	읽기 5급Ⅱ 쓰기 4급Ⅱ	읽기 3급 쓰기 2급	읽기 1급 쓰기 특급

• 牽曳(견예)는 끌어서 당긴다는 뜻이다.

213. 休息玩弄(휴식완롱) : 쉼(휴식)과 쉼(호흡) / 희롱(장난)과 희롱(놀림)

休 (중학용)	息 (고등용)	玩 (상위한자)	弄 (고등용)
쉴 휴	쉴 식	희롱할 완	희롱할 롱
읽기 7급 쓰기 6급	읽기 4급Ⅱ 쓰기 3급Ⅱ	읽기 1급 쓰기 특급	읽기 3급Ⅱ 쓰기 2급

• 休息(휴식)은 하던 일을 멈추고 잠깐 쉼을 뜻한다.
• 玩弄(완롱)은 장난감이나 놀림감처럼 희롱戲弄함을 뜻한다.

214. 探摘擁挾(탐적옹협) : '더듬다'와 '따다' / '끼다(품에)'와 '끼우다'

探 (중학용)	摘 (고등용)	擁 (고등용)	挾 (상위한자)
더듬을 탐	딸 적	낄 옹	낄 협
읽기 4급 쓰기 3급	읽기 3급Ⅱ 쓰기 2급	읽기 3급 쓰기 2급	읽기 1급 쓰기 특급

215. 勞倦催促(노권최촉) : 일함과 게으름 / 재촉(열다)과 재촉(다 가옴)

勞 (중학용)	倦 (상위한자)	催 (고등용)	促 (고등용)
일할 노	게으를 권	재촉할 최	재촉할 촉
읽기 5급Ⅱ 쓰기 4급Ⅱ	읽기 1급 쓰기 특급	읽기 3급Ⅱ 쓰기 2급	읽기 3급Ⅱ 쓰기 2급

- 勞倦(노권)은 피로하여 싫증이 남을 뜻한다.
- 催促(최촉)은 어떤 일을 빨리하도록 조름을 뜻한다.

216. 伴侶群衆(반려군중) : 짝(동반)과 짝(벗) / 무리(떼)와 무리(동 아리)

伴 (고등용)	侶 (상위한자)	群 (고등용)	衆 (중학용)
짝 반	짝 려	무리 군	무리 중
읽기 3급 쓰기 2급	읽기 1급 쓰기 특급	읽기 4급 쓰기 3급	읽기 4급Ⅱ 쓰기 3급Ⅱ

- 伴侶(반려)는 짝이 되는 동무를 뜻한다.
- 群衆(군중)은 한 곳에 모인 많은 사람, 또는 수많은 사람을 뜻한다.

217. 湖澤津涯(호택진애) : 호수와 늪 / 나루와 물가

湖 (중학용)	澤 (고등용)	津 (상위한자)	涯 (고등용)
호수 호	늪 택	나루 진	물가 애
읽기 5급 쓰기 4급	읽기 3급Ⅱ 쓰기 2급	읽기 2급 쓰기 1급	읽기 3급 쓰기 2급

- 湖澤(호택)은 호수와 못을 아울러 이르는 말이다.
- 津涯(진애)는 물가를 뜻한다.

218. 愛憎恃懼(애증시구) : 사랑함과 미워함 / 믿음과 두려움

愛 (중학용)	憎 (고등용)	恃 (상위한자)	懼 (고등용)
사랑 애	미울 증	믿을 시	두려워할 구
읽기 6급 쓰기 5급	읽기 3급Ⅱ 쓰기 2급	읽기 특급Ⅱ 쓰기	읽기 3급 쓰기 2급

- 愛憎(애증)은 사랑과 미움을 아울러 이르는 말이다.

219. 端莊默訥(단장묵눌) : 실마리와 엄숙함 / 잠잠함과 말더듬

端 (중학용)	莊 (고등용)	默 (고등용)	訥 (상위한자)
끝(실마리) 단	엄(숙)할 장	잠잠할 묵	말더듬을 눌
읽기 4급Ⅱ 쓰기 3급Ⅱ	읽기 3급Ⅱ 쓰기 2급	읽기 3급Ⅱ 쓰기 2급	읽기 1급 쓰기 특급

- 端莊(단장)은 단정端整하고 장엄함을 뜻한다.

220. 狂暴酷毒(광포혹독) : '미치다'와 '사납다' / 잔인함과 독함

狂(고등용)	暴(중학용)	酷(상위한자)	毒(고등용)
미칠 광	사나울 포	잔인할 혹	독할 독
읽기 3급Ⅱ 쓰기 2급	읽기 4급Ⅱ 쓰기 3급Ⅱ	읽기 2급 쓰기 1급	읽기 4급Ⅱ 쓰기 3급Ⅱ

- 狂暴(광포)는 미쳐 날뛰듯이 매우 거칠고 사나움을 뜻한다.
- 酷毒(혹독)은 몹시 심함. 또는 성질이나 하는 짓이 몹시 모질고 악함을 뜻한다.

221. 爭鬪猛悍(쟁투맹한) : 다툼과 싸움 / 사나움(용맹)과 사나움(날램)

爭(중학용)	鬪(고등용)	猛(고등용)	悍(상위한자)
다툴 쟁	싸움 투	사나울 맹	사나울 한
읽기 5급 쓰기 4급	읽기 4급 쓰기 3급	읽기 3급Ⅱ 쓰기 2급	읽기 1급 쓰기 특급

- 爭鬪(쟁투)는 서로 다투어 싸움을 뜻한다.
- 猛悍(맹한)은 싱겁고 흐리멍덩하여 멍청한 듯함의 뜻이다.

5. (중학용 1자 + 고등용 1자 + 상위 등급 2자) : 4자문자 29개(122~250번/116자)

222. 筋脈骨髓(근맥골수) : 힘줄과 맥 / 뼈와 뼛속

筋 (상위한자)	脈 (고등용)	骨 (중학용)	髓 (상위한자)
힘줄 근	맥 맥	뼈 골	뼛속 수
읽기 4급 쓰기 3급	읽기 4급Ⅱ 쓰기 3급Ⅱ	읽기 4급 쓰기 3급	읽기 1급 쓰기 특급

- 筋脈(근맥)은 힘줄과 핏줄을 아울러 이르는 말이다.
- 骨髓(골수)는 뼈의 중심부인 골수공간骨髓空間에 가득 차있는 결체질結締質의 물질. 또는 마음속 깊은 곳을 비유적으로 이르는 말. 또는 요점이나 골자를 비유적으로 이르는 말이다.

223. 布帛錦繡(포백금수) : 베와 비단 / 비단과 수놓음

布 (중학용)	帛 (상위한자)	錦 (고등용)	繡 (상위한자)
베 포	비단 백	비단 금	수놓을 수
읽기 4급Ⅱ 쓰기 3급Ⅱ	읽기 1급 쓰기 특급	읽기 3급Ⅱ 쓰기 2급	읽기 1급 쓰기 특급

- 布帛(포백)은 베와 비단을 아울러 이르는 말이다.
- 錦繡(금수)는 수를 놓은 비단. 또는 아름답고 화려한 옷이나 직물. 또는 아름다운 시문詩文을 비유적으로 이르는 말이다.

224. 顴頰頂額(관협정액) : 광대뼈와 뺨 / 정수리와 이마

顴 (상위한자)	頰 (상위한자)	頂 (중학용)	額 (고등용)
광대뼈 관	뺨 협	정수리 정	이마 액
읽기 1급 쓰기 특급	읽기 1급 쓰기 특급	읽기 1급 쓰기 특급	읽기 4급 쓰기 3급

225. 指爪掌腕(지조장완) : 가리킴과 손톱 / 손바닥과 팔뚝

指 (중학용)	爪 (상위한자)	掌 (고등용)	腕 (상위한자)
가리킬 지	손톱 조	손바닥 장	팔뚝 완
읽기 4급Ⅱ 쓰기 3급Ⅱ	읽기 1급 쓰기 특급	읽기 3급Ⅱ 쓰기 2급	읽기 1급 쓰기 특급

- 指爪(지조)는 손가락 끝에 붙어있는 딱딱하고 얇은 조각으로, 손가락 끝을 보호하는 역할을 한다.

226. 翁媼童叟(옹온동수) : 늙은이와 할머니 / 아이와 늙은이

翁 (고등용)	媼 (상위한자)	童 (중학용)	叟 (상위한자)
늙은이 옹	할머니 온	아이 동	늙은이 수
읽기 3급 쓰기 2급	읽기 특급 쓰기	읽기 7급 쓰기 6급	읽기 특급 쓰기

- 翁媼(옹온)은 할아비와 할미를 아울러 이르는 말이다.
- 童叟(동수)는 동자童子와 노인老人을 뜻한다.

227. 境界阡陌(경계천맥) : 지경(국경)과 지경(둘레) / 논두렁과 길

境(고등용)	界(중학용)	阡(상위한자)	陌(상위한자)
지경 경	지경 계	논두렁 천	길 맥
읽기 4급Ⅱ 쓰기 3급Ⅱ	읽기 6급Ⅱ 쓰기 5급Ⅱ	읽기 특급Ⅱ 쓰기	읽기 특급Ⅱ 쓰기

- 境界(경계)는 사물이 어떠한 기준에 의하여 분간되는 한계, 또는 지역이 구분되는 한계. 또는 (불교에서) 인과의 이치에 따라 스스로 받는 과보를 말한다.
- 阡陌(천맥)은 산기슭이나 밭 사이에 난 길을 뜻한다. 남북으로 난 것을 천, 동서로 난 것을 맥이라 한다. 또는 산기슭이나 밭두둑, 또는 '경작지'를 달리 이르는 말이다.

228. 錢幣圭璧(전폐규벽) : 돈과 비단 / 모서리(귀퉁이)와 구슬

錢(중학용)	幣(고등용)	圭(상위한자)	璧(상위한자)
돈 전	비단 폐	모서리 규	구슬 벽
읽기 4급 쓰기 3급	읽기 3급Ⅱ 쓰기 2급	읽기 2급Ⅱ 쓰기 특급Ⅱ	읽기 1급 쓰기 특급

- 錢幣(전폐)는 사물의 가치를 나타내며, 상품의 교환을 매개하고, 재산 축적의 대상으로도 사용하는 물건. 예전에는 조가비, 짐승의 가죽, 보석, 옷감, 농산물 따위를 이용하였으나 요즈음은 금, 은, 동 따위의 금속이나 종이를 이용하여 만들며 그 크기나 모양, 액수 따위는 일정한 법률에 의하여 정한다.
- 圭璧(규벽)은 서옥과 (고리 모양의) 둥근 옥. 천자가 봉작의 증거로 제후에게 주는 것으로, 천자를 알현할 때 보이거나 제사 지낼 때 규벽을 바치고 소원을 빌었던 옥을 말한다.

229. 儒俠醫巫(유협의무) : 선비와 경박함 / 의원과 무당

儒(고등용)	俠(상위한자)	醫(중학용)	巫(상위한자)
선비 유	의기로울(경박) 협	의원 의	무당 무
읽기 4급 쓰기 3급	읽기 1급 쓰기 특급	읽기 6급 쓰기 5급	읽기 1급 쓰기 특급

• 醫巫(의무)는 의술을 행하는 무당을 말한다.

230. 炬燎燈燭(거료등촉) : 횃불(등불)과 횃불(화톳불) / 등잔과 촛불

炬(상위한자)	燎(상위한자)	燈(중학용)	燭(고등용)
횃불 거	횃불 료	등잔 등	촛불 촉
읽기 특급Ⅱ 쓰기	읽기 1급 쓰기 특급	읽기 4급Ⅱ 쓰기 3급Ⅱ	읽기 3급 쓰기 2급

• 燈燭(등촉)은 등불과 촛불을 아울러 이르는 말이다.

231. 器皿几案(기명궤안) : 그릇(보기)과 그릇(접시) / 안석(방석)과 책상

器(고등용)	皿(상위한자)	几(상위한자)	案(중학용)
그릇 기	그릇 명	안석(명기) 궤	책상 안
읽기 4급Ⅱ 쓰기 3급Ⅱ	읽기 1급 쓰기 특급	읽기 1급 쓰기 특급	읽기 5급 쓰기 4급

• 器皿(기명)은 살림살이에 쓰는 그릇을 통틀어 이르는 말이다.
• 几案(궤안)은 의자, 사방침四方枕, 안석案席 따위를 통틀어 이르는 말이다.

232. 楡槐楊柳(유괴양류) : 느릅나무와 회화나무 / 버들(나무名)과 버들(장식)

楡 (상위한자)	槐 (상위한자)	楊 (고등용)	柳 (중학용)
느릅나무 유	회화나무 괴	버들 양	버들 류
읽기 2급 쓰기 특급Ⅱ	읽기 2급 쓰기 특급Ⅱ	읽기 3급 쓰기 2급	읽기 4급 쓰기 3급

• 楊柳(양류)는 버드나무과 버드나무속의 식물을 통틀어 이르는 말이다.

233. 虎豹象犀(호표상서) : 범과 표범 / 코키리와 무소

虎 (중학용)	豹 (상위한자)	象 (고등용)	犀 (상위한자)
범 호	표범 표	코키리 상	무소 서
읽기 3급Ⅱ 쓰기 2급	읽기 1급 쓰기 특급	읽기 4급 쓰기 3급	읽기 1급 쓰기 특급

• 虎豹(호표)는 호랑이와 표범을 아울러 이르는 말이다.

234. 符璽印牌(부새인패) : 부호와 옥새 / 도장과 패(간판)

符 (고등용)	璽 (상위한자)	印 (중학용)	牌 (상위한자)
부호 부	옥새 새	도장 인	패 패
읽기 3급Ⅱ 쓰기 2급	읽기 1급 쓰기 특급	읽기 4급Ⅱ 쓰기 3급Ⅱ	읽기 1급 쓰기 특급

• 符璽(부새)는 국권의 상징으로 국가적 문서에 사용하던 임금의 도장을 말한다.
• 印牌(인패)는 어떤 도장이 찍혀 있는 표찰을 말한다.

235. 舟船舶筏(주선박벌) : 배(선박)와 배(화물선) / 배(선박)와 뗏목

舟 (고등용)	船 (중학용)	舶 (상위한자)	筏 (상위한자)
배 주	배 선	배 박	뗏목 벌
읽기 3급 쓰기 2급	읽기 5급 쓰기 4급	읽기 8급Ⅱ 쓰기 6급Ⅱ	읽기 2급 쓰기 특급

- 舟船(주선)은 사람이나 짐 따위를 싣고 물 위로 떠다니도록 나무나 쇠 따위로 만든 물건으로, 모양과 쓰임에 따라 보트, 나룻배, 기선汽船, 군함軍艦, 화물선, 여객선, 유조선 따위로 나눈다.

236. 扇爐氈席(선로전석) : 부채와 화로 / 모전과 자리

扇 (상위한자)	爐 (고등용)	氈 (상위한자)	席 (중학용)
부채 선	화로 로	모전(모포) 전	자리 석
읽기 1급 쓰기 특급	읽기 3급Ⅱ 쓰기 2급	읽기 1급 쓰기 특급	읽기 6급 쓰기 5급

237. 經緯綵紋(경위채문) : 날(세로방향 실)과 씨(가로방향 실) / 비단과 무늬

經 (중학용)	緯 (고등용)	綵 (상위한자)	紋 (상위한자)
날 경	씨 위	비단 채	무늬 문
읽기 4급Ⅱ 쓰기 3급Ⅱ	읽기 3급 쓰기 2급	읽기 특급 쓰기	읽기 3급 쓰기 2급

- 經緯(경위)는 직물의 날과 씨를 아울러 이르는 말. 또는 일이 진행되어 온 과정. 또는 지구 경도와 위도를 아울러 이르는 말이다.

238. 衡錘杖尺(형추장척) : 저울대와 저울추 / 지팡이와 자

衡(고등용)	錘(상위한자)	杖(상위한자)	尺(중학용)
저울대 형	저울추 추	지팡이 장	자 척
읽기 3급Ⅱ 쓰기 2급	읽기 1급 쓰기 특급	읽기 1급 쓰기 특급	읽기 3급Ⅱ 쓰기 2급

- 杖尺(장척)은 나무로 만든 긴 자. 긴 나무통에 자눈을 그려 쓴다.

239. 干戈劍戟(간과검극) : 방패와 창 / 칼과 창

干(중학용)	戈(상위한자)	劍(고등용)	戟(상위한자)
방패 간	창 과	칼 검	창 극
읽기 4급 쓰기 3급	읽기 2급 쓰기 1급	읽기 3급Ⅱ 쓰기 2급	읽기 1급 쓰기 특급

- 干戈(간과)는 방패와 창이라는 뜻으로, 전쟁에 쓰는 병기를 통틀어 이르는 말. 또는 전쟁 또는 병란을 비유적으로 이르는 말이다.
- 劍戟(검극)은 칼과 창을 아울러 이르는 말이다.

240. 紗羅綾穀(사라능곡) : 비단과 그물 / 비단과 곡식

紗(상위한자)	羅(고등용)	綾(상위한자)	穀(중학용)
비단 사	그물 라	비단 능	곡식 곡
읽기 1급 쓰기 특급	읽기 4급Ⅱ 쓰기 3급Ⅱ	읽기 1급 쓰기 특급	읽기 4급 쓰기 3급

- 紗羅(사라)는 얇은 비단緋緞을 말한다.

241. 勇怯忿恕 (용겁분서) : 날램과 겁냄 / 성냄과 용서

勇 (중학용)	怯 (상위한자)	忿 (상위한자)	恕 (고등용)
날랠 용	겁낼 겁	성낼 분	용서할 서
읽기 6급Ⅱ 쓰기 5급Ⅱ	읽기 1급 쓰기 특급	읽기 1급 쓰기 특급	읽기 3급Ⅱ 쓰기 2급

242. 弓矢弩箭 (궁시노전) : 활과 화살 / 쇠뇌(큰 활)와 화살

弓 (중학용)	矢 (고등용)	弩 (상위한자)	箭 (상위한자)
활 궁	화살 시	쇠뇌 노	화살 전
읽기 3급Ⅱ 쓰기 2급	읽기 3급 쓰기 2급	읽기 1급 쓰기 특급	읽기 1급 쓰기 특급

- 弓矢(궁시)는 활과 화살을 아울러 이르는 말이다.

243. 婚姻嫁娶 (혼인가취) : 혼인(처가)과 혼인(장인) / 시집과 장가

婚 (중학용)	姻 (고등용)	嫁 (상위한자)	娶 (상위한자)
혼인할 혼	혼인할 인	시집갈 가	장가들 취
읽기 4급 쓰기 3급	읽기 3급 쓰기 2급	읽기 1급 쓰기 특급	읽기 1급 쓰기 특급

- 婚姻(혼인)은 남자와 여자가 부부가 되는 일을 말한다.
- 嫁娶(가취)는 시집가고 장가듦을 뜻한다.

244. 丹紺蒼翠(단감창취) : 붉음과 감색 / 푸름(초목)과 푸름(청록)

丹 (중학용)	紺 (상위한자)	蒼 (고등용)	翠 (상위한자)
붉을 단	감색 감	푸를 창	푸를 취
읽기 3급Ⅱ 쓰기 2급	읽기 1급 쓰기 특급	읽기 3급Ⅱ 쓰기 2급	읽기 1급 쓰기 특급

- 蒼翠(창취)는 나무나 풀 따위가 성성하게 푸르다는 뜻이다.

245. 餞饗宴樂(전향연악) : 전송과 흠향 / 잔치와 노래

餞 (상위한자)	饗 (상위한자)	宴 (중학용)	樂 (고등용)
보낼 전	잔치할 향	잔치 연	노래 악
읽기 1급 쓰기 특급	읽기 1급 쓰기 특급	읽기 3급Ⅱ 쓰기 2급	읽기 6급Ⅱ 쓰기 5급Ⅱ

246. 漁釣畋獵(어조전렵) : 고기 잡음과 낚시 / 밭갈이와 사냥

漁 (중학용)	釣 (상위한자)	畋 (상위한자)	獵 (고등용)
고기 잡을 어	낚시 조	밭갈 전	사냥 렵
읽기 5급 쓰기 4급	읽기 2급 쓰기 1급	읽기 특급 쓰기	읽기 3급 쓰기 2급

- 畋獵(전렵)은 총이나 활 또는 길들인 매나 올가미 따위로 산이나 들의 짐승을 잡는 일을 말한다.

247. 債價傭雇(채가용고) : 빚과 값 / 품팔(품삯)과 품팔(고용)

債 (고등용)	價 (중학용)	傭 (상위한자)	雇 (상위한자)
빚 채	값 가	품팔 용	품팔 고
읽기 3급Ⅱ 쓰기 2급	읽기 5급Ⅱ 쓰기 4급Ⅱ	읽기 2급 쓰기 1급	읽기 2급 쓰기 1급

248. 多寡盈虧(다과영휴) : 많음과 적음 / '차다'와 '이지러지다'

多 (중학용)	寡 (고등용)	盈 (상위한자)	虧 (상위한자)
많을 다	적을 과	찰 영	이지러질 휴
읽기 6급 쓰기 5급	읽기 3급Ⅱ 쓰기 2급	읽기 2급 쓰기 특급Ⅱ	읽기 특급Ⅱ 쓰기

- 多寡(다과)는 수량의 많고 적음을 말한다.
- 盈虧(영휴)는 차는 일과 이지러지는 일. 또는 천문 천체天體의 빛이 그 위치에 따라 늘어나거나 줄어드는 현상을 말한다.

249. 滲漏潰決(삼루궤결) : '스미다'와 '새다' / 무너짐과 결단

滲 (상위한자)	漏 (고등용)	潰 (상위한자)	決 (중학용)
스밀 삼	샐 루	무너질 궤	결단할 결
읽기 1급 쓰기 특급	읽기 3급Ⅱ 쓰기 2급	읽기 1급 쓰기 특급	읽기 5급Ⅱ 쓰기 4급Ⅱ

- 滲漏(삼루)는 액체가 새거나 배어 나옴을 뜻한다.
- 潰決(궤결)은 둑 따위가 무너져 터짐을 뜻한다.

6. (중학용 1자+상위 등급 3자) : 4자문자 18개(151~268번/72자)

250. 苑囿廬店(원유려점) : 나라동산(큰집 정원)과 동산 / 농막집과 가게

苑(상위한자)	囿(상위한자)	廬(상위한자)	店(중학용)
나라동산 원	나라동산 유	농막집 려	가게 점
읽기 2급 쓰기 1급	읽기 특급 쓰기	읽기 2급 쓰기 특급Ⅱ	읽기 5급Ⅱ 쓰기 4급

- 苑囿(원유)는 예전에, 울을 치고 금수禽獸를 기르던 곳. 또는 초목을 심는 동산과 금수를 기르는 곳을 아울러 이르던 말이다.

251. 松柏檜杉(송백회삼) : 소나무와 측백나무 / 전나무와 삼나무

松(중학용)	柏(상위한자)	檜(상위한자)	杉(상위한자)
소나무 송	측백나무 백	전나무 회	삼나무 삼
읽기 4급 쓰기 3급	읽기 2급 쓰기 1급	읽기 2급 쓰기 특급Ⅱ	읽기 특급Ⅱ 쓰기

- 松柏(송백)은 소나무와 잣나무를 아울러 이르는 말. 또는 껍질을 벗겨 솔잎에 꿴 잣으로 여남은 개씩 실로 묶어서 접시에 높이 쌓아 제사상이나 잔칫상에 놓는다.

252. 糠米糗粮(강미구량) : 겨와 쌀 / 볶을 쌀과 양식

糠 (상위한자)	米 (중학용)	糗 (상위한자)	粮 (상위한자)
겨 강	쌀 미	볶을 쌀 구	양식 량
읽기 1급 쓰기 특급	읽기 6급 쓰기 5급	읽기 특급 쓰기	읽기 특급 쓰기

• 糗粮(구량)은 볶은 쌀, 또는 말린 밥. 건반乾飯을 뜻한다.

253. 錐刀椎鎌(추도추겸) : 송곳과 칼 / 쇠뭉치와 낫

錐 (상위한자)	刀 (중학용)	椎 (상위한자)	鎌 (상위한자)
송곳 추	칼 도	쇠뭉치 추	낫 겸
읽기 1급 쓰기 특급	읽기 3급Ⅱ 쓰기 2급	읽기 1급 쓰기 특급	읽기 특급Ⅱ 쓰기

• 錐刀(추도)는 송곳과 주머니칼을 아울러 이르는 말, 또는 끝이 뾰족한 칼. 또는 보잘것없이 작은 것을 비유적으로 이르는 말이다.

254. 鍼線膠糊(침선교호) : 바늘과 줄 / 아교와 죽(풀)

鍼 (상위한자)	線 (중학용)	膠 (상위한자)	糊 (상위한자)
바늘 침	줄 선	아교 교	죽 호
읽기 1급 쓰기 특급	읽기 6급Ⅱ 쓰기 5급Ⅱ	읽기 2급 쓰기 1급	읽기 1급 쓰기 특급

• 針線(침선)은 바늘과 실을 아울러 이르는 말. 또는 바늘에 실을 꿰어 옷 따위를 짓거나 꿰매는 일을 말한다.

255. 飯餅糜粥(반병미죽) : 밥과 떡 / 죽(미음)과 죽

飯(중학용)	餅(상위한자)	糜(상위한자)	粥(상위한자)
밥 반	떡 병	죽 미	죽 죽
읽기 3급Ⅱ 쓰기 2급	읽기 1급 쓰기 특급	읽기 특급 쓰기	읽기 특급 쓰기

• 糜粥(미죽)은 미음이나 죽 따위를 통틀어 이르는 말이다.

256. 擡擧捫搔(대거문소) : '들다(메다)'와 '들다(일으킴)' / '잡다'와 '긁다'

擡(상위한자)	擧(중학용)	捫(상위한자)	搔(상위한자)
들 대	들 거	잡을 문	긁을 소
읽기 1급 쓰기 특급	읽기 5급 쓰기 4급	읽기 특급 쓰기	읽기 1급 쓰기 특급

257. 披捲投擲(피권투척) : 헤침과 거둠 / '던지다'와 '던지다(버리다)'

披(상위한자)	捲(상위한자)	投(중학용)	擲(상위한자)
헤칠 피	거둘 권	던질 투	던질 척
읽기 1급 쓰기 특급	읽기 1급 쓰기 특급	읽기 4급 쓰기 3급	읽기 1급 쓰기 특급

• 投擲(투척)은 물건 따위를 던짐을 뜻한다. 또는 체육 육상 경기에서, 필드 경기의 한 종목. 원반, 포환, 창 따위를 멀리 가도록 던져 그 거리를 잰다.

258. 盥漱沐浴(관수목욕) : 세수와 양치질 / '머리 감다'와 '목욕하다'

盥 (상위한자)	漱 (상위한자)	沐 (상위한자)	浴 (중학용)
대야 관	양치질할 수	머리 감을 목	목욕할 욕
읽기 특급 쓰기	읽기 특급Ⅱ 쓰기	읽기 2급 쓰기 1급	읽기 5급 쓰기 4급

- 盥漱(관수) : 세수하고 양치질함을 이르는 말이다.
- 沐浴(목욕) : 머리를 감으며 온몸을 씻는 일을 말한다.

259. 農賈匠冶(농고장야) : 농사와 장사 / 장인과 풀무

農 (중학용)	賈 (상위한자)	匠 (상위한자)	冶 (상위한자)
농사 농	장사 고	장인 장	풀무 야
읽기 7급Ⅱ 쓰기 6급	읽기 2급 쓰기 특급	읽기 1급 쓰기 특급	읽기 1급 쓰기 특급

260. 薈蔚叢茂(회위총무) : 무성함과 제비쑥 / 떨기와 무성함

薈 (상위한자)	蔚 (상위한자)	叢 (상위한자)	茂 (중학용)
무성할 회	제비쑥 위	떨기 총	무성할 무
읽기 특급 쓰기	읽기 2급 쓰기 특급Ⅱ	읽기 1급 쓰기 특급	읽기 3급Ⅱ 쓰기 2급

- 薈蔚(회위)는 무성하게 자란다는 뜻이다.

261. 鳶鷹烏鵲(연응오작) : 솔개와 매 / 까마귀와 까치

鳶 (상위한자)	鷹 (상위한자)	烏 (중학용)	鵲 (상위한자)
솔개 연	매 응	까마귀 오	까치 작
읽기 1급 쓰기 특급	읽기 2급 쓰기 특급Ⅱ	읽기 3급Ⅱ 쓰기 2급Ⅱ	읽기 1급 쓰기 특급

- 烏鵲(오작)은 까마귀와 까치를 아울러 이르는 말이다.

262. 戲笑喧聒(희소훤괄) : 희롱함과 웃음 / 지껄임과 떠듦

戲 (상위한자)	笑 (중학용)	喧 (상위한자)	聒 (상위한자)
희롱할 희	웃음 소	지껄일 훤	떠들썩할 괄
읽기 특급Ⅱ 쓰기	읽기 4급Ⅱ 쓰기 3급Ⅱ	읽기 1급 쓰기 특급	읽기 8급Ⅱ 쓰기 6급Ⅱ

- 喧聒(훤괄)은 시끄럽다, 떠들썩하다는 뜻이다.

263. 睨窺眺望(예규조망) : 곁눈질과 엿봄 / 바라봄과 바램

睨 (상위한자)	窺 (상위한자)	眺 (상위한자)	望 (중학용)
곁눈질할 예	엿볼 규	바라볼 조	바랄 망
읽기 특급 쓰기	읽기 1급 쓰기 특급	읽기 1급 쓰기 특급	읽기 5급Ⅱ 쓰기 4급Ⅱ

- 眺望(조망)은 먼 곳을 바라봄, 또는 그런 경치를 말한다.

264. 臀膝脛脚(둔슬경각) : 볼기와 무릎 / 정강이와 다리

臀 (상위한자)	膝 (상위한자)	脛 (상위한자)	脚 (중학용)
볼기 둔	무릎 슬	정강이 경	다리 각
읽기 1급 쓰기 특급	읽기 1급 쓰기 특급	읽기 1급 쓰기 특급	읽기 3급Ⅱ 쓰기 2급

265. 灘潭島嶼(탄담도서) : 여울과 못 / 섬(큰)과 섬(작은)

灘 (상위한자)	潭 (상위한자)	島 (중학용)	嶼 (상위한자)
여울 탄	못 담	섬 도	섬 서
읽기 2급 쓰기 특급Ⅱ	읽기 2급 쓰기 1급	읽기 5급 쓰기 4급	읽기 1급 쓰기 특급

• 島嶼(도서)는 크고 작은 온갖 섬을 말한다.

266. 菽荳牟麥(숙두모맥) : 콩과 콩(팥) / 보리와 보리(귀리)

菽 (상위한자)	荳 (상위한자)	牟 (상위한자)	麥 (중학용)
콩 숙	콩 두	보리 모	보리 맥
읽기 1급 쓰기 특급	읽기 특급Ⅱ 쓰기	읽기 2급 쓰기 특급Ⅱ	읽기 3급Ⅱ 쓰기 2급

• 牟麥(모맥)은 볏과의 두해살이풀을 말한다. 줄기는 높이가 1미터 정도이고 곧고 속이 비었으며 마디가 길다.

267. 彗孛氷雹(혜패빙박) : 혜성 / 얼음과 우박

彗(상위한자)	孛(상위한자)	氷(중학용)	雹(상위한자)
혜성 혜	혜성 패	얼음 빙	우박 박
읽기 1급 쓰기 특급	읽기 특급 쓰기	읽기 5급 쓰기 4급	읽기 특급Ⅱ 쓰기

- 彗孛(혜패)는 (천문에서) 가스 상태의 빛나는 긴 꼬리를 끌고 태양을 초점으로 긴 타원이나 포물선에 가까운 궤도를 그리며 운행하는 천체. 핵, 코마, 꼬리 부분으로 이루어져 있는 것을 말한다.
- 氷雹(빙박)은 얼음 우박을 말한다.

268. 牝牡雌雄(빈모자웅) : 암컷과 수컷 / 암새와 수컷

牝(상위한자)	牡(상위한자)	雌(상위한자)	雄(중학용)
암컷 빈	수컷 모	암새 자	수컷 웅
읽기 특급Ⅱ 쓰기	읽기 1급 쓰기 특급	읽기 2급 쓰기 1급	읽기 5급 쓰기 4급

- 牝牡(빈모)는 짐승의 암컷과 수컷을 아울러 이르는 말이다.
- 雌雄(자웅)은 암컷과 수컷을 아울러 이르는 말. 또는 승부, 우열, 강약 따위를 비유적으로 이르는 말이다.

7. (고등용 3자+상위 등급 1자) : 4자문자 14개(269~282번 / 56자)

269. 府庫倉廩(부고창름) : 마을과 곳집 / 곳집(창고)과 곳집(곳간)

府 (고등용)	庫 (고등용)	倉 (고등용)	廩 (상위한자)
마을 부	곳집 고	곳집 창	곳집 름
읽기 4급Ⅱ 쓰기 3급Ⅱ	읽기 4급 쓰기 3급	읽기 3급Ⅱ 쓰기 2급	읽기 특급 쓰기

- 府庫(부고)는 예전에 곳간으로 쓰려고 지은 집을 말한다.
- 倉廩(창름)은 예전에 곳간으로 쓰려고 지은 집. 또는 곳집에 저장하여 둔 곡식을 말한다.

270. 簡策版牘(간책판독) : 대쪽과 대쪽(엮음) / 판목과 서찰

簡 (고등용)	策 (고등용)	版 (고등용)	牘 (상위한자)
대쪽 간	대쪽 책	판목 판	서찰 독
읽기 4급 쓰기 3급	읽기 3급Ⅱ 쓰기 2급	읽기 3급Ⅱ 쓰기 2급	읽기 특급Ⅱ 쓰기

- 簡策(간책)은 예전에 종이 대신 글씨를 쓰던 대쪽, 또는 그것으로 엮어 맨 책을 말한다.
- 版牘(판독)은 목판으로 된 책을 말한다.

271. 蓮荷薔菊(연하장국) : 연꽃(연밥)과 연꽃(연) / 장미와 국화

蓮 (고등용)	荷 (고등용)	薔 (상위한자)	菊 (고등용)
연꽃 연	연꽃 하	장미 장	국화 국
읽기 3급Ⅱ 쓰기 2급	읽기 3급Ⅱ 쓰기 2급	읽기 1급 쓰기 특급	읽기 3급Ⅱ 쓰기 2급

- 蓮荷(연하)는 '연꽃'의 꽃을 말한다.

272. 拘攣掛垂(구련괘수) : '잡다'와 '걸리다' / '걸다'와 '드리우다'

拘 (고등용)	攣 (상위한자)	掛 (고등용)	垂 (고등용)
잡을 구	걸릴 련	걸 괘	드리울 수
읽기 3급Ⅱ 쓰기 2급	읽기 특급Ⅱ 쓰기	읽기 3급 쓰기 2급	읽기 3급Ⅱ 쓰기 2급

- 拘攣(구련)은 (한의학에서) 손발이 굳어서 마음대로 쓰지 못하는 병을 말한다.

273. 踊躍踐踏(용약천답) : '뛰다(오름)'와 '뛰다(달림)' / '밟다(짓밟음)'와 '밟다(누름)'

踊 (상위한자)	躍 (고등용)	踐 (고등용)	踏 (고등용)
뛸 용	뛸 약	밟을 천	밟을 답
읽기 1급 쓰기 특급	읽기 3급 쓰기 2급	읽기 3급Ⅱ 쓰기 2급	읽기 3급Ⅱ 쓰기 2급

- 踊躍(용약)은 좋아서 뜀을 말한다.
- 踐踏(천답)은 발로 짓밟음을 뜻한다.

274. 廉貪奢儉(염탐사검) : '청렴하다'와 '탐하다' / 사치와 검소

廉(고등용)	貪(고등용)	奢(상위한자)	儉(고등용)
청렴할 염	탐낼 탐	사치할 사	검소할 검
읽기 3급 쓰기 2급	읽기 3급 쓰기 2급	읽기 1급 쓰기 특급	읽기 4급 쓰기 3급

- 廉貪(염탐)은 청렴과 탐욕을 말한다.
- 奢儉(사검)은 사치와 검약儉約을 뜻한다.

275. 專貳詳略(전이상략) : 오로지와 두 가지 / 자세함과 간략함

專(고등용)	貳(상위한자)	詳(고등용)	略(고등용)
오로지 전	두 이	자세할 상	다스릴 략
읽기 4급 쓰기 3급	읽기 2급 쓰기 1급	읽기 3급Ⅱ 쓰기 2급	읽기 4급 쓰기 3급

- 詳略(상략)은 상세함과 간략함을 말한다.

276. 屛帷帳幕(병유장막) : 병풍과 휘장 / 장막(휘장)과 장막(차일)

屛(고등용)	帷(상위한자)	帳(고등용)	幕(고등용)
병풍 병	휘장 유	장막 장	장막 막
읽기 3급 쓰기 2급	읽기 특급 쓰기	읽기 4급 쓰기 3급	읽기 3급 쓰기 2급

- 帳幕(장막)은 한데에서 볕 또는 비바람을 피할 수 있도록 둘러치는 막. 또는 어떤 사실이나 현상을 보이지 아니하게 가리는 사물을 비유적으로 이르는 말이다.

277. 硬軟肥瘠(경연비척) : 단단함과 연함 / '살찌다'와 '여위다'

硬 (고등용)	軟 (고등용)	肥 (고등용)	瘠 (상위한자)
단단할 경	연할 연	살찔 비	여윌 척
읽기 3급Ⅱ 쓰기 2급	읽기 3급Ⅱ 쓰기 2급Ⅱ	읽기 3급Ⅱ 쓰기 2급	읽기 1급 쓰기 특급

- 硬軟(경연)은 단단함과 부드러움을 뜻한다.
- 肥瘠(비척)은 몸의 살찜과 여윔을 뜻한다.

278. 飜覆弛張(번복이장) : '뒤집다'와 '엎어지다' / '늦추다'와 '베풀다'

飜 (고등용)	覆 (고등용)	弛 (상위한자)	張 (고등용)
뒤집을 번	덮을 복	늦출 이	베풀 장
읽기 3급 쓰기 2급	읽기 3급Ⅱ 쓰기 2급	읽기 1급 쓰기 특급	읽기 4급 쓰기 3급

- 飜覆(번복)은 이리저리 뒤집힘. 또는 이리저리 뒤쳐 고침을 말한다.
- 弛張(이장)은 느즈러짐과 팽팽膨膨하게 켕김을 뜻한다.

279. 荒淫驕妄(황음교망) : '거칠다'와 '음란하다' / 교만과 거짓

荒 (고등용)	淫 (고등용)	驕 (상위한자)	妄 (고등용)
거칠 황	음란할 음	교만할 교	거짓 망
읽기 3급Ⅱ 쓰기 2급	읽기 3급Ⅱ 쓰기 2급	읽기 1급 쓰기 특급	읽기 3급Ⅱ 쓰기 2급

- 荒淫(황음)은 함부로 음탕한 짓을 함을 뜻한다.
- 驕妄(교망)은 교만하고 광망狂妄함을 뜻한다.

280. 臺榭亭館(대사정관) : 대(성문)와 정자 / 정자와 집

臺 (고등용)	榭 (상위한자)	亭 (고등용)	館 (고등용)
대 대	정자 사	정자 정	집 관
읽기 3급Ⅱ 쓰기 2급	읽기 특급 쓰기	읽기 3급Ⅱ 쓰기 2급	읽기 3급Ⅱ 쓰기 2급

- 臺榭(대사)는 높고 크게 세운 누각이나 정자를 말한다.

281. 飢飽醉醒(기포취성) : '주리다'와 '배부르다' / 취함과 깸

飢 (고등용)	飽 (고등용)	醉 (고등용)	醒 (상위한자)
주릴 기	배부를 포	취할 취	깰 성
읽기 3급 쓰기 2급	읽기 3급 쓰기 2급	읽기 3급Ⅱ 쓰기 2급	읽기 1급 쓰기 특급

- 飢飽(기포)는 배고픔과 배부름을 뜻한다.
- 醉醒(취성)은 술에 취하는 일과 술에서 깨는 일을 말한다.

282. 慙愧羞恥(참괴수치) : 부끄러움과 부끄러움

慙 (고등용)	愧 (고등용)	羞 (상위한자)	恥 (고등용)
부끄러워할 참	부끄러울 괴	부끄러울 수	부끄러울 치
읽기 3급 쓰기 2급	읽기 3급 쓰기 2급	읽기 1급 쓰기 특급	읽기 3급Ⅱ 쓰기 2급

- 慙愧(참괴)는 부끄럽다. 송구스럽다. 면구스럽다는 뜻이다.
- 羞恥(수치)는 다른 사람들을 볼 낯이 없거나 스스로 떳떳하지 못함, 또는 그런 일을 말한다.

8. (고등용 2자+상위 등급 2자) : 4자문자 26개(283~308번 / 104자)

283. 悚畏恐怖(송외공포) : '두렵다'와 '두려워하다' / 두려움

悚 (상위한자)	畏 (고등용)	恐 (고등용)	怖 (상위한자)
두려울 송	두여워할 외	두려울 공	두려워할 포
읽기 1급 쓰기 특급	읽기 3급 쓰기 2급	읽기 3급Ⅱ 쓰기 2급	읽기 2급 쓰기 1급

• 恐怖(공포)는 두렵고 무서움을 뜻한다.

284. 泥沙泡漚(니사포구) : 진흙과 모래 / 거품과 담금

泥 (고등용)	沙 (고등용)	泡 (상위한자)	漚 (상위한자)
진흙 니	모래 사	거품 포	담글 구
읽기 3급Ⅱ 쓰기 2급	읽기 3급Ⅱ 쓰기 2급	읽기 1급 쓰기 특급	읽기 특급 쓰기

285. 模楷型範(모해형범) : 법과 모범 / 모형과 법

模 (고등용)	楷 (상위한자)	型 (상위한자)	範 (고등용)
법 모	모범 해	모형 형	법 범
읽기 4급 쓰기 3급	읽기 1급 쓰기 특급	읽기 2급 쓰기 1급	읽기 4급 쓰기 3급

• 模楷(모해)는 본받아 배울 만한 대상을 뜻한다.

286. 僮僕奴婢(동복노비) : 아이와 종 / 종과 계집종

僮 (상위한자)	僕 (상위한자)	奴 (고등용)	婢 (고등용)
아이 동	종 복	종 노	계집종 비
읽기 특급 쓰기	읽기 1급 쓰기 특급	읽기 3급Ⅱ 쓰기 2급	읽기 3급Ⅱ 쓰기 2급

- 僮僕(동복)은 사내 아이종을 말한다.
- 奴婢(노비)는 사내종과 계집종을 아울러 이르는 말이다.

287. 姪姑甥舅(질고생구) : 조카와 시어머니(고모) / 생질과 외삼촌

姪 (고등용)	姑 (고등용)	甥 (상위한자)	舅 (상위한자)
조카 질	시어머니 고	생질 생	외삼촌 구
읽기 3급 쓰기 2급	읽기 3급Ⅱ 쓰기 2급	읽기 1급 쓰기 특급	읽기 1급 쓰기 특급

- 甥舅(생구)는 조카와 외삼촌을 말한다.

288. 鬚眉鬢髮(수미빈발) : 수염과 눈썹 / 살쩍(관자놀이) 머리와 터럭 머리

鬚 (상위한자)	眉 (고등용)	鬢 (상위한자)	髮 (고등용)
수염 수	눈썹 미	살쩍 빈	터럭 발
읽기 특급 쓰기	읽기 3급 쓰기 2급	읽기 특급 쓰기	읽기 4급 쓰기 3급

- 鬚眉(수미)는 수염과 눈썹을 아울러 이르는 말이다.
- 鬢髮(빈발)은 살쩍과 머리털을 아울러 이르는 말이다.

289. 僧尼盜賊(승니도적) : (남자) 중과 여중 / 도둑과 도둑(도적)

僧 (고등용)	尼 (상위한자)	盜 (고등용)	賊 (상위한자)
중 승	여중 니	도둑 도	도둑 적
읽기 3급Ⅱ 쓰기 2급	읽기 2급 쓰기 1급	읽기 4급 쓰기 3급	읽기 4급 쓰기 3급

- 僧尼(승니)는 (불교에서) 비구와 비구니를 아울러 이르는 말이다.
- 盜賊(도적)은 남의 물건을 훔치거나 빼앗는 따위의 나쁜 짓, 또는 그런 짓을 하는 사람을 말한다.

290. 浦渚汀洲(포저정주) : 개와 물가 / 물가(모래섬)와 물가(섬)

浦 (고등용)	渚 (상위한자)	汀 (상위한자)	洲 (고등용)
개 포	물가 저	물가 정	물가 주
읽기 3급Ⅱ 쓰기 2급	읽기 특급Ⅱ 쓰기	읽기 2급 쓰기 특급Ⅱ	읽기 3급Ⅱ 쓰기 2급

291. 縫緣裔幅(봉연예폭) : 옷솔(꿰맴)과 옷단(인연) / 후손과 폭

縫 (상위한자)	緣 (고등용)	裔 (상위한자)	幅 (고등용)
꿰멜 봉	인연 연	후손 예	폭 폭
읽기 2급 쓰기 1급	읽기 4급 쓰기 3급	읽기 1급 쓰기 특급	읽기 3급 쓰기 2급

292. 檀榧椒桂(단비초계) : 박달나무와 비자 / 산초나무와 계수나무

檀(고등용)	榧(상위한자)	椒(상위한자)	桂(고등용)
박달나무 단	비자 비	산초나무 초	계수나무 계
읽기 4급Ⅱ 쓰기 3급Ⅱ	읽기 특급Ⅱ 쓰기	읽기 특급Ⅱ 쓰기	읽기 3급Ⅱ 쓰기 2급

293. 鸞鳳鸛鶴(난봉관학) : 난새와 봉새 / 황새와 학

鸞(상위한자)	鳳(고등용)	鸛(상위한자)	鶴(고등용)
난새 난	봉새 봉	황새 관	학 학
읽기 1급 쓰기 특급	읽기 3급Ⅱ 쓰기 2급	읽기 특급 쓰기	읽기 3급Ⅱ 쓰기 2급

294. 禽畜犧牲(금축희생) : 새와 '기르다' / 희생(짐승)과 희생(제사)

禽(고등용)	畜(고등용)	犧(상위한자)	牲(상위한자)
새 금	기를 축	희생 희	희생 생
읽기 3급Ⅱ 쓰기 2급	읽기 3급Ⅱ 쓰기 2급	읽기 1급 쓰기 특급	읽기 1급 쓰기 특급

- 犧牲(희생)은 다른 사람이나 어떤 목적을 위하여 자신의 목숨, 재산, 명예, 이익 따위를 바치거나 버림. 또는 그것을 빼앗김을 말한다. 또는 사고나 자연재해 따위로 애석하게 목숨을 잃음을 말한다.

295. 寤寐睡夢(오매수몽) : '잠깨다'와 '잠자다' / 졸음과 꿈

寤 (상위한자)	寐 (상위한자)	睡 (고등용)	夢 (고등용)
잠깰 오	잘 매	졸음 수	꿈 몽
읽기 1급 쓰기 특급	읽기 1급 쓰기 특급	읽기 3급 쓰기 2급	읽기 3급 쓰기 2급

- 寤寐(오매)는 자나 깨나 언제나를 뜻한다.
- 睡夢(수몽)은 졸음과 꿈을 아울러 이르는 말이다.

296. 鑄鍊斲剖(주련착부) : '불리다' / '깎다'와 '쪼개다'

鑄 (고등용)	鍊 (고등용)	斲 (상위한자)	剖 (상위한자)
불릴 주	불릴 련	깎을 착	쪼갤 부
읽기 3급Ⅱ 쓰기 2급	읽기 3급Ⅱ 쓰기 2급	읽기 특급 쓰기	읽기 1급 쓰기 특급

297. 攀捧提携(반봉제휴) : '더위잡다'와 '받들다' / '끌다'와 '이끌다'

攀 (상위한자)	捧 (상위한자)	提 (고등용)	携 (고등용)
더위잡을 반	받들 봉	끌 제	이끌 휴
읽기 1급 쓰기 특급	읽기 1급 쓰기 특급	읽기 4급Ⅱ 쓰기 3급Ⅱ	읽기 3급 쓰기 2급

- 提携(제휴)는 행동을 함께하기 위하여 서로 붙들어 도와줌을 뜻한다.

298. 涕淚啼哭(체루제곡) : 눈물 / '울다'

涕(상위한자)	淚(고등용)	啼(상위한자)	哭(고등용)
눈물 체	눈물 루	울 제	울 곡
읽기 1급 쓰기 특급	읽기 3급 쓰기 2급	읽기 1급 쓰기 특급	읽기 3급Ⅱ 쓰기 2급

- 涕淚(체루)는 슬프거나 감동하여 흐르는 눈물을 말한다.
- 啼哭(제곡)은 큰소리로 우는 것을 뜻한다.

299. 貿販賭贖(무판도속) : '무역하다'와 '팔다' / 내기와 속바침

貿(고등용)	販(고등용)	賭(상위한자)	贖(상위한자)
무역할 무	팔 판	내기 도	속바칠 속
읽기 3급Ⅱ 쓰기 2급	읽기 3급 쓰기 2급	읽기 1급 쓰기 특급	읽기 1급 쓰기 특급

- 貿販(무판)은 쇠고기나 돼지고기를 파는 가게를 냄. 또는 시장에서 재물을 사고 파는 일을 말한다.

300. 稀稠泄蓄(희조설축) : '드물다'와 '빽빽하다' / '새다'와 '모으다'

稀(고등용)	稠(상위한자)	泄(상위한자)	蓄(고등용)
드물 희	빽빽할 조	샐 설	모을 축
읽기 3급Ⅱ 쓰기 2급	읽기 1급 쓰기 특급	읽기 1급 쓰기 특급	읽기 4급Ⅱ 쓰기 3급Ⅱ

301. 紡織繅染(방직소염) : 길쌈과 '짜다' / '고치 켜다'와 '물들이다'

紡(상위한자)	織(고등용)	繅(상위한자)	染(고등용)
길쌈 방	짤 직	고치 켤 소	물들일 염
읽기 2급 쓰기 1급	읽기 4급 쓰기 3급	읽기 1급 쓰기 특급	읽기 3급Ⅱ 쓰기 2급

- 紡織(방직)은 실을 뽑아서 천을 짬. 또는 실을 뽑고 천을 짜고 물을 들이는 일을 통틀어 이르는 말이다.

302. 潛藏遁匿(잠장둔닉) : 무자맥질과 감춤 / 달아남과 숨김

潛(고등용)	藏(고등용)	遁(상위한자)	匿(상위한자)
무자맥질할 잠	감출 장	달아날 둔	숨길 닉
읽기 3급Ⅱ 쓰기 2급	읽기 3급Ⅱ 쓰기 2급	읽기 1급 쓰기 특급	읽기 1급 쓰기 특급

303. 壅蔽阻隔(옹폐조격) : '막다'와 '덮다' / '험하다'와 '사이 뜨다'

壅(상위한자)	蔽(고등용)	阻(상위한자)	隔(고등용)
막을 옹	덮을 폐	험할 조	사이 뜰 격
읽기 1급 쓰기 특급	읽기 3급 쓰기 2급	읽기 1급 쓰기 특급	읽기 3급Ⅱ 쓰기 2급

- 壅蔽(옹폐)는 윗사람의 총명을 막아서 가림을 뜻한다.
- 阻隔(조격)은 막혀서 서로 통하지 못함을 말한다.

304. 悵戀羨慕(창련선모) : '원망하다'와 '그리워하다' / 부러움과 그리움

悵 (상위한자)	戀 (고등용)	羨 (상위한자)	慕 (고등용)
원망할 창	그리워할 련	부러워할 선	그리워할 모
읽기 특급 쓰기	읽기 3급Ⅱ 쓰기 2급	읽기 1급 쓰기 특급	읽기 3급Ⅱ 쓰기 2급

- 羨慕(선모)는 부러워하고 그리워함을 뜻한다.

305. 頑傲夸誕(완오과탄) : 완고함과 거만함 / '자랑하다'와 '낳다'

頑 (상위한자)	傲 (고등용)	夸 (상위한자)	誕 (고등용)
완고할 완	거만할 오	자랑할 과	낳을 탄
읽기 1급 쓰기 특급	읽기 3급 쓰기 2급	읽기 특급 쓰기	읽기 3급 쓰기 2급

306. 毫釐芒忽(호리망홀) : 터럭 / 까끄라기(보리 수염)와 갑자기

毫 (고등용)	釐 (상위한자)	芒 (상위한자)	忽 (고등용)
터럭 호	터럭 리	까끄라기 망	갑자기 홀
읽기 3급 쓰기 2급	읽기 1급 쓰기 특급	읽기 1급 쓰기 특급	읽기 3급Ⅱ 쓰기 2급

- 毫釐(호리)는 자나 저울눈의 호毫와 이釐. 또는 매우 적은 분량을 비유적으로 이르는 말이다.
- 芒笏(망홀)은 아주 작음을 뜻한다.

307. 棟梁柱椽(동량주연) : 마룻대와 들보 / 기둥과 서까래

棟 (상위한자)	梁 (고등용)	柱 (고등용)	椽 (상위한자)
마룻대 동	들보 량	기둥 주	서까래 연
읽기 2급 쓰기 1급	읽기 3급Ⅱ 쓰기 2급	읽기 3급Ⅱ 쓰기 2급	읽기 1급 쓰기 특급

- 棟梁(동량)은 기둥과 들보를 아울러 이르는 말. 또는 기둥과 들보로 쓸만한 재목이라는 뜻으로, 집안이나 나라를 떠받치는 중대한 일을 맡을 만한 인재를 이르는 말이다.

308. 規矩準繩(규구준승) : 그림쇠와 네모 자 / 수준기와 먹줄

規 (고등용)	矩 (상위한자)	準 (고등용)	繩 (상위한자)
그림쇠 규	네모 자 구	수준기 준	먹줄 승
읽기 5급 쓰기 4급	읽기 1급 쓰기 특급	읽기 4급Ⅱ 쓰기 3급Ⅱ	읽기 2급 쓰기 특급Ⅱ

- 規矩(규구)는 목수가 쓰는 걸음쇠, 곱자, 수준기, 다림줄을 통틀어 이르는 말. 또는 일상생활에서 지켜야 할 법도를 말한다.
- 準繩(준승)은 평면의 경사를 재기 위하여 치는 먹줄이나 수준기. 또는 일정한 법식을 말한다.

9. (고등용 1자+상위 등급 3자) : 4자문자 36개(309~344번 / 144자)

309. 氓隷妓娼(맹례기창) : 백성과 종 / 기생과 창녀

氓(상위한자)	隷(고등용)	妓(상위한자)	娼(상위한자)
백성 맹	종 례	기생 기	창녀 창
읽기 특급 쓰기	읽기 3급 쓰기 2급	읽기 1급 쓰기 특급	읽기 1급 쓰기 특급

310. 夷狄蠻羌(이적만강) : 오랑캐 / 종족 이름과 오랑캐

夷(고등용)	狄(상위한자)	蠻(상위한자)	羌(상위한자)
오랑캐 이	오랑캐 적	종족 이름 만	오랑캐 강
읽기 3급 쓰기 2급	읽기 1급 쓰기 특급	읽기 2급 쓰기 1급	읽기 특급Ⅱ 쓰기

• 夷狄(이적)은 예전에 두만강 일대의 만주 지방에 살던 여진족을 멸시하여 이르던 말이다.

311. 塵埃塊礫(진애괴력) : 티끌 / 흙덩이와 조약돌

塵(상위한자)	埃(상위한자)	塊(고등용)	礫(상위한자)
티끌 진	티끌 애	흙덩이 괴	조약돌 력
읽기 2급 쓰기 1급	읽기 2급 쓰기 특급Ⅱ	읽기 3급 쓰기 2급	읽기 1급 쓰기 특급

• 塵埃(진애)는 티끌과 먼지를 통틀어 이르는 말. 또는 세상의 속된 것을 비유적으로 이르는 말이다.

312. 涎汗糞溺(연한분뇨) : 침과 땀 / 똥과 오줌

涎 (상위한자)	汗 (고등용)	糞 (상위한자)	溺 (상위한자)
침 연	땀 한	똥 분	오줌 뇨
읽기 특급Ⅱ 쓰기	읽기 3급Ⅱ 쓰기 2급	읽기 1급 쓰기 특급	읽기 2급 쓰기 1급

313. 峯巒岡麓(봉만강록) : 멧부리(산꼭대기) / 산등성이와 산기슭

峯 (고등용)	巒 (상위한자)	岡 (상위한자)	麓 (상위한자)
멧부리 봉	멧부리 만	산등성이 강	산기슭 록
읽기 3급Ⅱ 쓰기 2급	읽기 특급Ⅱ 쓰기	읽기 2급 쓰기 특급Ⅱ	읽기 1급 쓰기 특급

- 峯巒(봉만)은 꼭대기가 뾰족뾰족하게 솟은 산봉우리를 말한다.

314. 芝蘭蕙蒼(지란혜창) : 지초와 난초 / 풀이름과 창포(여러해살이풀)

芝 (상위한자)	蘭 (고등용)	蕙 (상위한자)	蒼 (상위한자)
지초 지	난초 란	풀이름 혜	창포 창
읽기 2급 쓰기 특급Ⅱ	읽기 3급Ⅱ 쓰기 2급	읽기 특급Ⅱ 쓰기	읽기 1급 쓰기 특급

- 芝蘭(지란)은 지초芝草와 난초蘭草를 아울러 이르는 말. 또는 높고 맑은 재질을 비유적으로 이르는 말. 또는 똑똑하고 영리한 남의 아들을 이르는 말이다.

315. 乳脇臍肛(유협제항) : 젖과 겨드랑이 / 배꼽과 항문

乳 (고등용)	脇 (상위한자)	臍 (상위한자)	肛 (상위한자)
젖 유	겨드랑이 협	배꼽 제	항문 항
읽기 4급 쓰기 3급	읽기 특급Ⅱ 쓰기	읽기 특급Ⅱ 쓰기	읽기 1급 쓰기 특급

316. 隴阪崖岸(롱판애안) : 언덕과 긴등 / 언덕(비탈)과 언덕

隴 (상위한자)	阪 (상위한자)	崖 (상위한자)	岸 (고등용)
언덕 롱	긴등 판	언덕 애	언덕 안
읽기 특급 쓰기	읽기 2급 쓰기 특급Ⅱ	읽기 1급 쓰기 특급	읽기 3급Ⅱ 쓰기 2급

• 崖岸(애안)은 바다, 강, 못 따위와 같이 물이 있는 곳의 가장자리를 말한다.

317. 蛟龍鯨鰐(교룡경악) : 교룡과 용 / 고래와 악어

蛟 (상위한자)	龍 (고등용)	鯨 (상위한자)	鰐 (상위한자)
교룡 교	용 룡	고래 경	악어 악
읽기 1급 쓰기 특급	읽기 4급 쓰기 3급	읽기 1급 쓰기 특급	읽기 특급Ⅱ 쓰기

• 蛟龍(교룡)은 상상 속에 등장하는 동물의 하나. 모양이 뱀과 같고 몸의 길이가 한 길이 넘으며 넓적한 네 발이 있고, 가슴은 붉고 등에는 푸른 무늬가 있으며, 옆구리와 배는 비단처럼 부드럽고 눈썹으로 교미하여 알을 낳는다고 한다. 또는 때를 못 만나 뜻을 이루지 못한 영웅호걸을 비유적으로 이르는 말이다.

318. 嶺嶽峽峀(령악협수) : 산고개와 큰 산 / 골짜기와 산 구멍

嶺 (고등용)	嶽 (상위한자)	峽 (상위한자)	峀 (상위한자)
산고개 령	큰 산 악	골짜기 협	산 구멍 수
읽기 3급Ⅱ 쓰기 2급	읽기 특급Ⅱ 쓰기	읽기 2급 쓰기 1급	읽기 특급Ⅱ 쓰기

319. 溝渠陂池(구거피지) : 도랑과 개천 / 방죽과 연못

溝 (상위한자)	渠 (상위한자)	陂 (상위한자)	池 (고등용)
도랑 구	개천 거	방죽 피	못 지
읽기 1급 쓰기 특급	읽기 1급 쓰기 특급	읽기 특급Ⅱ 쓰기	읽기 3급Ⅱ 쓰기 2급

- 溝渠(구거)는 수채 물이 흐르는 작은 도랑을 말한다.
- 陂池(피지)는 물이 괸 땅을 말한다.

320. 薪柴炭灰(신시탄회) : 섶(잎나무)과 땔나무 / 숯과 재

薪 (상위한자)	柴 (상위한자)	炭 (고등용)	灰 (상위한자)
섶 신	땔나무 시	숯 탄	재 회
읽기 1급 쓰기 특급	읽기 2급 쓰기 특급Ⅱ	읽기 5급 쓰기 4급	읽기 4급 쓰기 3급

- 薪柴(신시)는 장작長斫과 섶나무를 뜻한다.

321. 橡檟榛栗(상가진률) : 상수리와 개오동나무 / 개암과 밤

橡(상위한자)	檟(상위한자)	榛(상위한자)	栗(고등용)
상수리 상	개오동나무 가	개암 진	밤 률
읽기 특급Ⅱ 쓰기	읽기 특급 쓰기	읽기 특급Ⅱ 쓰기	읽기 3급Ⅱ 쓰기 2급

322. 桑柘杻檗(상자뉴벽) : 뽕나무와 산뽕나무 / 감탕나무와 횡백나무

桑(고등용)	柘(상위한자)	杻(상위한자)	檗(상위한자)
뽕나무 상	산뽕나무 자	감탕나무 뉴	횡백나무 벽
읽기 3급Ⅱ 쓰기 2급	읽기 특급 쓰기	읽기 특급Ⅱ 쓰기	읽기 특급Ⅱ 쓰기

• 桑柘(상자)는 뽕나무와 산뽕나무를 통틀어 이르는 말이다.

323. 鴻雁鳧鴨(홍안부압) : 큰 기러기와 기러기 / 오리(물)와 오리(집)

鴻(고등용)	雁(상위한자)	鳧(상위한자)	鴨(상위한자)
큰 기러기 홍	기러기 안	오리 부	오리 압
읽기 3급 쓰기 2급	읽기 특급 쓰기	읽기 특급 쓰기	읽기 2급 쓰기 특급Ⅱ

• 鴻雁(홍안)은 큰 기러기와 작은 기러기를 아울러 이르는 말이다.

324. 紵麻枲棉(저마시면) : 모시와 삼 / 모시풀과 목화

紵(상위한자)	麻(고등용)	枲(상위한자)	棉(상위한자)
모시 저	삼 마	모시풀 시	목화 면
읽기 특급Ⅱ 쓰기	읽기 3급Ⅱ 쓰기 2급	읽기 특급 쓰기	읽기 1급 쓰기 특급

325. 苗穟秧粒(묘수앙립) : 모와 이삭 / 모와 낟알

苗(고등용)	穟(상위한자)	秧(상위한자)	粒(상위한자)
모 묘	이삭 수	모 앙	낟알 립
읽기 3급 쓰기 2급	읽기 특급 쓰기	읽기 1급 쓰기 특급	읽기 1급 쓰기 특급

326. 麟麋麕鹿(린미균록) : 기린과 큰사슴 / 노루와 사슴

麟(상위한자)	麋(상위한자)	麕(상위한자)	鹿(고등용)
기린 린	큰사슴 미	노루 균	사슴 록
읽기 2급 쓰기 특급Ⅱ	읽기 특급 쓰기	읽기 특급 쓰기	읽기 3급 쓰기 2급

327. 駒犢羔豚(구독고돈) : 망아지와 송아지 / 새끼 양과 돼지

駒(상위한자)	犢(상위한자)	羔(상위한자)	豚(고등용)
망아지 구	송아지 독	새끼 양 고	돼지 돈
읽기 1급 쓰기 특급	읽기 특급 쓰기	읽기 특급Ⅱ 쓰기	읽기 3급 쓰기 2급

328. 蚓蛭螢螽(인질형종) : 지렁이와 거머리 / 반딧불과 메뚜기

蚓(상위한자)	蛭(상위한자)	螢(고등용)	螽(상위한자)
지렁이 인	거머리 질	반딧불 형	메뚜기 종
읽기 1급 쓰기 특급	읽기 특급Ⅱ 쓰기	읽기 3급 쓰기 2급	읽기 특급 쓰기

329. 塚墓棺槨(총묘관곽) : 무덤(봉토)과 무덤(묘지) / 널과 외관

塚(상위한자)	墓(고등용)	棺(상위한자)	槨(상위한자)
무덤 총	무덤 묘	널 관	외관 곽
읽기 1급 쓰기 특급	읽기 4급 쓰기 3급	읽기 1급 쓰기 특급	읽기 1급 쓰기 특급

- 塚墓(총묘)는 송장이나 유골을 땅에 묻어 놓은 곳. 흙으로 둥글게 쌓아 올리기도 하고 돌로 평평하게 만들기도 하는데, 대개 묘석을 세워 누구의 것인지 표시한다.
- 棺槨(관곽)은 시체를 넣는 속 널과 겉 널을 아울러 이르는 말이다.

330. 輪軸轂輻(륜축곡복) : 바퀴와 굴대 / 바퀴통과 바퀴살

輪 (고등용)	軸 (상위한자)	轂 (상위한자)	輻 (상위한자)
바퀴 륜	굴대 축	바퀴통 곡	바퀴살 복
읽기 4급 쓰기 3급	읽기 2급 쓰기 1급	읽기 특급 쓰기	읽기 1급 쓰기 특급

331. 灌沃熄滅(관옥식멸) : '물대다'와 '기름지다' / '불 끄다'와 '다하다'

灌 (상위한자)	沃 (상위한자)	熄 (상위한자)	滅 (고등용)
물댈 관	기름질 옥	불 끌 식	다할 멸
읽기 1급 쓰기 특급	읽기 2급 쓰기 특급Ⅱ	읽기 1급 쓰기 특급	읽기 3급Ⅱ 쓰기 2급

• 熄滅(식멸)은 불이 꺼져 없어짐, 또는 흔적도 없이 없애버림을 뜻한다.

332. 膾炙飴蜜(회자이밀) : 회(생고기)와 구운 고기 / 엿과 꿀

膾 (상위한자)	炙 (상위한자)	飴 (상위한자)	蜜 (고등용)
회 회	구울 자	엿 이	꿀 밀
읽기 1급 쓰기 특급	읽기 1급 쓰기 특급	읽기 특급 쓰기	읽기 3급 쓰기 2급

• 膾炙(회자)는 회와 구운 고기라는 뜻으로, 칭찬을 받으며 사람의 입에 자주 오르내림을 이르는 말이다.

333. 轎輦蓋傘(교련개산) : 가마와 손수레 / 덮개와 우산

轎(상위한자)	輦(상위한자)	蓋(고등용)	傘(상위한자)
가마 교	손수레 련	덮을 개	우산 산
읽기 1급 쓰기 특급	읽기 1급 쓰기 특급	읽기 3급Ⅱ 쓰기 2급	읽기 2급 쓰기 1급

334. 匙筯俎盤(시저조반) : 숟가락과 젓가락 / 도마와 소반

匙(상위한자)	筯(상위한자)	俎(상위한자)	盤(고등용)
숟가락 시	젓가락 저	도마 조	소반 반
읽기 1급 쓰기 특급	읽기 특급 쓰기	읽기 특급Ⅱ 쓰기	읽기 3급Ⅱ 쓰기 2급Ⅱ

335. 旗纛旌旄(기독정모) : 깃발과 큰 의장기 / 기와 깃대 장식

旗(고등용)	纛(상위한자)	旌(상위한자)	旄(상위한자)
깃발 기	큰 의장기 독	기 정	깃대 장식 모
읽기 7급 쓰기 6급	읽기 특급Ⅱ 쓰기	읽기 2급 쓰기 특급Ⅱ	읽기 특급 쓰기

- 旗纛(기독)은 깃발과 새 깃이나 짐승 털로 장식한 둑(큰 깃발)을 말한다.
- 旌旄(정모)는 정절旌節과 모절旄節을 뜻한다.

336. 衾裯枕褥(금주침욕) : 이불과 홑이불 / 베개와 요

衾(상위한자)	裯(상위한자)	枕(고등용)	褥(상위한자)
이불 금	홑이불 주	베개 침	요 욕
읽기 1급 쓰기 특급	읽기 특급 쓰기	읽기 3급 쓰기 2급	읽기 특급Ⅱ 쓰기

337. 簫笛琴瑟(소적금슬) : 퉁소와 피리 / 거문고와 큰 거문고

簫(상위한자)	笛(상위한자)	琴(고등용)	瑟(상위한자)
퉁소 소	피리 적	거문고 금	큰 거문고 슬
읽기 1급 쓰기 특급	읽기 3급Ⅱ 쓰기 2급	읽기 3급Ⅱ 쓰기 2급	읽기 2급 쓰기 특급Ⅱ

- 琴瑟(금슬)은 거문고와 비파를 아울러 이르는 말이다.

338. 叱罵欺誆(질매기광) : '꾸짖다'와 '꾸짖다(욕)' / '속이다'

叱(상위한자)	罵(상위한자)	欺(고등용)	誆(상위한자)
꾸짖을 질	꾸짖을 매	속일 기	속일 광
읽기 1급 쓰기 특급	읽기 1급 쓰기 특급	읽기 3급 쓰기 2급	읽기 특급 쓰기

- 叱罵(질매)는 몹시 꾸짖어 나무람을 뜻한다.
- 欺誆(기광)은 얼을 빼어 속인다는 뜻이다.

339. 醞釀斟酌 (온양짐작) : '술 빚다' / '짐작하다'와 '잔질하다'

醞 (상위한자)	釀 (상위한자)	斟 (상위한자)	酌 (고등용)
술 빚을 온	술 빚을 양	짐작할 짐	잔질할 작
읽기 특급 쓰기	읽기 1급 쓰기 특급	읽기 1급 쓰기 특급	읽기 3급 쓰기 2급

- 醞釀(온양)은 술을 빚어서 담금. 또는 남을 모함하기 위하여 없는 죄를 꾸며냄. 또는 마음속에 어떠한 생각을 은근히 품고 있음을 뜻하는 말이다.
- 斟酌(짐작)은 사정이나 형편 따위를 어림잡아 헤아림을 뜻한다.

340. 融凍滑澁 (융동활삽) : '녹이다'와 '얼다' / 미끄러움과 껄끄러움

融 (상위한자)	凍 (고등용)	滑 (상위한자)	澁 (상위한자)
녹을 융	얼 동	미끄러울 활	껄끄러울 삽
읽기 2급 쓰기 1급	읽기 3급Ⅱ 쓰기 2급	읽기 2급 쓰기 1급	읽기 1급 쓰기 특급

341. 懶惰嬉娛 (라타희오) : '게으르다' / '아름답다'와 '즐기다'

懶 (상위한자)	惰 (상위한자)	嬉 (상위한자)	娛 (고등용)
게으를 라	게으를 타	아름다울 희	즐길 오
읽기 1급 쓰기 특급	읽기 1급 쓰기 특급	읽기 2급 쓰기 특급Ⅱ	읽기 3급 쓰기 2급

342. 恢拓爽豁 (회척상활) : '넓다'와 '넓히다' / 시원함과 뚫린 골짜기

恢 (상위한자)	拓 (고등용)	爽 (상위한자)	豁 (상위한자)
넓을 회	넓힐 척	시원할 상	뚫린 골짜기 활
읽기 1급 쓰기 특급	읽기 3급Ⅱ 쓰기 2급Ⅱ	읽기 1급 쓰기 특급	읽기 특급Ⅱ 쓰기

343. 慟悼憐恤 (통도련휼) : '서럽다'와 '슬프다' / 불쌍히 여김과 불쌍함

慟 (상위한자)	悼 (상위한자)	憐 (고등용)	恤 (상위한자)
서러워할 통	슬퍼할 도	불쌍히 여길 련	불쌍할 휼
읽기 1급 쓰기 특급	읽기 2급 쓰기 1급	읽기 3급 쓰기 2급	읽기 1급 쓰기 특급

344. 謙遜愿淳 (겸손원순) : '겸손하다' / '원하다'와 '순박하다'

謙 (고등용)	遜 (상위한자)	愿 (상위한자)	淳 (상위한자)
겸손할 겸	겸손할 손	원할 원	순박할 순
읽기 3급Ⅱ 쓰기 2급	읽기 1급 쓰기 특급	읽기 특급Ⅱ 쓰기	읽기 2급 쓰기 특급Ⅱ

• 謙遜(겸손)은 남을 존중하고 자기를 내세우지 않는 태도가 있음을 뜻한다.

Ⅳ. 제4단계 : 중·고등용 한자 + 상위 + 인명 + 등급 외 한자
(4자문자 60개 : 345~404번 / 240자)

1. (중학용 2자+고등용 1자+인명/등외 1자) : 4자문자 5개(345~350번/20자)

345. 曉晡朝夕(효포조석) : 새벽과 저녁 무렵 / 아침과 저녁

曉 (고등용)	晡 (인명한자)	朝 (중학용)	夕 (중학용)
새벽 효	신시(저녁 무렵) 포	아침 조	저녁 석
읽기 3급 쓰기 2급	읽기 쓰기	읽기 6급 쓰기 5급	읽기 7급 쓰기 6급

• 朝夕(조석)은 썩 가까운 앞날. 또는 어떤 일이 곧 결판나거나 끝장날 상황. 또는 아침밥과 저녁밥을 아울러 이르는 말이다.

346. 根荄材幹(근해재간) : 뿌리와 풀뿌리 / 재목과 줄기

根 (중학용)	荄 (인명한자)	材 (중학용)	幹 (고등용)
뿌리 근	풀뿌리 해	재목 재	줄기 간
읽기 6급 쓰기 5급	읽기 쓰기	읽기 5급Ⅱ 쓰기 4급Ⅱ	읽기 3급Ⅱ 쓰기 2급

347. 騰翥飛鳴(등저비명) : '오르다'와 '날아오르다' / '날다'와 '울다'

騰 (고등용)	翥 (인명한자)	飛 (중학용)	鳴 (중학용)
오를 등	날아오를 저	날 비	울 명
읽기 3급 쓰기 2급	읽기 쓰기	읽기 4급Ⅱ 쓰기 3급Ⅱ	읽기 4급 쓰기 3급

348. 紛紜異同(분운이동) : '어지럽다' / '다르다'와 '같다'

紛 (고등용)	紜 (인명한자)	異 (중학용)	同 (중학용)
어지러울 분	어지러울 운	다를 이	같을 동
읽기 3급Ⅱ 쓰기 2급Ⅱ	읽기 쓰기	읽기 4급 쓰기 3급	읽기 7급 쓰기 6급

- 紛紜(분운)은 이러니저러니 말이 많다. 또는 떠들썩하여 복잡하고 어지럽다는 뜻이다.
- 異同(이동)은 다른 것과 같은 것을 통틀어 이르는 말. 또는 서로 같지 않음을 뜻한다.

349. 賣買賖貸(매매사대) : '팔다'와 '사다' / '세내다'와 '빌리다'

賣 (중학용)	買 (중학용)	賖 (등외한자)	貸 (고등용)
팔 매	살 매	세낼 사	빌릴 대
읽기 5급 쓰기 4급	읽기 5급 쓰기 4급	읽기 쓰기	읽기 3급Ⅱ 쓰기 2급

- 賣買(매매)는 물건을 팔고 사는 일을 뜻한다.

350. 譭譽恩怨(훼예은원) : '밉다'와 '기리다' /은혜와 원망

譭 (등외한자)	譽 (고등용)	恩 (중학용)	怨 (중학용)
미울 훼	기릴 예	은혜 은	원망할 원
읽기 쓰기	읽기 3급Ⅱ 쓰기 2급	읽기 4급Ⅱ 쓰기 3급Ⅱ	읽기 4급 쓰기 3급

- 恩怨(은원)은 은혜와 원한을 아울러 이르는 말이다.

2. (중학용2자 + 상위1 + 인명/등외1자) : 4자문자 6개(351~356번/24자)

351. 昨翌期晬(작익기수) : 어제와 다음날 / 기약과 돌(1주년)

昨 (중학용)	翌 (상위한자)	期 (중학용)	晬 (인명한자)
어제 작	다음날 익	기약할 기	돌 수
읽기 6급Ⅱ 쓰기 5급Ⅱ	읽기 1급 쓰기 특급	읽기 5급 쓰기 4급	읽기 쓰기

352. 嗅啗視聽(후담시청) : '냄새 맡다'와 '먹다' / '보다'와 '듣다'

嗅 (상위한자)	啗 (인명한자)	視 (중학용)	聽 (중학용)
맡을 후	먹일 담	볼 시	들을 청
읽기 1급 쓰기 특급	읽기 쓰기	읽기 4급Ⅱ 쓰기 3급Ⅱ	읽기 4급 쓰기 3급

• 視聽(시청)은 눈으로 보고 귀로 들음을 뜻한다.

353. 樹林菓蓏(수림과라) : 나무와 수풀 / 실과(식용)와 열매

樹 (중학용)	林 (중학용)	菓 (상위한자)	蓏 (인명한자)
나무 수	수풀 림	실과 과	열매 라
읽기 6급 쓰기 5급	읽기 7급 쓰기 6급	읽기 2급 쓰기 1급	읽기 쓰기

• 樹林(수림)은 나무가 우거진 숲을 뜻한다.

354. 囪牖門戶(창유문호) : 창과 들창 /문과 집

囪 (등외한자)	牖 (상위한자)	門 (중학용)	戶 (중학용)
창 창	들창 유	문 문	집 호
읽기 쓰기	읽기 특급 쓰기	읽기 8급 쓰기 6급Ⅱ	읽기 4급Ⅱ 쓰기 3급Ⅱ

- 門戶(문호)는 집으로 드나드는 문. 외부와 교류하기 위한 통로나 수단을 비유적으로 이르는 말. 또는 대대로 내려오는 그 집안의 사회적 신분이나 지위를 말한다.

355. 姸嫛強弱(연치강약) : '곱다'와 '추하다' / '강하다'와 '약하다'

姸 (상위한자)	嫛 (등외한자)	強 (중학용)	弱 (중학용)
고울 연	추할 치	강할 강	약할 약
읽기 2급 쓰기 특급Ⅱ	읽기 쓰기	읽기 6급 쓰기 5급	읽기 6급Ⅱ 쓰기 5급Ⅱ

- 強弱(강약)은 강하고 약함. 또는 강자와 약자를 아울러 이르는 말이다.

356. 騣尾蹄角(종미제각) : 갈기와 꼬리 / 굽과 뿔

騣 (등외한자)	尾 (중학용)	蹄 (상위한자)	角 (중학용)
갈기 종	꼬리 미	굽 제	뿔 각
읽기 쓰기	읽기 3급Ⅱ 쓰기 2급	읽기 1급 쓰기 특급	읽기 6급Ⅱ 쓰기 5급Ⅱ

3. (중학용 1자+고등용 2자+인명/등외 1자) : **4자문자 3개(357~359번/12자)**

357. 頭腦頷項(두뇌함항) : 머리와 골 / 턱과 항목

頭 (중학용)	腦 (고등용)	頷 (인명한자)	項 (고등용)
머리 두	골 뇌	턱 함	항목 항
읽기 6급 쓰기 5급	읽기 3급Ⅱ 쓰기 2급	읽기 쓰기	읽기 3급Ⅱ 쓰기 2급

• 頭腦(두뇌)는 (의학에서) 중추 신경 계통 가운데 머리뼈안에 있는 부분. 대뇌, 사이뇌, 소뇌, 중간뇌, 다리뇌, 숨뇌로 나뉜다. 또는 사물을 판단하는 슬기. 또는 지식수준이 높은 사람을 비유적으로 이르는 말이다.

358. 沿溯源流(연소원류) : 물 따라감과 물 거슬러 올라감/근원과 흐름

沿 (고등용)	溯 (인명한자)	源 (고등용)	流 (중학용)
물 따라갈 연	거슬러 올라갈 소	근원 원	흐를 류
읽기 3급Ⅱ 쓰기 2급	읽기 쓰기	읽기 4급 쓰기 3급	읽기 5급Ⅱ 쓰기 4급Ⅱ

• 源流(원류)는 강이나 내의 본줄기. 또는 사물이나 현상의 본래 바탕. 또는 주가 되는 유파流派를 말한다.

359. 謹嚴弘裕(근엄홍유) : '삼가다'와 '엄하다' / '크다'와 '너그럽다'

謹 (고등용)	嚴 (중학용)	弘 (고등용)	裕 (등외한자)
삼갈 근	엄할 엄	클 홍	너그러울 유
읽기 3급 쓰기 2급	읽기 4급 쓰기 3급	읽기 3급 쓰기 2급	읽기 쓰기

• 謹嚴(근엄)은 조심성操心性 있고 엄밀嚴密함을 뜻한다.

4. (중학용 1자+고등용 1자+상위 1자+인명/등외 1자) : 4자문자 8개(360~367번/32자)

360. 車轝軒軺(거여헌초) : 수레와 수레(가마) / 집과 수레

車 (중학용)	轝 (상위한자)	軒 (고등용)	軺 (인명한자)
수레 거	수레 여	집 헌	수레 초
읽기 7급Ⅱ 쓰기 6급	읽기 특급Ⅱ 쓰기	읽기 3급 쓰기 2급	읽기 쓰기

- 軒軺(헌초)는 조선시대에, 종이품 이상의 벼슬아치가 타던 수레를 말한다.

361. 拳掬拱抱(권국공포) : 주먹과 움켜짐 / '팔짱 끼다'와 '(품에) 안다'

拳 (고등용)	掬 (인명한자)	拱 (상위한자)	抱 (중학용)
주먹 권	움킬 국	팔짱 낄 공	안을 포
읽기 3급Ⅱ 쓰기 2급	읽기 쓰기	읽기 1급 쓰기 특급	읽기 3급 쓰기 2급

362. 跬步蹤跡(규보종적) : 반걸음과 걸음 / 발자취

跬 (인명한자)	步 (중학용)	蹤 (상위한자)	跡 (고등용)
반걸음 규	걸음 보	발자취 종	발자취 적
읽기 쓰기	읽기 4급Ⅱ 쓰기 3급Ⅱ	읽기 특급 쓰기	읽기 3급Ⅱ 쓰기 2급

- 跬步(규보)는 반걸음, 또는 반걸음 정도의 가까운 거리를 말한다.

363. 驚疑猜妬(경의시투) : 놀람과 의심 / 시기와 강샘

驚 (중학용)	疑 (고등용)	猜 (상위한자)	妬 (인명한자)
놀랄 경	의심할 의	시기할 시	강샘할 투
읽기 4급 쓰기 3급	읽기 4급 쓰기 3급	읽기 1급 쓰기 특급	읽기 쓰기

364. 妻妾嬸姆(처첩심모) : 아내와 첩 / 숙모와 유모

妻 (중학용)	妾 (고등용)	嬸 (등외한자)	姆 (상위한자)
아내 처	첩 첩	숙모 심	유모 모
읽기 3급Ⅱ 쓰기 2급	읽기 3급 쓰기 2급	읽기 쓰기	읽기 특급Ⅱ 쓰기

• 妻妾(처첩)은 아내와 첩을 아울러 이르는 말이다.

365. 攲整平仄(기정평측) : 기울어짐과 가지런함 / 평평함과 기울어짐

攲 (등외한자)	整 (고등용)	平 (중학용)	仄 (상위한자)
기울어질 기	가지런할 정	평평할 평	기울 측
읽기 쓰기	읽기 4급 쓰기 3급	읽기 7급Ⅱ 쓰기 6급	읽기 특급Ⅱ 쓰기

• 平仄(평측)은 (문학에서) 평자平字와 측자仄字라는 뜻으로, 한문의 시·부 따위에서 음운의 높낮이를 이르는 말이다.

366. 礎堗瓦甓(초돌와벽) : 주춧돌과 굴뚝 / 기와와 벽돌

礎 (고등용)	堗 (인명한자)	瓦 (중학용)	甓 (상위한자)
주춧돌 초	굴뚝 돌	기와 와	벽돌 벽
읽기 3급Ⅱ 쓰기 2급	읽기 쓰기	읽기 3급Ⅱ 쓰기 2급	읽기 특급 쓰기

367. 醋齏油鹽(초제유염) : 초와 무침 / 기름과 소금

醋 (상위한자)	齏 (인명한자)	油 (중학용)	鹽 (고등용)
초 초	무침 제	기름 유	소금 염
읽기 1급 쓰기 특급	읽기 쓰기	읽기 6급 쓰기 5급	읽기 3급Ⅱ 쓰기 2급

5. (중학용 1자+고등용 1자+인명/등외 2자) : 4자문자 1개(368번/4자)

368. 晴曀潦旱(청예로한) : 갬과 흐림 / 큰 물결과 가뭄

晴 (중학용)	曀 (인명한자)	潦 (인명한자)	旱 (고등용)
갤 청	음산할 예	큰 물결 로	가뭄 한
읽기 3급 쓰기 2급	읽기 쓰기	읽기 쓰기	읽기 3급 쓰기 2급

6. (중학용 1자+상위 2자+인명/등외 1자) : 4자문자 8개(369 ~376번/32자)

369. 驪驘犬羖(려라견고) : 검은 말과 노새 / 개와 검은암양

驪(상위한자)	驘(인명한자)	犬(중학용)	羖(상위한자)
검은 말 려	노새 라	개 견	검은암양 고
읽기 1급 쓰기 특급	읽기 쓰기	읽기 4급 쓰기 3급	읽기 특급 쓰기

370. 辛辣羶腥(신랄전성) : 맵다 / 누린내와 비린내

辛(중학용)	辣(상위한자)	羶(인명한자)	腥(상위한자)
매울 신	매울 랄	누린내 전	비릴 성
읽기 3급 쓰기 2급	읽기 1급 쓰기 특급	읽기 쓰기	읽기 8급Ⅱ 쓰기 6급Ⅱ

• 辛辣(신랄)은 맛이 몹시 쓰고 매움. 또는 수단이 몹시 가혹苛酷함을 뜻한다.

371. 竹竿笋篁(죽간순황) : 대와 낚싯대 / 죽순과 대숲

竹(중학용)	竿(상위한자)	笋(등외한자)	篁(상위한자)
대 죽	낚싯대 간	죽순 순	대숲 황
읽기 4급Ⅱ 쓰기 3급Ⅱ	읽기 1급 쓰기 특급	읽기 쓰기	읽기 특급Ⅱ 쓰기

• 竹竿(죽간)은 대나무 장대를 말한다.

372. 增刪溢涸(증산일학) : '더하다'와 '깎다' / '넘치다'와 '마르다'

增 (중학용)	刪 (상위한자)	溢 (상위한자)	涸 (등외한자)
더할 증	깎을 산	넘칠 일	마를 학
읽기 4급Ⅱ 쓰기 3급Ⅱ	읽기 1급 쓰기 특급	읽기 1급 쓰기 특급	읽기 8급Ⅱ 쓰기 6급Ⅱ

• 增刪(증산)은 시문詩文 같은 것을 다듬기 위하여 더 보태거나 깎아냄을 뜻하며 증삭增削과 첨삭添削 등이 있다.

373. 眼睛頤齶(안정이악) : 눈과 눈동자 / 턱과 잇몸

眼 (중학용)	睛 (상위한자)	頤 (상위한자)	齶 (인명한자)
눈 안	눈동자 정	턱 이	잇몸 악
읽기 4급Ⅱ 쓰기 3급Ⅱ	읽기 1급Ⅱ 쓰기 특급	읽기 특급 쓰기	읽기 쓰기

• 眼睛(안정)은 눈동자를 뜻한다.

374. 升龠斗斛(승약두곡) : 되와 피리 / 말과 휘(말)

升 (상위한자)	龠 (인명한자)	斗 (중학용)	斛 (상위한자)
되 승	피리 약	말 두	휘 곡
읽기 2급 쓰기 1급	읽기 쓰기	읽기 4급Ⅱ 쓰기 3급Ⅱ	읽기 특급Ⅱ 쓰기

• 斗斛(두곡)은 곡식을 되는 말과 휘를 아울러 이르는 말. 또는 되질하는 일을 뜻한다.

375. 酒醴醪麵(주례료면) : 술과 단술 / 막걸리와 밀가루

酒 (중학용)	醴 (상위한자)	醪 (인명한자)	麵 (상위한자)
술 주	단술 례	막걸리 료	밀가루 면
읽기 4급 쓰기 3급	읽기 2급 쓰기 특급Ⅱ	읽기 쓰기	읽기 특급 쓰기

376. 鷄雉鷰雀(계치연작) : 닭과 꿩 / 제비와 참새

鷄 (중학용)	雉 (상위한자)	鷰 (등외한자)	雀 (상위한자)
닭 계	꿩 치	제비 연	참새 작
읽기 4급 쓰기 3급	읽기 2급 쓰기 특급Ⅱ	읽기 쓰기	읽기 1급 쓰기 특급

7. (중학용 1자+상위 1자+인명/등외 2자) : 4자문자 1개(377번/4자)

377. 雛麛鮞卵(추미이란) : 병아리와 사슴 새끼 / 곤이와 알

雛 (상위한자)	麛 (등외한자)	鮞 (등외한자)	卵 (중학용)
병아리 추	사슴 새끼 미	곤이 이	알 란
읽기 특급Ⅱ 쓰기	읽기 쓰기	읽기 쓰기	읽기 4급 쓰기 3급

8. (고등용 2자 + 상위 2자) : 4자문자 2개(378번~379번 / 8자)

378. 照耀焚燒(조요분소) : '비치다'와 '빛나다' / '불사르다'

照 (고등용)	耀 (상위한자)	焚 (상위한자)	燒 (고등용)
비칠 조	빛날 요	불사를 분	불사를 소
읽기 3급 쓰기 2급Ⅱ	읽기 2급 쓰기 특급Ⅱ	읽기 1급 쓰기 특급	읽기 3급Ⅱ 쓰기 2급

- 照耀(조요)는 밝게 비쳐서 빛남을 뜻한다.
- 焚燒(분소)는 살라 버림, 또는 태움을 뜻한다.

379. 呑吐噓吸(탄토허흡) : '삼키다'와 '토하다' / '불다'와 '마시다'

呑 (상위한자)	吐 (고등용)	噓 (상위한자)	吸 (고등용)
삼킬 탄	토할 토	불 허	마실 흡
읽기 1급 쓰기 특급	읽기 3급Ⅱ 쓰기 2급	읽기 1급 쓰기 특급	읽기 4급Ⅱ 쓰기 3급Ⅱ

- 呑吐(탄토)는 삼킴과 뱉음을 통틀어 이르는 말. 또는 물건을 받아들이기도 하고 내보내기도 함을 비유적으로 이르는 말이다.

9. (고등용 2자 + 상위 1자 + 인명/등외 1자) : 4자문자 3개(380번 ~382번/12자)

380. 凝滯堙鬱(응체인울) : 엉김과 막힘 / '막다'와 '답답하다'

凝 (고등용)	滯 (고등용)	堙 (인명한자)	鬱 (상위한자)
엉길 응	막힐 체	막을 인	답답할 울
읽기 3급 쓰기 2급	읽기 3급Ⅱ 쓰기 2급	읽기 쓰기	읽기 2급 쓰기 1급

- 凝滯(응체)는 내려가지 아니하고 걸리거나 막힘을 뜻한다.
- 堙鬱(인울)은 가슴이 찌뿌드드하고 답답함을 뜻한다.

381. 歎咄瞋瞬(탄돌진순) : '탄식하다'와 '꾸짖다' / '부릅뜨다'와 '깜짝하다'

歎 (고등용)	咄 (인명한자)	瞋 (상위한자)	瞬 (고등용)
탄식할 탄	꾸짖을 돌	부릅뜰 진	깜짝일 순
읽기 4급 쓰기 3급	읽기 쓰기	읽기 특급 쓰기	읽기 3급Ⅱ 쓰기 2급Ⅱ

382. 超越蹲踞(초월준거) : '뛰어넘다'와 '넘다' / '쭈그리다'와 '걸터앉다'

超 (고등용)	越 (고등용)	蹲 (인명한자)	踞 (상위한자)
뛰어넘을 초	넘을 월	쭈그릴 준	걸터앉을 거
읽기 3급Ⅱ 쓰기 2급	읽기 3급Ⅱ 쓰기 2급	읽기 쓰기	읽기 특급Ⅱ 쓰기

- 超越(초월)은 어떠한 한계나 표준을 뛰어넘음을 뜻한다.
- 蹲踞(준거)는 쭈그리고 앉음, 또는 웅크리고 앉음을 뜻한다.

10. (고등용 1자+상위 3자) : 4자문자 2개(383번~384번/8자)

383. 堯舜禹湯(요순우탕) : 요임금과 순임금 / 우임금과 탕임금

堯 (상위한자)	舜 (상위한자)	禹 (상위한자)	湯 (고등용)
요임금 요	순임금 순	하우씨 우	끓일 탕
읽기 2급 쓰기 특급Ⅱ	읽기 2급 쓰기 특급Ⅱ	읽기 2급 쓰기 특급Ⅱ	읽기 3급Ⅱ 쓰기 2급

- 堯舜(요순)은 고대 중국의 요임금과 순임금을 아울러 이르는 말이다.
- 禹湯(우탕)은 중국 하夏왕조의 시조라고 전해지는 우禹와 은慇나라를 창건한 탕湯임금을 말한다.

384. 槁萎摧折(고위최절) : '마르다'와 '시들다' / '꺾다'

槁 (상위한자)	萎 (상위한자)	摧 (상위한자)	折 (고등용)
마를 고	시들 위	꺾을 최	꺾을 절
읽기 특급Ⅱ 쓰기	읽기 1급 쓰기 특급	읽기 특급 쓰기	읽기 4급 쓰기 3급

- 摧折(최절)은 마음이나 기운이 꺾임. 또는 억눌러서 제어制御·制馭함을 뜻한다.

11. (고등용 1자+상위 2자+인명/등외 1자) : 4자문자 17개(385번 ~401번 /68자)

385. 肩臂肘腋(견비주액) : 어깨와 팔 / 팔꿈치와 겨드랑이

肩 (고등용)	臂 (상위한자)	肘 (등외한자)	腋 (상위한자)
어깨 견	팔 비	팔꿈치 주	겨드랑이 액
읽기 3급 쓰기 2급	읽기 1급 쓰기 특급	읽기 쓰기	읽기 1급 쓰기 특급

- 肩臂(견비)는 어깨와 팔을 뜻한다.
- 肘腋(주액)은 팔꿈치와 겨드랑이. 또는 사물事物이 자기自己 몸 가까이 있음을 뜻한다.

386. 烹飪蒸炊(팽임증취) : '삶다'와 '익히다' / '찌다'와 '불 때다'

烹 (상위한자)	飪 (인명한자)	蒸 (고등용)	炊 (상위한자)
삶을 팽	익힐 임	찔 증	불 땔 취
읽기 특급Ⅱ 쓰기	읽기 쓰기	읽기 3급Ⅱ 쓰기 2급	읽기 2급 쓰기 1급

- 烹飪(팽임)은 음식飮食을 삶고 지져서 만듦을 말한다.
- 蒸炊(증취)는 증발蒸發·烝發시켜서 달임, 또는 그런 것을 말한다.

387. 蛙蟾蛇蝮(와섬사복) : 개구리와 두꺼비 / 뱀과 살무사

蛙(상위한자)	蟾(상위한자)	蛇(고등용)	蝮(인명한자)
개구리 와	두꺼비 섬	뱀 사	살무사 복
읽기 특급Ⅱ 쓰기	읽기 2급 쓰기 특급Ⅱ	읽기 3급Ⅱ 쓰기 2급	읽기 쓰기

388. 庋架牀榻(기가상탑) : 시렁(선반)과 시렁(횃대) / 평상과 걸상

庋(인명한자)	架(고등용)	牀(상위한자)	榻(상위한자)
시렁 기	시렁 가	평상 상	걸상 탑
읽기 쓰기	읽기 3급Ⅱ 쓰기 2급	읽기 특급Ⅱ 쓰기	읽기 특급Ⅱ 쓰기

• 牀榻(상탑)은 깔고 앉기도 하고 눕기도 하는 여러 가지 도구. 평상平牀, 침상寢牀 따위가 있다.

389. 瓜瓠菌蕈(과호균심) : 오이와 박 / 버섯

瓜(상위한자)	瓠(상위한자)	菌(고등용)	蕈(등외한자)
오이 과	박 호	버섯 균	버섯 심
읽기 2급 쓰기 1급	읽기 특급Ⅱ 쓰기	읽기 3급Ⅱ 쓰기 2급	읽기 쓰기

390. 龜鼈蟹蟶(귀별해정) : 거북이와 자라 / 게와 긴맛

龜 (고등용)	鼈 (상위한자)	蟹 (상위한자)	蟶 (등외한자)
거북 귀	자라 별	게 해	긴맛 정
읽기 3급 쓰기 2급	읽기 1급 쓰기 특급	읽기 특급Ⅱ 쓰기	읽기 쓰기

- 龜鼈(귀별)은 거북과 자라를 아울러 이르는 말, 또는 거북의 무리를 뜻한다.

391. 蠭蟻蝴蝶(봉의호접) : 벌과 개미 / 나비

蠭 (등외한자)	蟻 (상위한자)	蝴 (상위한자)	蝶 (고등용)
벌 봉	개미 의	나비 호	나비 접
읽기 쓰기	읽기 특급Ⅱ 쓰기	읽기 특Ⅱ 쓰기	읽기 3급 쓰기 2급

- 胡蝶(호접)은 나비를 뜻하는 말이다.

392. 碓礪磨砧(대려마침) : 방아와 숫돌 / 맷돌과 다듬잇돌

碓 (인명한자)	礪 (상위한자)	磨 (고등용)	砧 (상위한자)
방아 대	숫돌 려	갈 마	다듬잇돌 침
읽기 쓰기	읽기 2급 쓰기 특급Ⅱ	읽기 3급Ⅱ 쓰기 2급	읽기 1급 쓰기 특급

393. 膽腎腸肚(담신장두) : 쓸개와 콩팥 / 창자와 배

膽 (상위한자)	腎 (상위한자)	腸 (고등용)	肚 (인명한자)
쓸개 담	콩팥 신	창자 장	배 두
읽기 2급 쓰기 1급	읽기 2급 쓰기 1급	읽기 4급 쓰기 3급	읽기 쓰기

394. 鍮鉛鑞錫(유연랍석) : 놋쇠와 납 / 땜납과 주석

鍮 (상위한자)	鉛 (고등용)	鑞 (인명한자)	錫 (상위한자)
놋쇠 유	납 연	땜납 랍	주석 석
읽기 1급 쓰기 특급	읽기 4급 쓰기 3급	읽기 쓰기	읽기 2급 쓰기 특급Ⅱ

395. 柿棗梨楸(시조리추) : 감나무와 대추 / 배나무와 개오동나무

柿 (인명한자)	棗 (상위한자)	梨 (고등용)	楸 (상위한자)
감나무 시	대추 조	배나무 리	개오동나무 추
읽기 쓰기	읽기 1급 쓰기 특급	읽기 3급 쓰기 2급	읽기 2급 쓰기 특급Ⅱ

396. 黍稷稻粱(서직도량) : 기장과 피 / 벼와 기장

黍 (상위한자)	稷 (인명한자)	稻 (고등용)	粱 (상위한자)
기장 서	피 직	벼 도	기장 량
읽기 1급 쓰기 특급	읽기 쓰기	읽기 3급 쓰기 2급	읽기 1급 쓰기 특급

- 黍稷(서직)은 기장과 피를 아울러 이르는 말이다.

397. 蕎秫秬粟(교출거속) : 메밀과 차조 / 검은 기장과 조

蕎 (상위한자)	秫 (인명한자)	秬 (상위한자)	粟 (고등용)
메밀 교	차조 출	검은 기장 거	조 속
읽기 특급Ⅱ 쓰기	읽기 쓰기	읽기 특급 쓰기	읽기 3급 쓰기 2급

398. 鎖鑰釘鈴(쇄약정령) : 쇠사슬과 자물쇠 / 못과 방울

鎖 (고등용)	鑰 (인명한자)	釘 (상위한자)	鈴 (상위한자)
쇠사슬 쇄	자물쇠 약	못 정	방울 령
읽기 3급Ⅱ 쓰기 2급	읽기 쓰기	읽기 1급 쓰기 특급	읽기 1급 쓰기 특급

- 鎖鑰(쇄약)은 자물쇠. 여닫게 되어 있는 물건物件을 잠그는 장치裝置를 말한다.

399. 機梭筬軒(기사성님) : 틀과 북 / 바디와 물레

機 (고등용)	梭 (상위한자)	筬 (상위한자)	軒 (등외한자)
틀 기	북 사	바디 성	물레 님
읽기 4급 쓰기 3급	읽기 특급Ⅱ 쓰기	읽기 특급Ⅱ 쓰기	읽기 쓰기

400. 釵筓鏡鑷(차계경섭) : 비녀 / 거울과 족집게

釵 (상위한자)	筓 (상위한자)	鏡 (고등용)	鑷 (인명한자)
비녀 차	비녀 계	거울 경	족집게 섭
읽기 특급Ⅱ 쓰기	읽기 특급 쓰기	읽기 4급 쓰기 3급	읽기 쓰기

401. 粉黛臙脂(분대연지) : 가루와 눈썹 먹물 / 연지와 기름

粉 (고등용)	黛 (상위한자)	臙 (인명한자)	脂 (상위한자)
가루 분	눈썹 먹물 대	연지 연	기름 지
읽기 4급 쓰기 3급	읽기 특급 쓰기	읽기 쓰기	읽기 2급 쓰기 1급

- 粉黛(분대)는 분을 바른 얼굴과 먹으로 그린 눈썹. 또는 화장한 아름다운 여자를 비유적으로 이르는 말이다.

12. (고등용 1자+상위 1자+인명/등외 2자) : 4자문자 3개(402번 ~404번 / 12자)

402. 翼翮咮嗉(익핵주소) : 날개와 깃촉 / 부리와 모이주머니

翼 (고등용)	翮 (인명한자)	咮 (상위한자)	嗉 (인명한자)
날개 익	깃촉 핵	부리 주	모이주머니 소
읽기 3급Ⅱ 쓰기 2급	읽기 쓰기	읽기 특급 쓰기	읽기 쓰기

403. 矰丸笱籗(증환구착) : 주살과 둥긂 / 통발과 작살

矰 (인명한자)	丸 (고등용)	笱 (상위한자)	籗 (등외한자)
주살 증	둥글 환	통발 구	작살 착
읽기 쓰기	읽기 3급 쓰기 2급	읽기 특급 쓰기	읽기 쓰기

404. 袍襖帬裳(포오군상) : 도포와 웃옷 / 치마

袍 (상위한자)	襖 (인명한자)	帬 (등외한자)	裳 (고등용)
도포 포	웃옷 오	치마 군	치마 상
읽기 1급 쓰기 특급	읽기 쓰기	읽기 쓰기	읽기 3급Ⅱ 쓰기 2급

V. 제5단계 : 중·고등생용 제외한 상위+인명+등급 외 한자
(4자문자 96개 : 405~500번 / 384자)

1. (상위한자 4자) : 4자문자 23개(405번~427번/92자)

405. 咽喉臟腑(인후장부) : 목구멍과 숨통 / 오장과 육부

咽 (상위한자)	喉 (상위한자)	臟 (상위한자)	腑 (상위한자)
목구멍 인	숨통 후	오장 장	육부 부
읽기 1급 쓰기 특급	읽기 2급 쓰기 1급	읽기 3급Ⅱ 쓰기 2급	읽기 3급 쓰기 특급

- 咽喉(인후)는 (의학에서) '목구멍'을 전문적으로 이르는 말이다.
- 臟腑(장부)는 '오장五臟과 육부六腑'라는 뜻으로, 내장內臟을 통틀어 이르는 말이다.

406. 痰嗽咳喘(담수해천) : 가래와 기침 / 기침과 '숨차다'

痰 (상위한자)	嗽 (상위한자)	咳 (상위한자)	喘 (상위한자)
가래 담	기침할 수	기침 해	숨찰 천
읽기 1급 쓰기 특급	읽기 특급Ⅱ 쓰기	읽기 1급 쓰기 특급	읽기 1급 쓰기 특급

- 痰嗽(담수)는 위 속에 습담濕痰이 있어서, 그것이 폐로 올라올 때에는 기침이 나고, 담이 나온 때에는 기침이 그치는 병病을 말한다.
- 咳喘(해천)은 (한의학에서) 기침과 천식을 아울러 이르는 말이다.

407. 硝硫烽燧(초류봉수) : 화약과 유황 / 봉화와 부싯돌

硝 (상위한자)	硫 (상위한자)	烽 (상위한자)	燧 (상위한자)
화약 초	유황 류	봉화 봉	부싯돌 수
읽기 1급 쓰기 특급	읽기 2급 쓰기 1급	읽기 1급 쓰기 특급	읽기 특급Ⅱ 쓰기

- 烽燧(봉수)는 봉화烽火를 뜻한다.

408. 蒲艾蓬蒿(포애봉호) : 부들과 쑥 / 쑥과 다북쑥

蒲 (상위한자)	艾 (상위한자)	蓬 (상위한자)	蒿 (상위한자)
부들 포	쑥 애	쑥 봉	다북쑥 호
읽기 1급 쓰기 특급	읽기 2급 쓰기 특급Ⅱ	읽기 2급 쓰기 특급Ⅱ	읽기 특급Ⅱ 쓰기

- 蓬蒿(봉호)는 쑥을 말한다.

409. 葡萄藤葛(포도등갈) : 포도 / 넝쿨과 칡

葡 (상위한자)	萄 (상위한자)	藤 (상위한자)	葛 (상위한자)
포도 포	포도 도	넝쿨 등	칡 갈
읽기 2급 쓰기 특급Ⅱ	읽기 1급 쓰기 특급	읽기 2급 쓰기 1급	읽기 2급 쓰기 1급

- 葡萄(포도)는 (식물에서) 포도과의 낙엽 활엽 덩굴성 나무를 말한다. 덩굴은 길게 뻗고 덩굴손으로 다른 것에 감아 붙는다.

410. 葵藿芹薺(규곽근제) : 해바라기와 콩잎 / 미나리와 냉이

葵(상위한자)	藿(상위한자)	芹(상위한자)	薺(상위한자)
해바라기 규	콩잎 곽	미나리 근	냉이 제
읽기 1급 쓰기 특급	읽기 1급 쓰기 특급	읽기 특급Ⅱ 쓰기	읽기 특급Ⅱ 쓰기

- 葵藿(규곽)은 해바라기를 뜻한다.

411. 茄芋藜莧(가우려현) : 가지와 토란 / 명아주와 비름

茄(상위한자)	芋(상위한자)	藜(상위한자)	莧(상위한자)
가지 가	토란 우	명아주 려	비름 현
읽기 특급Ⅱ 쓰기	읽기 특급Ⅱ 쓰기	읽기 특급Ⅱ 쓰기	읽기 특급 쓰기

412. 橘柚柑枳(귤유감지) : 귤과 유자 / 귤나무와 탱자

橘(상위한자)	柚(상위한자)	柑(상위한자)	枳(상위한자)
귤 귤	유자 유	귤나무 감	탱자 지
읽기 1급 쓰기 특급	읽기 1급 쓰기 특급	읽기 1급 쓰기 특급	읽기 1급 쓰기 특급

- 橘柚(귤유)는 귤과 유자柚子를 말한다.

413. 梔榴櫻柰 (치류앵내) : 치자와 석류 / 앵두와 능금나무

梔 (상위한자)	榴 (상위한자)	櫻 (상위한자)	柰 (상위한자)
치자 치	석류 류	앵두 앵	능금나무 내
읽기 특급Ⅱ 쓰기	읽기 특급Ⅱ 쓰기	읽기 1급 쓰기 특급	읽기 특급Ⅱ 쓰기

414. 楓楮棣棠 (풍저체당) : 단풍과 닥나무 / 산앵두나무와 아가위

楓 (상위한자)	楮 (상위한자)	棣 (상위한자)	棠 (상위한자)
단풍 풍	닥나무 저	산앵두나무 체	아가위 당
읽기 3급Ⅱ 쓰기 2급	읽기 특급Ⅱ 쓰기	읽기 특급 쓰기	읽기 1급 쓰기 특급

415. 耘穫樵汲 (운확초급) : '김매다'와 '거두다' / '나무하다'와 '(물) 긷다'

耘 (상위한자)	穫 (상위한자)	樵 (상위한자)	汲 (상위한자)
김맬 운	거둘 확	나무할 초	길을 급
읽기 1급 쓰기 특급	읽기 3급 쓰기 2급	읽기 1급 쓰기 특급	읽기 8급Ⅱ 쓰기 6급Ⅱ

• 樵汲(초급)은 땔나무하는 일과 물 긷는 일을 아울러 이르는 말이다.

416. 蠶蛾蠐蟬(잠아조선) : 누에와 나방 / 굼벵이와 매미

蠶(상위한자)	蛾(상위한자)	蠐(상위한자)	蟬(상위한자)
누에 잠	나방 아	굼벵이 조	매미 선
읽기 2급 쓰기 1급	읽기 특급Ⅱ 쓰기	읽기 특급 쓰기	읽기 특급 쓰기

- 蠶蛾(잠아)는 누에와 나방을 뜻한다.

417. 塒牢巢殼(시뢰소각) : 횃대와 우리(외양간) / 새집과 껍질

塒(상위한자)	牢(상위한자)	巢(상위한자)	殼(상위한자)
횃대 시	우리 뢰	새집 소	껍질 각
읽기 특급 쓰기	읽기 1급 쓰기 특급	읽기 2급 쓰기 특급Ⅱ	읽기 1급 쓰기 특급

418. 棹楫帆檣(도즙범장) : 노 / 돛과 돛대

棹(상위한자)	楫(상위한자)	帆(상위한자)	檣(상위한자)
노 도	노 즙	돛 범	돛대 장
읽기 특급Ⅱ 쓰기	읽기 특급Ⅱ 쓰기	읽기 1급 쓰기 특급Ⅱ	읽기 1급 쓰기 특급

- 帆檣(범장)은 돛대. 즉 돛을 달기 위하여 배 바닥에 세운 기둥을 말한다.

419. 閨扉楣閾(규비미역) : 안방과 사립문 / 문미와 문지방

閨(상위한자)	扉(상위한자)	楣(상위한자)	閾(상위한자)
안방 규	사립문 비	문미 미	문지방 역
읽기 2급 쓰기 1급	읽기 1급 쓰기 특급	읽기 특급 쓰기	읽기 특급 쓰기

420. 襁褓縢韈(강보등말) : 포대기 / 봉할(행전)과 버선

襁(상위한자)	褓(상위한자)	縢(상위한자)	韈(상위한자)
포대기 강	포대기 보	봉할 등	버선 말
읽기 특급 쓰기	읽기 특급 쓰기	읽기 특급 쓰기	읽기 1급 쓰기 특급

• 襁褓(강보)는 어린아이의 작은 이불. 덮고 깔거나 어린아이를 업을 때 쓴다.

421. 鎧冑簑笠(개주사립) : 갑옷과 투구 / 도롱이와 삿갓

鎧(상위한자)	冑(상위한자)	簑(상위한자)	笠(상위한자)
갑옷 개	투구 주	도롱이 사	삿갓 립
읽기 특급 쓰기	읽기 특급 Ⅱ 쓰기	읽기 1급 쓰기 특급 Ⅱ	읽기 1급 쓰기 특급

• 簑笠(사립)은 도롱이와 삿갓을 아울러 이르는 말이다.

422. 網罟餌鉤(망고이구) : 그물 / 떡(미끼)과 갈고리

網(상위한자)	罟(상위한자)	餌(상위한자)	鉤(상위한자)
그물 망	그물 고	떡 이	갈고리 구
읽기 2급 쓰기 1급	읽기 특급 쓰기	읽기 1급 쓰기 특급	읽기 1급 쓰기 특급

423. 跛蹇蹶踣(파건궐겁) : 절름발이와 절뚝발이 / '넘어지다'와 '엎어지다'

跛(상위한자)	蹇(상위한자)	蹶(상위한자)	踣(상위한자)
절름발이 파	절뚝발이 건	넘어질 궐	엎어질 겁
읽기 1급 쓰기 특급	읽기 특급Ⅱ 쓰기	읽기 1급 쓰기 특급	읽기 특급 쓰기

424. 痘疹瘡癰(두진창옹) : 역질과 마마(홍역) / 부스럼과 악창(종기)

痘(상위한자)	疹(상위한자)	瘡(상위한자)	癰(상위한자)
역질 두	마마 진	부스럼 창	악창 옹
읽기 1급 쓰기 특급	읽기 1급 쓰기 특급	읽기 1급 쓰기 특급	읽기 특급Ⅱ 쓰기

- 痘疹(두진)은 (한의학에서) 천연두의 증상. 춥고 열이 나며 얼굴부터 전신에 붉은 점이 생기는 것이 홍역과 비슷하다. 천연두와 홍역 따위의 발진성 질병을 통틀어 이르는 말이다.

425. 貓鼠熊猿(묘서웅원) : 고양이와 쥐 / 곰과 원숭이

貓 (상위한자)	鼠 (상위한자)	熊 (상위한자)	猿 (상위한자)
고양이 묘	쥐 서	곰 웅	원숭이 원
읽기 특급 쓰기	읽기 1급 쓰기 특급	읽기 2급 쓰기 특급Ⅱ	읽기 1급 쓰기 특급

426. 巾帨珥佩(건세이패) : 수건 / 귀고리와 '(패를) 차다'

巾 (상위한자)	帨 (상위한자)	珥 (상위한자)	佩 (상위한자)
수건 건	수건 세	귀고리 이	찰 패
읽기 1급 쓰기 특급	읽기 특급 쓰기	읽기 2급 쓰기 특급Ⅱ	읽기 1급 쓰기 특급

427. 酬酌饋餉(수작궤향) : '(술) 갚다'와 '잔 돌리다' / '보내다'와 '먹이다'

酬 (상위한자)	酌 (상위한자)	饋 (상위한자)	餉 (상위한자)
갚을 수	잔 돌릴 작	보낼 궤	먹일 향
읽기 1급 쓰기 특급	읽기 특급Ⅱ 쓰기	읽기 특급Ⅱ 쓰기	읽기 특급Ⅱ 쓰기

- 酬酌(수작)은 술잔을 서로 주고받음. 또는 서로 말을 주고받음. 또는 남의 말이나 행동, 계획을 낮잡아 이르는 말이다.
- 饋餉(궤향)은 군자금을 보내다의 뜻이다.

2. (상위 3자+인명/등외 1자) : 4자문자 36개(428번~466번/144자)

428. 芭蕉藍茜(파초람천) : 파초 / 쪽과 꼭두서니

芭(상위한자)	蕉(상위한자)	藍(상위한자)	茜(인명한자)
파초 파	파초 초	쪽 람	꼭두서니 천
읽기 1급 쓰기 특급	읽기 1급 쓰기 특급	읽기 2급 쓰기 1급	읽기 쓰기
• 芭蕉(파초)는 (식물에서) 파초과의 여러해살이풀을 뜻한다. 약재로 쓰고 관상용으로 재배한다.			

429. 兎獺貂鼯(토달초오) : 토끼와 수달 / 담비와 날다람쥐

兎(상위한자)	獺(상위한자)	貂(상위한자)	鼯(인명한자)
토끼 토	수달 달	담비 초	날다람쥐 오
읽기 3급Ⅱ 쓰기 2급Ⅱ	읽기 특급Ⅱ 쓰기	읽기 1급 쓰기 특급	읽기 쓰기

430. 蛛蠅蚊蠍(주승문갈) : 거미와 파리 / 모기와 전갈

蛛(상위한자)	蠅(상위한자)	蚊(상위한자)	蠍(인명한자)
거미 주	파리 승	모기 문	전갈 갈
읽기 특급Ⅱ 쓰기	읽기 특급Ⅱ 쓰기	읽기 1급 쓰기 특급	읽기 쓰기

431. 豺狼狐狸(시랑호리) : 승냥이와 이리 / 여우와 삵

豺 (상위한자)	狼 (상위한자)	狐 (상위한자)	狸 (인명한자)
승냥이 시	이리 랑	여우 호	삵 리
읽기 1급 쓰기 특급	읽기 1급 쓰기 특급	읽기 1급 쓰기 특급	읽기 쓰기

- 豺狼(시랑)은 승냥이와 이리를 아울러 이르는 말이다.
- 狐狸(호리)는 여우와 삵. 또는 도량度量이 좁고 간사奸邪한 사람, 즉 소인배를 비유하여 이르는 말이다.

432. 鼎鍋釜鑊(정과부확) : 발솥과 노구솥 / 가마솥

鼎 (상위한자)	鍋 (상위한자)	釜 (상위한자)	鑊 (인명한자)
발솥 정	노구솥 과	가마솥 부	가마솥 확
읽기 2급 쓰기 특급Ⅱ	읽기 특급Ⅱ 쓰기	읽기 2급 쓰기 특급Ⅱ	읽기 쓰기

433. 杵臼檠釭(저구경강) : 공이와 절구 / 도지개와 등잔

杵 (상위한자)	臼 (상위한자)	檠 (상위한자)	釭 (인명한자)
공이 저	절구 구	도지개 경	등잔 강
읽기 특급Ⅱ 쓰기	읽기 1급 쓰기 특급	읽기 특급 쓰기	읽기 쓰기

- 杵臼(저구)는 절굿공이와 절구를 말한다.

434. 鞭棍韔箙(편곤창복) : 채찍과 몽둥이 / 활집과 전동(화살통)

鞭(상위한자)	棍(상위한자)	韔(상위한자)	箙(인명한자)
채찍 편	몽둥이 곤	활집 창	전동 복
읽기 1급 쓰기 특급	읽기 1급 쓰기 특급	읽기 특급 쓰기	읽기 쓰기

- 鞭棍(편곤)은 쇠도리깨와 곤棍을 말한다.
- 韔箙(창복)은 활집과 전동을 뜻한다.

435. 虹霓颶飆(홍예구표) : 무지개와 암무지개 / 구풍과 회오리바람

虹(상위한자)	霓(상위한자)	颶(인명한자)	飆(상위한자)
무지개 홍	암무지개 예	구풍 구	회오리바람 표
읽기 1급 쓰기 특급	읽기 특급Ⅱ 쓰기	읽기 쓰기	읽기 특급 쓰기

436. 盆缸楪椀(분항접완) : 동이와 항아리 / 마루와 주발

盆(상위한자)	缸(상위한자)	楪(인명한자)	椀(상위한자)
동이 분	항아리 항	마루 접	주발 완
읽기 1급 쓰기 특급	읽기 1급 쓰기 특급	읽기 쓰기	읽기 특급Ⅱ 쓰기

437. 聾瞽瞶矇(롱고외몽) : 귀머거리와 맹인 / '귀먹다'와 '(눈) 흐리다'

聾 (상위한자)	瞽 (상위한자)	瞶 (인명한자)	矇 (상위한자)
귀먹을 롱	맹인 고	귀머거리 외	흐릴 몽
읽기 1급 쓰기 특급	읽기 특급 쓰기	읽기 쓰기	읽기 특급Ⅱ 쓰기

438. 癎癩疔疝(간라정산) : 간질과 문둥병 / 정(피부염)과 산증(배앓이)

癎 (상위한자)	癩 (상위한자)	疔 (인명한자)	疝 (상위한자)
간질 간	문둥이 라	정 정	산증 산
읽기 1급 쓰기 특급	읽기 1급 쓰기 특급	읽기 쓰기	읽기 1급 쓰기 특급

439. 痺痀腫脹(비구종창) : '저리다'와 곱사등이 / 종기와 '붓다'

痺 (상위한자)	痀 (인명한자)	腫 (상위한자)	脹 (상위한자)
저릴 비	곱사등이 구	종기 종	부을 창
읽기 1급 쓰기 특급	읽기 쓰기	읽기 1급 쓰기 특급	읽기 1급 쓰기 특급

- 腫脹(종창)은 (의학에서) '부기'의 전 용어를 뜻한다.

440. 霖涷霢霂(림동맥목) : 장마와 소나기 / 가랑비

霖(상위한자)	涷(인명한자)	霢(상위한자)	霂(상위한자)
장마 림	소나기 동	가랑비 맥	가랑비 목
읽기 특급Ⅱ 쓰기	읽기 쓰기	읽기 특급 쓰기	읽기 특급 쓰기

441. 鯊鱸鮒鱨(사로부상) : 문절망둑(모레무지)과 농어 / 붕어와 자가사리

鯊(상위한자)	鱸(인명한자)	鮒(상위한자)	鱨(상위한자)
문절망둑 사	농어 로	붕어 부	자가사리 상
읽기 특급 쓰기	읽기 쓰기	읽기 특급 쓰기	읽기 특급 쓰기

442. 箕帚囊槖(기추낭탁) : 키와 비 / 주머니와 전대

箕(상위한자)	帚(인명한자)	囊(상위한자)	槖(상위한자)
키 기	비 추	주머니 낭	전대 탁
읽기 2급 쓰기 특급Ⅱ	읽기 쓰기	읽기 1급 쓰기 특급	읽기 특급 쓰기

- 囊槖(낭탁)은 어떤 물건을 자기의 차지로 만든 물건. 또는 주머니와 전대를 아울러 이르는 말이다.

443. 箱篋笥籠(상협사롱) : 상자 / 상자와 대바구니

箱 (상위한자)	篋 (인명한자)	笥 (상위한자)	籠 (상위한자)
상자 상	상자 협	상자 사	대바구니 롱
읽기 2급 쓰기 1급	읽기 쓰기	읽기 특급 쓰기	읽기 2급 쓰기 1급

444. 紳韠綦纓(신필기영) : 큰 띠와 슬갑(껴입은 옷) / 비단과 갓끈

紳 (상위한자)	韠 (인명한자)	綦 (상위한자)	纓 (상위한자)
큰 띠 신	슬갑 필	연둣빛 비단 기	갓끈 영
읽기 2급 쓰기 1급	읽기 쓰기	읽기 특급 쓰기	읽기 특급 쓰기

445. 謗訕譏嘲(방산기조) : '헐뜯다' / '비웃다'

謗 (상위한자)	訕 (인명한자)	譏 (상위한자)	嘲 (상위한자)
헐뜯을 방	헐뜯을 산	비웃을 기	비웃을 조
읽기 1급 쓰기 특급	읽기 쓰기	읽기 1급 쓰기 특급	읽기 1급 쓰기 특급

• 謗訕(방산)은 남을 헐뜯거나 비웃음을 말한다.

446. 熛燄烟煤(표염연매) : 불똥과 불꽃 / 연기와 그을음

熛 (인명한자)	燄 (상위한자)	烟 (상위한자)	煤 (상위한자)
불똥 표	불꽃 염	연기 연	그을음 매
읽기 쓰기	읽기 특급 쓰기	읽기 특급Ⅱ 쓰기	읽기 1급 쓰기 특급

447. 釿斧鋸鑿(근부거착) : 도끼 / 톱과 '뚫다'

釿 (인명한자)	斧 (상위한자)	鋸 (상위한자)	鑿 (상위한자)
도끼 근	도끼 부	톱 거	뚫을 착
읽기 쓰기	읽기 1급 쓰기 특급	읽기 특급 쓰기	읽기 1급 쓰기 특급

448. 鼾啞嚬呻(한아빈신) : 코골이와 벙어리 / 찡그림과 읊조림

鼾 (인명한자)	啞 (상위한자)	嚬 (상위한자)	呻 (상위한자)
코고는 소리 한	벙어리 아	찡그릴 빈	읊조릴 신
읽기 쓰기	읽기 1급 쓰기 특급	읽기 1급 쓰기 특급	읽기 1급 쓰기 특급

• 嚬呻(빈신)은 얼굴을 찡그리고 끙끙거림을 뜻한다.

449. 梧桐梓柒(오동자칠) : 벽오동과 오동 / 가래나무와 옻

梧 (상위한자)	桐 (상위한자)	梓 (상위한자)	柒 (등외한자)
벽오동 오	오동 동	가래나무 자	옻 칠
읽기 2급 쓰기 1급	읽기 2급 쓰기 1급	읽기 특급Ⅱ 쓰기	읽기 쓰기

- 梧桐(오동)은 (식물에서) 현삼과의 낙엽 활엽 교목을 말한다. 우리나라 특산종으로 남부 지방의 인가 근처에 분포한다.

450. 稊稗莠蓈(제패유랑) : 돌피와 피 / 가라지와 쭉정이

稊 (상위한자)	稗 (상위한자)	莠 (상위한자)	蓈 (등외한자)
돌피 제	피 패	가라지 유	쭉정이 랑
읽기 특급 쓰기	읽기 1급 쓰기 특급	읽기 특급 쓰기	읽기 쓰기

- 稊稗(제패)는 피. 볏과의 한해살이풀을 말한다.

451. 鷗鷺鵝鶩(구로아목) : 갈매기와 해오라기 / 거위와 집오리

鷗 (상위한자)	鷺 (상위한자)	鵝 (상위한자)	鶩 (등외한자)
갈매기 구	해오라기 로	거위 아	집오리 목
읽기 2급 쓰기 1급	읽기 2급 쓰기 특급Ⅱ	읽기 특급Ⅱ 쓰기	읽기 쓰기

- 鷗鷺(구로)는 갈매기와 해오라기를 말한다.

452. 垣籬簾隔(원리렴격) : 담과 울타리 / 발과 장지

垣(상위한자)	籬(상위한자)	簾(상위한자)	隔(등외한자)
담 원	울타리 리	발 렴	장지 격
읽기 특급Ⅱ 쓰기	읽기 1급 쓰기 특급	읽기 1급 쓰기 특급	읽기 쓰기

453. 鞍轡羈靮(안비기적) : 안장과 고삐 / 굴레와 고삐

鞍(상위한자)	轡(상위한자)	羈(상위한자)	靮(등외한자)
안장 안	고삐 비	굴레 기	고삐 적
읽기 1급 쓰기 특급	읽기 특급 쓰기	읽기 1급 쓰기 특급	읽기 쓰기

• 鞍轡(안비)는 안장鞍裝과 고삐를 말한다.

454. 碁枰毬簿(기평구박) : 바둑과 바둑판 / 공과 섶(누에꼬치 기구)

碁(상위한자)	枰(상위한자)	毬(상위한자)	簿(등외한자)
바둑 기	바둑판 평	공 구	섶 박
읽기 특급Ⅱ 쓰기	읽기 특급Ⅱ 쓰기	읽기 특급 쓰기	읽기 쓰기

• 碁枰(기평)은 바둑을 두는 판板을 말한다.

455. 噴嚔唾衂(분체타뉵) : '(물) 뿜다'와 재채기 / 침과 코피

噴(상위한자)	嚔(상위한자)	唾(상위한자)	衂(등외한자)
뿜을 분	재채기 체	침 타	코피 뉵
읽기 1급 쓰기 특급	읽기 특급 쓰기	읽기 1급 쓰기 특급	읽기 쓰기

456. 茅沙蘆荻(모사로적) : 띠와 사초 / 갈대

茅(상위한자)	沙(상위한자)	蘆(등외한자)	荻(상위한자)
띠 모	사초 사	갈대 로	갈대 적
읽기 2급 쓰기 특급Ⅱ	읽기 특급Ⅱ 쓰기	읽기 쓰기	읽기 특급Ⅱ 쓰기

• 茅沙(모사)는 제사에서, 술을 따르는 그릇에 담은 모래와 거기에 꽂은 띠의 묶음을 말한다.

457. 蝸蠃蠔蛤(와라호합) : 달팽이와 고동 / 굴과 대조개

蝸(상위한자)	蠃(상위한자)	蠔(등외한자)	蛤(상위한자)
달팽이 와	고동 라	굴 호	대조개 합
읽기 1급 쓰기 특급	읽기 특급 쓰기	읽기 쓰기	읽기 1급 쓰기 특급

458. 鍾鉢䀁勺(종발구작) : 쇠북종과 바리때 / 뜸(퍼냄)과 구기

鍾 (상위한자)	鉢 (상위한자)	䀁 (등외한자)	勺 (상위한자)
쇠북 종	바리때 발	뜰 구	구기 작
읽기 4급 쓰기 3급	읽기 2급 쓰기 특급Ⅱ	읽기 쓰기	읽기 1급 쓰기 특급

- 鍾鉢(종발)은 중발보다는 작고, 종지보다는 조금 넓고 평평한 그릇을 말한다.

459. 茶蓼薇蕨(도료미궐) : 씀바귀와 여뀌 / 장미와 고사리

茶 (상위한자)	蓼 (등외한자)	薇 (상위한자)	蕨 (상위한자)
씀바귀 도	여뀌 료	장미 미	고사리 궐
읽기 특급 쓰기	읽기 쓰기	읽기 1급 쓰기 특급	읽기 특급Ⅱ 쓰기

460. 秔稬芻槀(갱나추고) : 메벼와 찰벼 / 꼴과 볏짚

秔 (상위한자)	稬 (등외한자)	芻 (상위한자)	槀 (상위한자)
메벼 갱	찰벼 나	꼴 추	볏짚 고
읽기 특급 쓰기	읽기 쓰기	읽기 1급 쓰기 특급	읽기 특급 쓰기

461. 筐奩櫃櫝(광렴궤독) : 광주리와 화장 상자 / 궤와 함

筐 (상위한자)	奩 (등외한자)	櫃 (상위한자)	櫝 (상위한자)
광주리 광	화장 상자 렴	궤 궤	함 독
읽기 특급Ⅱ 쓰기	읽기 쓰기	읽기 1급 쓰기 특급	읽기 특급 쓰기

• 櫃櫝(궤독)은 물건物件을 넣도록 나무로 네모나게 만든 그릇을 말한다.

462. 瘧癘痔疸(학려치달) : 학질과 나병 / 치질과 황달

瘧 (상위한자)	癘 (등외한자)	痔 (상위한자)	疸 (상위한자)
학질 학	나병 려	치질 치	황달 달
읽기 1급 쓰기 특급	읽기 쓰기	읽기 1급 쓰기 특급	읽기 1급 쓰기 특급

463. 厨竈廐厠(주조구측) : 부엌 / 마구간과 뒷간

厨 (등외한자)	竈 (상위한자)	廐 (상위한자)	厠 (상위한자)
부엌 주	부엌 조	마구간 구	뒷간 측
읽기 쓰기	읽기 특급 쓰기	읽기 특급Ⅱ 쓰기	읽기 특급Ⅱ 쓰기

464. 葠朮芎芍(삼출궁작) : 인삼과 삽주 / 궁궁이와 함박꽃

葠(등외한자)	朮(상위한자)	芎(상위한자)	芍(상위한자)
인삼 삼	삽주 출	궁궁이 궁	함박꽃 작
읽기 쓰기	읽기 특급Ⅱ 쓰기	읽기 특급Ⅱ 쓰기	읽기 1급 쓰기 특급

• 蔘朮(삼출)은 인삼人蔘과 백출白朮을 말한다.

465. 襦袴裘衫(유고구삼) : 저고리와 바지 / 갖옷(짐승 털 바지)과 적삼

襦(등외한자)	袴(상위한자)	裘(상위한자)	衫(상위한자)
저고리 유	바지 고	갖옷 구	적삼 삼
읽기 쓰기	읽기 1급 쓰기 특급	읽기 특급 쓰기	읽기 특급Ⅱ 쓰기

• 襦袴(유고)는 솜을 넣어 만든 바지를 말한다.

466. 縗絰帽笏(최질모홀) : 상복 이름과 질띠 / 모자와 홀

縗(등외한자)	絰(상위한자)	帽(상위한자)	笏(상위한자)
상복 이름 최	질띠 질	모자 모	홀 홀
읽기 쓰기	읽기 특급 쓰기	읽기 2급 쓰기 1급	읽기 1급 쓰기 특급

3. (상위 2자+인명/등외 2자) : 4자문자 34개(467번~490번/136자)

467. 姨婭壻媳(이아서식) : 이모와 동서 / 사위와 며느리

姨(상위한자)	婭(인명한자)	壻(상위한자)	媳(인명한자)
이모 이	동서 아	사위 서	며느리 식
읽기 1급 쓰기 특급	읽기 쓰기	읽기 특급 쓰기	읽기 쓰기

468. 蘂萼蔕蔓(예악체만) : 꽃술과 꽃받침 / 꼭지와 덩굴

蘂(상위한자)	萼(인명한자)	蔕(인명한자)	蔓(상위한자)
꽃술 예	꽃받침 악	꼭지 체	덩굴 만
읽기 특급Ⅱ 쓰기	읽기 쓰기	읽기 쓰기	읽기 1급 쓰기 특급

469. 鵰鷂鵠鴇(조요곡보) : 독수리와 새매 / 고니와 능에

鵰(인명한자)	鷂(인명한자)	鵠(상위한자)	鴇(상위한자)
독수리 조	새매 요	고니 곡	능에 보
읽기 쓰기	읽기 쓰기	읽기 1급 쓰기 특급	읽기 특급 쓰기

470. 蛆蠹蚤蝨(저두조슬) : 구더기와 좀 / 벼룩과 이

蛆 (인명한자)	蠹 (인명한자)	蚤 (상위한자)	蝨 (상위한자)
구더기 저	좀 두	벼룩 조	이 슬
읽기 쓰기	읽기 쓰기	읽기 특급Ⅱ 쓰기	읽기 특급Ⅱ 쓰기

• 蚤蝨(조슬)은 벼룩과 이를 말한다.

471. 檐甍梯檻(첨맹제함) : 처마와 용마루 / 사다리와 난간

檐 (인명한자)	甍 (인명한자)	梯 (상위한자)	檻 (상위한자)
처마 첨	용마루 맹	사다리 제	난간 함
읽기 쓰기	읽기 쓰기	읽기 1급 쓰기 특급	읽기 1급 쓰기 특급

472. 鰌鱓鰕鰈(추선하접) : 미꾸라지와 드렁허리(악어) / 새우와 가자미

鰌 (상위한자)	鱓 (인명한자)	鰕 (상위한자)	鰈 (인명한자)
미꾸라지 추	드렁허리 선	새우 하	가자미 접
읽기 1급 쓰기 특급	읽기 쓰기	읽기 특급Ⅱ 쓰기	읽기 쓰기

• 鰌鱓(추선)은 미꾸라지와 드렁허리를 가리키는데, 소인배小人輩를 의미하는 말로 쓰인다.

473. 耒耙枷耰(뢰파가우) : 따비와 써레 / 도리깨와 곰방대

耒 (상위한자)	耙 (인명한자)	枷 (인명한자)	耰 (상위한자)
따비 뢰	써레 파	도리깨 가	곰방대 우
읽기 특급 쓰기	읽기 쓰기	읽기 쓰기	읽기 특급 쓰기

474. 疣痣疥癬(우지개선) : 혹과 사마귀 / 옴과 옴(버짐)

疣 (인명한자)	痣 (인명한자)	疥 (상위한자)	癬 (상위한자)
혹 우	사마귀 지	옴 개	옴 선
읽기 쓰기	읽기 쓰기	읽기 특급Ⅱ 쓰기	읽기 특급Ⅱ 쓰기

- 疥癬(개선)은 옴. 옴진드기가 기생하여 일으키는 전염傳染 피부병皮膚病을 말한다.

475. 舂簸淅漉(용파석록) : '찧다'와 '까불다' / '쌀 일다'와 '거르다'

舂 (인명한자)	簸 (상위한자)	淅 (상위한자)	漉 (인명한자)
찧을 용	까부를 파	쌀 일 석	거를 록
읽기 쓰기	읽기 특급 쓰기	읽기 특급Ⅱ 쓰기	읽기 쓰기

476. 崧菁芥箻(숭청개봉) : 배추와 순무 / 겨자와 대나무

崧 (인명한자)	菁 (상위한자)	芥 (상위한자)	箻 (등외한자)
배추 숭	순무 청	겨자 개	대나무 봉
읽기 쓰기	읽기 특급Ⅱ 쓰기	읽기 1급 쓰기 특급	읽기 쓰기

477. 跗趾腨踵(부지천종) : 발등과 발 / 장딴지와 발꿈치

跗 (인명한자)	趾 (상위한자)	腨 (등외한자)	踵 (상위한자)
발등 부	발 지	장딴지 천	발꿈치 종
읽기 쓰기	읽기 특급Ⅱ 쓰기	읽기 쓰기	읽기 1급 쓰기 특급

478. 韭薤蔥薑(구해총강) : 부추와 염교 / 파와 생강

韭 (상위한자)	薤 (등외한자)	蔥 (인명한자)	薑 (상위한자)
부추 구	염교 해	파 총	생강 강
읽기 특급 쓰기	읽기 쓰기	읽기 특급Ⅱ 쓰기	읽기 1급 쓰기 특급

479. 鵂梟鸚鴷(휴효앵렬) : 수리부엉이와 올빼미 / 앵무새와 딱따구리

鵂(인명한자)	梟(상위한자)	鸚(상위한자)	鴷(등외한자)
수리부엉이 휴	올빼미 효	앵무새 앵	딱따구리 렬
읽기 쓰기	읽기 특급 II 쓰기	읽기 특급 II 쓰기	읽기 쓰기

480. 蜻蜓蟋蟀(청정실솔) : 잠자리 / 귀뚜라미

蜻(인명한자)	蜓(등외한자)	蟋(상위한자)	蟀(상위한자)
잠자리 청	잠자리 정	귀뚜라미 실	귀뚜라미 솔
읽기 쓰기	읽기 쓰기	읽기 특급 쓰기	읽기 특급 쓰기

- 蜻蜓(청정)은 잠자리. 잠자리목의 곤충昆蟲을 통틀어 이르는 말이다.
- 蟋蟀(실솔)은 귀뚜라미를 말한다.

481. 袷袖裾衿(겹수거금) : 겹옷과 소매 / 자락과 옷깃

袷(등외한자)	袖(상위한자)	裾(인명한자)	衿(상위한자)
겹옷 겹	소매 수	자락 거	옷깃 금
읽기 쓰기	읽기 1급 쓰기 특급	읽기 쓰기	읽기 특급 II 쓰기

482. 靴履鞵屐(화구혜극) : 신 / 신과 나막신

靴(상위한자)	履(상위한자)	鞵(등외한자)	屐(인명한자)
신 화	신 구	신 혜	나막신 극
읽기 2급 쓰기 1급	읽기 특급 쓰기	읽기 쓰기	읽기 쓰기

483. 髻髢梳篦(계체소비) : 상투와 다리(가발) / 얼레빗과 빗치개(가르마)

髻(인명한자)	髢(상위한자)	梳(상위한자)	篦(등외한자)
상투 계	다리 체	얼레빗 소	빗치개 비
읽기 쓰기	읽기 특급 쓰기	읽기 1급 쓰기 특급	읽기 쓰기

484. 癨痢疳瘖(곽리감음) : 곽란과 설사 / 감질(고함질)과 벙어리

癨(인명한자)	痢(상위한자)	疳(상위한자)	瘖(등외한자)
곽란 곽	설사 리	감질 감	벙어리 음
읽기 쓰기	읽기 1급 쓰기 특급	읽기 1급 쓰기 특급	읽기 쓰기

485. 鶯鶉鳩鴿(앵순구합) : 꾀꼬리와 메추라기 / 비둘기와 집비둘기

鶯 (등외한자)	鶉 (상위한자)	鳩 (상위한자)	鴿 (등외한자)
꾀꼬리 앵	메추라기 순	비둘기 구	집비둘기 합
읽기 쓰기	읽기 특급 쓰기	읽기 1급 쓰기 특급	읽기 쓰기

486. 魴鯉鯈鰣(방리조시) : 방어와 잉어 / 피라미와 준치

魴 (상위한자)	鯉 (상위한자)	鯈 (등외한자)	鰣 (등외한자)
방어 방	잉어 리	피라미 조	준치 시
읽기 특급 쓰기	읽기 특급Ⅱ 쓰기	읽기 쓰기	읽기 쓰기

487. 鯼鯖鮎鱧(종청점려) : 조기와 청어 / 메기와 가물치

鯼 (등외한자)	鯖 (상위한자)	鮎 (상위한자)	鱧 (등외한자)
조기 종	청어 청	메기 점	가물치 려
읽기 쓰기	읽기 특급Ⅱ 쓰기	읽기 특급 쓰기	읽기 쓰기

488. 瓶罌甑甕(병앵증옹) : 병과 술단지 / 시루와 독

瓶(등외한자)	罌(등외한자)	甑(상위한자)	甕(상위한자)
병 병	술단지 앵	시루 증	독 옹
읽기 쓰기	읽기 쓰기	읽기 특급Ⅱ 쓰기	읽기 2급 쓰기 특급Ⅱ

- 瓶罌(병앵)은 귀뚜라미를 말한다.

489. 簋鉶桮罇(궤형배준) : 제기 이름과 국그릇 / 술잔과 술통

簋(상위한자)	鉶(등외한자)	桮(상위한자)	罇(등외한자)
제기 이름 궤	국그릇 형	술잔 배	술통 준
읽기 특급 쓰기	읽기 쓰기	읽기 특급 쓰기	읽기 쓰기

490. 脯醢腒鱐(포해거숙) : 포와 육장 / 날짐승포와 어포

脯(상위한자)	醢(상위한자)	腒(등외한자)	鱐(등외한자)
포 포	육장 해	날짐승포 거	어포 숙
읽기 1급 쓰기 특급	읽기 특급 쓰기	읽기 쓰기	읽기 8급Ⅱ 쓰기 6급Ⅱ

- 脯醢(포해)는 포와 젓. 옛날에 사람을 죽여 포 뜨고 젓 담그던 잔혹한 형벌을 말한다.

4. (상위 1자+인명/등외 3자) : 4자문자 7개(491번~497번/28자)

491. 萵苣蒜蘘(와거산양) : 상추 / 마늘과 양하

萵 (인명한자)	苣 (인명한자)	蒜 (상위한자)	蘘 (인명한자)
상추 와	상추 거	마늘 산	양하 양
읽기 쓰기	읽기 쓰기	읽기 특급 II 쓰기	읽기 쓰기

• 萵苣(와거)는 상추. 국화과菊花科의 한해살이풀, 또는 두해살이풀을 말한다.

492. 舷柁艫桹(현타로랑) : 뱃전과 키 / 뱃머리와 배널판

舷 (상위한자)	柁 (인명한자)	艫 (등외한자)	桹 (인명한자)
뱃전 현	키 타	뱃머리 로	배널판 랑
읽기 특급 II 쓰기	읽기 쓰기	읽기 쓰기	읽기 쓰기

493. 菹醬羹臛(저장갱확) : 김치와 장 / 국과 고깃국

菹 (등외한자)	醬 (상위한자)	羹 (등외한자)	臛 (등외한자)
김치 저	장 장	국 갱	고깃국 학
읽기 쓰기	읽기 1급 쓰기 특급	읽기 쓰기	읽기 쓰기

• 菹醬(저장)은 김치와 육장肉醬을 말한다.

494. 豉糟麴糵(시조국얼) : 메주와 지게미 / 누룩과 엿기름

豉(인명한자)	糟(상위한자)	麴(인명한자)	糵(등외한자)
메주 시	지게미 조	누룩 국	엿기름 얼
읽기 쓰기	읽기 1급 쓰기 특급	읽기 쓰기	읽기 쓰기

495. 篘籔篩籮(추수사라) : 용수와 조리 / 체와 키

篘(등외한자)	籔(인명한자)	篩(상위한자)	籮(등외한자)
용수 추	조리 수	체 사	키 라
읽기 쓰기	읽기 쓰기	읽기 특급 쓰기	읽기 쓰기

496. 魨鱖鰂鰒(돈궐적복) : 복어와 쏘가리 / 오징어와 전복

魨(등외한자)	鱖(등외한자)	鰂(등외한자)	鰒(상위한자)
복어 돈	쏘가리 궐	오징어 적	전복 복
읽기 쓰기	읽기 쓰기	읽기 쓰기	읽기 1급 쓰기 특급

497. 楎椸椅卓(휘이의탁) : 옷걸이와 횃대 / 의자와 높음

楎(등외한자)	椸(등외한자)	椅(상위한자)	卓(등외한자)
옷걸이 휘	횃대 이	의자 의	높을 탁
읽기 쓰기	읽기 쓰기	읽기 1급 쓰기 특급	읽기 쓰기

5. (인명/등외 한자 4자) : 4자문자 3개(498번~500번/12자)

498. 舳艫篙篷(축로고봉) : 고물과 뱃머리 / 상앗대와 뜸

舳 (인명한자)	艫 (인명한자)	篙 (인명한자)	篷 (인명한자)
고물 축	뱃머리 로	상앗대 고	뜸 봉
읽기 쓰기	읽기 쓰기	읽기 쓰기	읽기 쓰기

• 舳艫(축로)는 배의 고물과 이물을 뜻한다.

499. 鉏鐰犂鍤(서초리삽) : 호미와 가래 / 밭갈(보습)과 가래

鉏 (인명한자)	鐰 (인명한자)	犂 (인명한자)	鍤 (인명한자)
호미 서	가래 초	밭갈 리	가래 삽
읽기 쓰기	읽기 쓰기	읽기 쓰기	읽기 쓰기

500. 蛜蝛蠛蠓(이위멸몽) : 쥐며느리(전갈) / 눈에놀이(잔디등에)

蛜 (등외한자)	蝛 (등외한자)	蠛 (등외한자)	蠓 (등외한자)
쥐며느리 이	쥐며느리 위	눈에놀이 멸	눈에놀이 몽
읽기 쓰기	읽기 쓰기	읽기 쓰기	읽기 쓰기

• 蛜蝛(이위)는 쥐며느리과의 절지동물節肢動物을 뜻한다.
• 蠛蠓(멸몽)은 진디등에. 흡혈성吸血性 등에와 진디등에과의 곤충昆蟲을 통틀어 이르는 말이다.

〈제2부〉

정약용 위인전과 함께하는 '효'와 '인성교육'

제3장 '숫자 18'과 연계한 다산 정약용의 생애와 삶

　선생은 75년의 생애와 삶에서 500여 권이라는 한자문화권에서 가장 많은 책을 쓴 인물이라는 표현 외에도 '조선의 레오나르도 다빈치', '조선 최고의 실학자', '천재 꽃 선비' 등 다양한 별명을 가지고 있다. 선생의 75년 생애를 세분하면 출생 후 3년 동안은 부모 슬하에서 영아嬰兒로 보낸 시절이고, 이후 4살 때부터 75세까지는 18년을 주기로 4차례에 걸쳐 큰 전환점을 맞았다. ①수학修學 18년 ②정조의 지우知遇 18년 ③유배流配 및 저술 18년 ④만년晩年의 삶과 학문 교유 18년이다.

　첫 번째 주기는 '수학修學 18년'이다. 4세에 아버지에게 「천자문千字文」을 배우기 시작해서 22세 4월 6일 초시初試에 합격하기까지 햇수로 18년 동안을 부친과 성호星湖 선생을 사숙私淑하면서 수학修學했다. 이 기간에는 9살에 어머니를 여읜 일, 15살에 결혼한 일, 22살에 초시에 합격하는 경사慶事가 있었다.

　두 번째 주기는 '정조의 지우知遇 18년'이다. 지우知遇란 상대방이 인격이나 재능을 알아주고 잘 대우待遇해 준다는 뜻이다. 선생은 22세 때(1783년) 초시에 합격(2월 21일)하고, 4월 11일에 회시會試에 합격하고 나서 정조正祖를 알현謁見한 날부터 39세 때(1800년) 노론의 공세를 피해 고향 마재로 돌아와 독서와 학술토론으로 나날을 보내던 중, 정조가 보내온 한서선漢書選 10권을 받은 날(6월 12일)까지 햇수로 18년 동안 정조의 지우를 받았다. 이 기간에는 23세에 선생이 고난의 길을 걷게 된 천주교와의 인연이 시작되었고, 28세에 대과급제와 배다리를 설치하였으며, 31세에 부친을 여의었고, 33세에는 암행어사 임무 중에 서용보徐龍輔, 김양직金養直, 강명길康命吉 등과 악연惡緣을 맺게 되는 일들이 있었다.

세 번째 주기는 '유배流配 및 저술著述 18년'이다. 선생은 39세 때, 정조가 6월 28일 갑작스럽게 승하昇遐하고, 이듬해 2월 8일 신유박해辛酉迫害가 시작되었으나 천주교 문제가 선생이 밝힌 내용과 차이가 없음이 밝혀져 사형死刑은 면하게 되어 2월 27일 경상도 장기長鬐로 유배길에 오르게 되었다. 그 후 9월 29일, 큰형(약현)의 사위 황사영黃嗣永의 백서사건이 발생하면서, 선생은 또다시 천주교와 연루되었다는 죄명으로 서울로 압송되었고, 국청이 진행되었지만 연루 사실이 나오지 않자 전라도 강진康津으로 전배轉配되었다. 이때부터 해배된 57세(1818년) 9월 2일까지 햇수로 18년 동안 유배생활을 했다. 이 기간에 유배생활 중에 500여 권의 책을 저술했고, 2,700여 편의 시를 남겼으며, 사의재(6명), 강진초당(18명), 그리고 다수의 승려 제자를 양성했다.

네 번째 주기는 '만년晩年의 삶과 학문 교유交遊 18년'이다. 선생은 57세 때 9월 14일 유배에서 풀려나 마재 고향집에 도착해서 시를 짓고, 신작申綽, 김매순金邁淳, 홍석주洪奭周, 이재의李在毅, 김정희金正喜 등 학자들과 유배생활 중에 저술한 작품들에 관해 서로 토론하며 교유交遊하다가 75세

2월 22일 타계하기까지 햇수로 18년 동안 교유交遊했다. 이 기간에는 지인들과 교유하면서 천주교 누명을 쓰고 억울하게 순교했거나 처형당한 지인들에게 묘지명墓誌銘을 써주고, 유배지에서 미완성된 저작들을 완성했다.

이외에도 숫자 18과 연관되는 것들이 많은데, 18세에 초시 응시 자격을 얻는 승보시陞補試에 합격한 일, 정조 18년에 암행어사 임무를 수행한 일, 18일 동안 강진 유배지로 이동(1801. 11. 5~23)한 일, 18명의 제자를 '다신계茶信契'라는 이름으로 배출한 일, 순조純祖 18년(1818년)에 해배된 일 등이다.

혹자는 선생의 생애를 4개 주기로 분류하면서 '수학기修學期 18년', '사환기仕宦期 11년', '유배기 18년', '정리기整理期 18년'으로 설명하기도 하는데, '사환기 11년(28~39세)'은 '정조의 지우知遇 18년'에 포함된 기간이다. 이를 도표로 정리하면 〈표 1〉과 같다.

〈표 1〉 '숫자 18'과 연계한 다산 정약용의 생애와 삶

구분		나이(연도)	내용	비고
출생/부모 슬하 3년		1~3세(1762~1764)		
1	수학 18년	4~22세 (1765~1783. 4. 11)	• 4세: 천자문 공부 • 결혼: 15세 • 생원시 합격: 22세(4. 11)	• 아버지의 집중 지도 • 서울 생활 시작 • 성호사숙私淑(16세)
2	정조의 지우知遇 18년	22~39세 (1783. 4. 11~1800. 6. 12)	• 성균관 입학: 22세(4. 11) • 대과 합격: 28세(1. 27)	• 천주교: 23~30세 • 벼슬(사환기): 11년
3	유배 및 저술 18년	41~57세 (1801. 2. 27~1818. 9. 2)	• 경북 장기: 10개월 • 전남 강진: 17년	• 아학편: 43세 • 심경밀험/소학지언: 54세
4	만년 및 학문 교유 18년	57~75세 (1818. 9. 14~1836. 2. 22)	• 가족과 해후 • 신작/김매순/이재의 등	• 목민심서(完): 60세 • 자찬묘지명: 61세

※ 숫자 18: 승보시陞補試(18세), 정조 18년 암행어사 수행, 강진 유배지 이동 기간(18일), 다신계 제자 18명, 해배일(순조 18년, 1818년)

따라서 선생의 생애와 삶에 나타난 내용을 '인성교육'과 연계하기 위해, 먼저 부모 슬하의 영아嬰兒 시절 3년과 선생의 가문家門에 대해서 알아보고, 이어서 선생의 생애와 삶을 4개 주기로 나누어 알아본 다음, 사후死後 평가에 대해서 살펴보기로 한다.

Ⅰ. 부모 슬하의 '영아嬰兒 시절 3년'과 선생의 '가문家門'

1. 부모 슬하의 '영아 시절 3년'

선생은 임오화변壬午禍變이 일어난 1762년(영조 38) 6월 16일(양력 8월 5일) 사시巳時(09~11시)에, 아버지 정재원丁載遠(1730~1792)과 어머니 윤소온尹小溫(1730~1770) 사이에서 3남 1녀중 막내로 태어났다. 선생이 태어난 곳은 한강 강변 마재(馬峴) 마을로, 지금의 행정구역으로는 경기도 남양주시 조안면 능내리 마재이고, 당시로는 경기도 광주군 초부면 마재리다. 선생은 자신이 출생한 곳에 대해 '마재(馬峴)', '능안能安', '릉내陵內', '소내(苕川)', '소천苕川', '열수洌水', '열초洌樵', '두릉斗陵', '두강斗江' 등 여러 지명을 사용했다.

어릴 때의 아명兒名은 귀농歸農이다. 이는 아버지 재원 공이 "돌아가서 농사일이나 하면서 살아가거라."는 의미로 지었다. 임금인 아버지(영조)가 세자인 아들[思悼世子(사도세자)]을 뒤주에 가둬 죽이는 사건(임오화변)을 보고 나서 지어준 이름이다. 2살 때 완두창豌豆瘡을 앓았고, 3살 때 아버지가 희릉참봉禧陵參奉으로 임명(3월 29일)되자 아버지의 임소에서 지냈다.

선생의 영아 시절의 모습을 기록에서 찾기가 쉽지 않다. 선생이 유년 시절에 대해 기록해 놓은 것이 많지 않을 뿐 아니라 두 차례(1925년, 1972년)의 큰 홍수로 '소내(苕川)'의 지형이 많이 바뀌었고, 또한 팔당댐이 들어서는 관계로 1973년도부터 물을 채우면서 옛 모습을 알아보기 어렵게 된 때문이다. 그러나 선생의 유년 시절의 모습은 여느 사람과 별반 다르지 않았던 것으로 알려져 있다. 선생의 어린 시절 모습은 그곳에 조상 대대로 살면서 전해오는 이야기를 들은 사람들의 전언傳言, 그리고 '유산酉山에서'라는 시詩, 큰형수와 서모 잠성김씨의 묘지명 등의 내용으로 미루어 짐작할 수 있다. 다만 선생의 청소년 시절 인근에 있는 수종사水鍾寺에 자주 올라 시를 쓰며 공부하곤 했는데, 수종사의 옛 모습은 그대로 남아 있다.

2. 다산의 가문家門과 형제자매

1) 친가親家 : 압해정씨 가문

선생의 관향은 압해押海이다. 압해는 전라남도 신안군 압해면을 말한다. 선생이 저술한 『압해정씨가승押海丁氏家乘』에 따르면, 압해정씨의 시조始祖는 고려시대 검교대장을 지낸 정윤종丁允宗(1646~1713)이다. 이때부터 정공일丁公逸(6세) 대대까지는 압해도에 거주했고, 정원보丁元甫(7세) 대대부터는 황해도 덕수德水로 이거移去하여 지내다가 정시윤丁時潤(18세, 1699년) 대대부터 경기도 남양주 조안면 마재 마을에 터를 잡아 거주하였다.

시윤時潤 공은 선생의 5대조로 압해정씨 가문에서 8번째로 옥당玉堂에 오른 선대先代이면서 7살 때 부모를 여의고(어머니는 하종)서도 홍문관에 올랐으며, 이른바 영조와 정조 등이 '8대 옥당 가문'으로 지칭할 수 있게 한 입지전적立志傳的 인물이다. 선생은 회갑을 맞아 자서전 격으로 기록한 「자찬묘지명」에서, 선조들이 8대를 걸쳐 '옥당玉堂' 벼슬을 했다는 점을 자랑으로 여겼고, 자신도 '옥당' 반열에 오르기 위해 노력했음을 곳곳에 밝히고 있다. 여기서 말하는 '옥당'은 '구슬처럼 귀한 자리'라는 의미로 '홍문관弘文館'을 달리 이르는 말이다. 궁중의 경서經書와 사적史籍관리, 문한文翰 처리 및 왕의 자문에 응하는 일을 맡아보던 관청으로, 법을 다루는 '사헌부司憲府'·언론기관을 뜻하는 '사간원司諫院'과 더불어 '3사三司'로 일컫던 기관이다. 조선시대의 정승·판서 등 고위 관리들은 거의 예외 없이 거쳐가는 자리이며, 선생은 '3사'의 요직을 두루 거쳤다.

2) 외가外家 : 해남윤씨 가문

외가의 본本은 해남海南으로, 고산孤山 윤선도尹善道(1587~1671)와 공재恭齋 윤두서尹斗緖(1668~1715) 등을 배출한 남인계의 명문 집안이다. 고산孤山은 윤선도가 살던 곳으로, 서울의 동쪽 남양주시 수석동에 위치한 구릉丘陵의 이름이다. 고산은 조선시대 대표적 시조 시인이고, 윤두서는 '시詩·서書·화畵'에 두루 능통했던 대표적 문인 화가이다.

선생의 외증조부인 공재 윤두서는 슬하에 아들 11형제를 두었는데, 그중에서 9형제가 성장했다. 큰아들이 윤덕희이고, 둘째 아들이 윤덕렬尹德烈인데, 둘째 아들이 진산珍山으로 이주해 살면서, 아들 윤경尹憬과 딸 소온小溫(1730~1770)을 두었다. 그리고 윤소온이 선생의 어머니다. 그러니 윤소온은 고산의 6세손이자 공재의 손녀이므로, 선생으로서는 고산은 외 6대조이고 공재는 외증조부가 된다. 윤소온은 26세 때 정재원 공에게 시집와서 딸(이승훈의처)과 약전, 약종, 약용 등 3남 1녀를 낳았는데, 선생이 9살 되던 해에 43세를 일기로 작고했다. 전남 해남에는 해남윤씨의 역사와 문화를 보존한 녹우당綠雨堂이 전래해 오고 있으며, 신안군 압해면에는 압해정씨 시조묘始祖墓와 압해정씨 세적비世積碑가 세워져 있다.

3) 다산의 형제자매 : 네 분의 어머니와 9남매

선생의 형제자매는 모두 9남매(5남 4녀)이다. 아버지 재원 공은 4명의 부인에게서 모두 5남 4녀를 두었는데, 축첩蓄妾은 없었고 사별死別로 인한 재혼이었다. 재원 공은 16세에 첫 번째 부인으로 17세의 의령남씨宜寧南氏(1729~1752)와 1745년에 결혼해서 큰아들 약현若鉉을 낳았지만 남씨가 전염병으로 24세에 작고했다. 1년 후 24세에 두 번째 부인으로 26세의 해남윤씨海南尹氏(윤소온, 1730~1770)를 맞아 딸(이승훈에게 시집감)과 약전若銓(약종若鍾·약용若鏞) 등 3남 1녀를 두었다. 해남윤씨가 43세로 작고하자, 1년 후(42세) 세 번째 부인으로 금화현의 처녀 황씨黃氏를 측실로 맞았으나 그해 일찍 사망했다. 2년 후(44세) 네 번째 부인으로 잠성김씨(1754~1813)를 맞아 세 딸과 아들 약횡若鐄 등 1남 3녀를 두었다. 그러니 선생은 아버지를 기준으로 하면 9남매 중 5번째이고, 어머니를 기준으로 하면 3남 1녀 중 막내다.

II. 18년 단위 4주기로 큰 변화를 겪은 선생의 삶

1. 수학 18년 : 「천자문」 등 아버지의 가르침과 이익李瀷을 사숙私淑함

선생은 4세 때(1765년, 영조 41) 아버지에게 『천자문』을 배우기 시작하여 22세 때 감시監試 초시(2월 26일)와 증광감시增廣監試(복시)에 합격(4월 2일)하기까지 18년을 공부했다. 7세 때 "산"이라는 오언시五言詩를 지었는데, "작은 산이 큰산을 가렸으니, 멀고 가까움이 다르기 때문이네. (小山蔽大山, 遠近地不同.)"라는 내용이다. 9세 때 어머니 해남윤씨가 43세의 일기로 별세하자 막내로서 큰 아픔을 겪었다. 또한 10세 때(1770년, 영조 46) 아버지가 연천현감에서 물러남에 따라 본격적으로 아버지에게 과예課藝를 배우기 시작하여 16세(1776년, 영조 52) 가을, 아버지가 화순현감으로 나갈 때까지 6년여 동안 본격적으로 경전經典과 사서史書,

고문古文 등을 수학했으며 어른들로부터 시율詩律에 대해 소질이 있다는 칭찬을 듣기도 하였다. 선생은 스스로도 "어려서부터 영특하여 제법 문자를 알았다."고 회고했다. 10세 이전에 지은 시문을 모아 엮은 「삼미자집三眉子集」이라는 시집이 있었다고 하나 현재는 전하지 않는다.

14세(1776년, 영조 50)에 수종사에 올라 〈수종사에 노닐며〉 시를 지었다. 수종사는 신라의 옛 절로, 선생이 어린 시절 과거시험을 준비하며 공부하던 사찰인데, 절에 돌구멍에서 솟아나는 샘이 있어 땅에 떨어지면서 종소리를 내는 까닭에 '수종水鐘'이라는 이름이 지어졌다고 한다.

15세(1777년, 정조 1) 2월 15일에 풍산홍씨에게 장가들어 서울 회현동 처가에 살면서 6촌 처남 홍인호, 홍의호 형제, 매형 이승훈, 사돈 이벽 등과 사귀게 되었다. 3월 5일에 영조가 82세로 승하하고 정조가 즉위하였다. 처가妻家가 서울에 있었던 관계로 주변에 사는 지식인들과 대인관계를 확대하고 학문을 넓히는 등 학자로서 기반을 다지는 계기가 되었다. 선생은 9살에 모친을 여읜 후 큰형수와 서모 김 씨의 보살핌으로 성장할 수 있었는데, 후일 두 분에 대한 고마움을 잊지 못했다. 9살에서 12세까지 큰형수(약현의 처)는 마치 어머니와 같은 마음으로 막내 시동생을 보살폈는데, 이러한 고마운 마음을 담아 훗날에 묘지명(丁茶山丘嫂恭人李氏墓誌銘)을 지었다. 그 후 12세부터 15세(1777년, 영조 51), 결혼하기 전까지는 서모庶母 잠성김씨岑城金氏의 보살핌으로 성장한 것에 대해 훗날 은혜를 보답하는 마음을 담아 묘지명(庶母 金氏墓誌銘)을 지었다.

16세 때(1778년, 영조 52) 선생의 학문 형성에 크게 영향을 끼친 스승을 만나 사숙私淑하게 되었으니, 그가 실학자 성호星湖 이익李瀷 (1681~1763)이다. 선생이 두 살 되던 해에 성호가 세상을 떠나 직접 가르침을 받을 수는 없지만 성호의 글을 접하면서 스스로 문하생이 될 수 있었다. 선생은 당시에 대해 "이때 서울에는 이가환李家煥 공이 문학으로 일세에 이름을 떨치고 있었고, 자형인 이승훈李承薰도 몸을 가다듬고 학문에 힘쓰고 있었는데, 모두가 성호 이익의 학문을 이어받아 펼쳐나가고 있었다. 그래서 약용도 성호 선생이 남기신 글들을 얻어 보게 되었고, 흔연히 학문을 해야 하겠다는 마음을 먹게 되었다."고 기록했다. 당시로 경기도 광주지방의 수재에 불과했던 선생이, 서울 생활을 통해 세상을 보는 눈을 넓힐 수 있었고, 학문에 대해 새로운 시야를 가지는 계기가 되었다.

17세(1779년, 영조 53)되던 해에 혜장惠藏의 스승인 연담蓮潭 유일有一 스님을 만나고, 이를 기념하는 '유일 스님께 드리다(贈有一上人)'라는 시를 지었다. 18세 되던 해에 승보시陞補試에 합격해서 본격적으로 초시를 준비했으며, 20세에 첫딸을 얻었으나 4일만에 요절하는 아픔을 겪었다.

21세(1782년, 정조 6) 2월, 본가와 처가의 도움으로 처음으로 서울 창동(남대문 안쪽)에 자가自家를 마련하여 '체천정사棣泉精舍'라고 이름지었다. 가을에 봉은사奉恩寺에서 경의과문經義科文을 익히며, "나의 의지를 밝히다(述志)"라는 시를 지었다.

22세 되던 해(1783년, 정조 7) 2월, 약현若鉉, 약전若銓, 약용若鏞 등 3형제가 감시監試에 응시했고, 2월 26일 발표에는 3형제 모두 합격했으나 4월 2일에 치러진 증광감시增廣監試(4월 6일 발표)에서는 선생 혼자만 합격했다. 초시에 합격함으로써 드디어 정조 임금을 알현謁見할 수 있는 기회를 얻게 되었다.

2. 정조의 지우知遇 18년 : 벼슬 생활 11년과 천주교 문제 발생

22세 때(1783년, 정조 7), 증광시(회시)에 합격하여 성균관에 들어가 선정전宣政殿에서 정조를 배알拜謁한 날(4월 11일)로부터 39세 때(1800년, 정조 24) 고향인 마재로 돌아와 형제들과 학문을 토론하며 독서로 시간을 보내던 중, 정조가 보내준 한서선漢書選 10권을 받은 날(1800. 6. 12)까지 햇수로 18년 동안을 정조의 지우知遇를 받았다.

4월 11일, 정조를 배알하는 자리에서 답안지가 특별히 잘 작성되었다고 생각한 정조는 "어디에 사는 누구며, 나이가 몇이냐?"고 물었고, "경기 광주에 사는 정약용이라 하옵고, 임오생壬午生입니다."라는 답변에 정조는 아버지 사도세자의 임오화변壬午禍變을 떠올리며 "얼굴을 들라. 너는 남자답지 않게 단아하고 희고 깨끗하구나."라는 말로 칭찬했고, 이를 계기로 '풍운지회風雲之會', '어수지계魚水之契'로 표현되리만치 특별한 관계로 스승과 제자, 정치적 동지 관계로 이어졌다. 선생은 증광시增廣試에서 급제한 뒤 벗들과 함께 고향에 갔을 때 지은 「유수종사기游水鐘寺記」에 '세 가지 즐거움'을 적었다. "어린 시절 노닐던 곳을 어른이 되어 오는 것이 첫 번째 즐거움이고, 곤궁할 때 지나갔던 곳에서 뜻을 얻어 목표에 이르는 것이 두 번째 즐거움이며, 혼자서 갔던 곳을 좋은 벗을 이끌고 이르니 세 번째 즐거움이다."라는 내용이다. 여기에는 좌랑 목만중睦萬中

과 승지 오대익吳大益, 장령 윤필병尹弼秉, 교리 이정운李鼎運 등과 함께 배를 탔다. 광주 부윤府尹은 악공樂工 몇을 보내 흥을 돋게 하였다. 9월 22일 큰아들(학연)이 태어나는 기쁨을 얻었다.

　23세 때(1784년, 정조 8)에 선생의 운명을 가르는 천주교와 인연을 맺게 되었다. 4월 15일 큰형수의 4주기 제사를 마치고 서울로 이동하던 중, 두미협斗尾峽의 배(舟) 위에서 사돈 관계(큰형수 동생)이던 광암曠菴 이벽李檗(1754~1786)으로부터 처음으로 천주교에 관해 설명을 듣게 되면서, 이 해에 「천주실의」 등 천주교 관련 서적을 접했고, 조선 최초의 영세자領洗者이자 선생의 매형妹兄인 이승훈李承薰으로부터 '요한'이라는 세례명으로 세례洗禮를 받았다. 여름에 정조로부터 『중용』에 대하여 80여 조항의 질문서를 받은 내용 중 '사칠이기四七理氣의 변辨'에서 정조의 깊은 신임을 얻는 계기가 된다. 당시 성균관 유생들의 생활은 동재東齋에 남인계, 서재西齋에 서인계 학생들이 거처하고 있었는데, 남인계 학생들 대부분은 남인을 대표하는 퇴계退溪의 '사단이발설四端理發說'을 지지했지만, 선생은 서인을 대표하는 율곡栗谷의 '기발설氣發說'을 지지하는 답을 내놓음으로써 정조로부터 "오직 나라와 백성을 위해서는 (당파를 초월하고) 이 옳은 것을 추구해야 한다."는 '유시시구唯是是求' 정신이 인정됨으로써 정조로부터 높은 신임을 받게 되었고, 이런 관계는 정조가 승하하기 전까지 계속되었다.

　선생의 천주교 문제를 좀 더 살펴보면, 선생은 천주교 인맥人脈으로도 깊게 얽혀있었다. 큰형 정약현은 '백서사건'을 일으킨 황사영의 장인이고, 둘째 형 정약전은 잠시 천주교를 믿었던 문제로 흑산도에서 유배생활을 하면서 『자산어보』를 남긴 인물로 유명하며, 셋째 형 정약종은 초대 천주교 명도회明道會 회장을 지냈고 황사영의 스승이며, 신유박해로 서소문 밖에서 참수되었다. 한 명의 누이는 이승훈과 결혼하여 남편과 함께 아들, 손자, 증손자까지 4대가 순교하였다. 이처럼 가족 구성원 모두 하나 같이 탁월한 인재들이었지만 시대를 잘못 만나 천주교 박해와 연관되어 집안이 풍비박산風飛雹散되는 화禍를 당하게 된 것이다.

24세(1785년, 정조 9) 2월, 역관譯官 김범우金範禹 집에서 천주교 공부를 하다 '을사추조乙巳秋曹' 적발 사건이 일어났다.

25세 되던 해(1786년, 정조 10) 6월 14일, 천주교 창시자로 일컫는 이벽李蘗(1754~1785)이 사망하여 만사輓詞를 지었다. 7월 29일 둘째 아들(학유)가 태어났다.

26세 되던 해(1787년, 정조 11) 5월, 회화동 김석태金錫泰 집에서 천주교 교리 공부를 하다 이기경李基慶 등에 적발된 '정미반회丁未伴會' 사건이 발생했다.

27세 되던 해(1788년, 정조 12) 3월 7일, 반제에서 수석을 차지하자, 정조가 초시와 회시의 횟수를 질문하며 민망히 여겼다.

28세 되던 해(1789년, 정조 13) 1월 26일, 춘당대 시험에서 수석을 차지하자, 정조가 "직부에 전시하라"고 명하여 27일 문과시험에 차석으로 급제하였다. 그러나 1등으로 급제한 심봉석沈鳳錫이 아버지 이름을 기술하지 않아 합격이 취소된 탓에 선생이 장원으로 급제하여 "공렴으로 복무하겠다"는 다짐의 시(鈍拙難充使 公廉願效誠)를 지었다. 5월에 첫 벼슬인 희릉직장禧陵直長에 임명되었고, 정조의 하명으로 한강에 배다리를 설치하여 칭찬을 받았다. 이후 사간원 정언, 사헌부 지평을 거쳤다.

29세(1790년, 정조 14) 2월 26일, 한림회권에 뽑혀 노론 김이교金履喬와 함께 예문관에 발탁되었으나 노론 최경학崔慶鶴이 법식을 어겼다는 이유로 선생을 탄핵했고, 부당하다고 판단한 정조가 최경학을 파면했지만, 선생은 "탄핵을 받은 사람이 업무에 나가는 것은 적절치 않다."는 이유를 들어 집무에 나가지 않자, 분노한 정조가 3월 7일 선생을 충청도 해미로 유배 보냈다. 3월 19일 해배解配되어 돌아오다 사도세자思悼世子가 동궁 시절에 온천욕溫泉浴을 하고 활을 쏘았다는 온양온천에 들려 사단射壇을 돌아보고 그 결과를 정조에게 보고했다. 그러자 효성이 깊었던 정조가 그 내용을 듣고 '영괴대靈槐臺'라 명명하고 친필로 써서 충성을 기리게 하였으며, 지금도 온양관광호텔 뜰에 정각으로 존치돼있다.

30세(1791년, 정조 15) 5월에 사간원 정언正言에 다시 임명되었다. 10월에 사헌부 지평持平이 되었고, 겨울에 『시경강의 800여조』를 지어 올려 임금으로부터 크게 칭찬받았다. 이 무렵 진산지방의 진사進士이면서 선생의 외사촌 형인 윤지충尹持忠(1759~1791)과 그의 내외종 사촌 권상연權尙然(1751~1759)이 제사를 폐지하고 부모의 위패位牌를 불사르는 사건이 발생했다. 이기경李基慶(1756~1819)과 홍낙안 등이 이 사건을 천주교도를 공격하는데 빌미로 삼았고, 홍낙안洪樂安이 10월 23일에 채제공에게 장문의 편지를 보냄으로써 신해옥사辛亥獄事의 발단이 되었다. 이는 11월 8일 정조가 위정학衛正學을 선포하고, 13일에 윤지충과 권상연이 전주 풍남문豊南門 밖 형장에서 참수형에 처해졌다. 이를 '진산사건珍山事件'이라고 하며, 이 사건을 통해서 선생은 천주교가 부모 제사를 금한다는 점과 돌아가신 부모님께 절하면 안 된다는 금기사항을 알게 되었다. 선생은 이러한 천주교 교리는 유교의 근본정신과 맞지 않다고 판단하고, 신해옥사를 계기로 천주교와 절의絶義하게 된다.

선생과 천주교의 관련성에 대해 일부 식자識者는 "다산은 평생을 천주교 신자로 보냈다."는 등, 마치 선생이 기록한 내용을 부정하는 듯한 표현을 하는 경우가 있는데, 이는 선생이 문헌에 밝혀놓은 내용을 존중하는 것이 기본 예의라고 본다. 선생은 「자찬묘지명」에서 "나는 23세(1784년) 때 천주교를 접했고 진산사건이 일어난 30세(1791년) 때 절의絶義했다."고 밝혔다. 즉 큰형수 4주기 제삿날(23세 4월 5일)에 한국 천주교의 선구자로 알려진 광암 이벽李檗을 만난 날로부터 윤지충과 권상연의 진산珍山 사건으로 촉발된 신해옥사辛亥獄事(30세, 10월 23일) 때 절의絶義했다는 내용이다. 일부에서 선생이 17세 때(1779년) 겨울에 천진암天眞庵 주어사走魚寺에서 있었던 천주교 관련 강학회에 참석한 것이 천주교를 믿은 시점이라고 주장하기도 하는데, 선생은 그날 강학회에 참석하지 않은 것으로 문헌에 나와있다. 때문에 선생이 천주교를 종교적으로 받아들인 기간은 8년 남짓한 기간이라고 봐야 한다. 이렇게 보는 이유는 다산학의 중심 가치인 '효孝'의 관점에서 볼 때도 그러하다. 선생은 유학자儒學者인 아버지와 정조 임금을 속이면서까지 천주교를 믿을 수가 없었다. 특히 당시에 이벽의 아버지 이부만李溥萬과 이승훈이 아버지 이동욱李東郁이 아들의 천주교 문제로 문중門中과 갈등을 빚는 등 난처해 있는 모습을 보았던 점 등을 고려할 때 '양지養志의 효'를 중히 여기던 선생으로서는 천주교와 절의絶義할 수밖에 없었다는 점이다. 이는 「변방사동부승지소」와 「자찬묘지명」 등의 기록에서 확인되는 내용이다. 그렇지만 8년 동안 천주교에 심취하는 동안 마음에 담아둔 '평등平等'과 '박애博愛' 정신 등 애민愛民사상을 정립하고, '성즉리性卽理' 사상을 반박한 '성기호설性嗜好說'을 제기하는 데 많은 영향을 받았을 것으로 보인다.

31세 때(1792년, 정조 16) 3월 22일, 홍문관에 오르는 경사가 있었으나 4월 9일 진주목사로 재임 중이던 아버지 정재원 공이 임지에서 63세의 일기로 별세하였다. 마재로 운구한 뒤 3형제(약현, 약전, 약용)가 모여 시묘侍墓하면서 천주교 문제와 관련하여 서로 후회하는 마음으로 각각 당호堂號를 지었다. 약현若鉉은 장남으로서 "우리 가문을 지키는 집"이라는 의미로 '수오재守吾齋', 약전若銓은 "한때 천주교를 믿은 것을 후회하는 집"이라는 의미로 '매심재每心齋', 막내 약용若鏞은 "조심하고 경계하는 마음으로 사는 집"이라는 의미로 '여유당與猶堂'이라는 편액을 걸고 「여유당기與猶堂記」와 「매심재기每心齋記」를 지었다. 시묘하던 중에 수원화성 건설을 설계하라는 정조의 명을 받아 「성설城設」과 「기중도설起重圖設」을 지어 올렸으며, 이때 유형거遊衡車와 거중기擧重器를 만들어 사용할 것을 건의하여 4만 냥의 경비를 절약했고, 공사 기간도 10년에서 2년 9개월로 단축할 수 있었다.

33세(1793년, 정조 18) 6월에 아버지 삼년상을 마치고 7월 23일 성균관 직강에 복귀하였으나 당쟁黨爭이 심해져 있음을 알고 체직遞職을 건의하였다. 10월 말에서 11월 15일까지 경기북부지역 암행어사직 수행 어명을 받았다. 어사 정약용은 정조 임금의 하명下命, 즉 "① 흉년이라 적용하는 세금 감면부를 빼돌렸는지 여부 확인할 것. ② 화전火田에 함부로 세금을 매겼는지 여부를 확인할 것. ③ 수령들이 고아를 잘 돌보고 있으며, 고아를 위한 곡식을 빼돌리지 않았는지를 확인할 것. ④ 환곡제도를 정직하게 시행하는지를 확인하고 또 확인할 것." 등에 따라 임무를 수행하였다. 그 결과 가난하고 핍박받는 백성들의 고통을 목격하였으며, 그 내용을 '적성촌에서(奉旨廉察到積城村)', '굶주리는 백성(飢民詩)'이라는 시詩에 담았다. 그리고 목민관들에 대한 암행 결과를, 다음과 같이 적발해서 비행을 보고했다. "연천 현감 김양직金養直(前 궁중 지관)은 5년째 벼슬을 하면서, 환곡換穀 3천5백 석을 도적질해서 백성에게 피해를 주었으며, 삭령 군수 강명길康命吉(前 궁중 어의)은 늘그막에 탐욕에 끝이 없고 야비하고 인색함이 극심한 자로 관아에 근무하는 이들의 식비와 봉록을 가로채고 화전에 지나치게 세를 물리고 심지어 뇌물 바치는 문을 만들어 항상 열어두었다고 합니다."라고 폭정을 보고하였다. 또한 경기관찰사 서용보徐龍輔에 대해서도 "서용보의 친척과 그 집안에 비리들이 들끓는 것을 파악하고 벌을 주었습니다. 그리고 서용보는 임금님의 행차길을 개설한다는 거짓 명목으로 과다한 세금을 징수하였습니다."라고 비행을 보고하는 등 임무에 충실했다. 그러나 이것이 화근이 되어 적발된 자들과 앙숙怏宿관계가 되면서 훗날 여러 분야에서 고통을 겪게 되는 악연으로 이어졌다.

　34세(1794년, 정조 18) 1월 17일에 동부승지同副承旨로 발탁되어 드디어 당상관堂上官직에 올랐으나 4월에 천주교 신부인 주문모周文謨 입국 사건이 발생하면서 노론측에서 "약전과 약용 두 형제가 주문모 신부 밀입국을 도왔다."는 소문을 유포하여 어려움을 겪었다. 노론 측에서 선생과 주문모 신부의 연루설을 제기함으로써 결국 7월 26일 충청도 금정도 찰방金井道察訪으로 좌천되었다. 8월 12일 보령의 신종수申宗洙 등과 영보정永保亭을 답사하였으며, 10월 24일부터 11월 24일까지 봉곡사鳳谷寺에서 성호학을 주제로 학술대회를 열었다.

35세(1795년, 정조 19) 11월 16일, 규장각 규영부 교서에 임명되고 병조참지, 우부승지, 좌부승지 등으로 승진하는 등 이 기간이 가장 활발한 공직 수행 기간이었다.

36세(1796년, 정조 20) 되던 해에 동부승지에 임명되었으나 선생은 "이 기회에 천주교와 관련된 전말을 알려서 자유로운 몸이 되어야 하겠다."는 각오로 '변방사동부승지소辯謗辭同副承旨訴'를 올렸고, 정조가 이를 받아들임으로써 곡산부사谷山府使로 부임하게 되었다. 곡산부사로 근무하면서 의서醫書인『마과회통』을 지었고 이계심李啓心 사건을 공명정대公明正大하게 처리하였다.

38세(1798년, 정조 22) 1월 29일, 정치적 스승 채제공蔡濟恭이 별세하는 슬픔을 겪었다. 4월 24일 곡산부사를 마치고 내직으로 옮겨 황주영위사黃州迎慰使, 병조참지兵曹參知, 동부승지同副承旨, 형조참의刑曹參議 등에 보임되어 임무를 수행하던 중 6월 21일, 신헌조申獻朝가 "정약전 등이 천주교와 연루된 사실을 추국하여 다스리십시오."라는 계청啓請으로 민명혁閔命赫이 상소를 올리자, 선생은 "세로世路가 험난하다."는 판단됨에 따라 '형조참의사직상소刑曹參議辭職上疏'를 올리고 죽란시사竹欄詩社 모임으로 소일하던 중 7월 26일 체직이 허락되었다.

39세(1798년, 정조 23) 봄에, 고향인 마재(馬峴)에 돌아와 형제들과 학술토론 등으로 지내던 중 6월 12일 내각서리가 한서선 10권을 가지고 와서 정조의 안부와 함께 "오래도록 서로 보지 못했구나. 너를 불러 책을 편찬하고 싶어 주자소鑄字所의 벽을 새로 발랐다. 아직 덜 말라 정결하지 못해 그믐께쯤 궁에 들어와 경연에 나오거라. 한서선 10권 중 5권은 집에 두어 가전家傳으로 삼고, 5권은 제목을 써서 돌려보내거라."는 하고 下敎가 있었으나, 6월 28일 갑자기 정조正祖가 승하昇遐하면서 온갖 수난의 길로 접어들게 되었다.

선생과 정조의 만남을 바람과 구름의 만남이라 하여 '풍운지회風雲之會', 물과 물고기처럼 맺어진 관계라 하여 '어수지계魚水之契'로 표현할 정도로 서로를 믿고 의지하는 관계였는데, 성균관에서 공부하는 동안 여러 차례의 평가를 통해 뛰어난 재능과 실력이 인정되었음에도 정조는 의도적으로 대과 응시 시기를 늦추었다. 이유는 좀 더 큰 인물로 키우기 위해서였던 것으로 추측된다.

3. 유배 및 저술활동 18년 : 나라와 백성을 위한 '유시시구唯是是求의 삶' 실천

선생의 유배는 세 차례 있었다. 첫 번째는 29세 때 충남 해미海美(1790. 3. 7~19)이고, 두 번째는 40세(1801년, 순조 1) 때 경상북도 장기長鬐(2. 27~10. 20), 세 번째는 전라남도 강진康津(1801. 11. 23~1818. 9. 2)이다. 그러니 선생의 유배생활 기간은 포항 장기長鬐로 유배 출발일(40세, 1801. 2. 27)부터 해배(57세, 1818. 9. 2)까지를 계산하면 햇수로 18년(17년 6

개월 5일)이다. 그러나 선생에게 유배생활은 '좌절挫折'과 '희망希望'의 기간이기도 했다. 천주교 관련 모함으로 생사生死의 기로에서 폐족을 당하고 귀양길에 오른 선생은 "이제야 겨를을 얻었다(今得暇矣)."는 생각으로 나라와 백성을 위하는 일을 할 수 있었기 때문이다. 유배생활 기간에 500여 권의 책 저술과 2,500여 수의 시詩는 이를 뒷받침하고 있다.

40세(1801년, 2월 8일)에 순조가 11세의 나이로 왕위에 오르자, 정순대비貞純大妃의 수렴청정이 시작되었다. 급기야 1월 9일 사학邪學 금지 교서가 발표되고, 19일 정약종 형의 책롱冊籠 사건이 발각되었으며, 2월 8일 신유옥사辛酉獄事라는 천주교 탄압 사건이 일어났다. 2월 10일 새벽에 명례방에서 체포된 선생은 25일까지 국문鞫問을 받았으며, 27일에 경상도 장기長鬐로 유배지가 결정되었다. 형 약종若鍾은 사형을 당했고, 중형 약전若銓과 선생은 함께 유배형流配刑이 선고되면서 약전若銓 형은 전남 신지도로, 선생은 경북 포항 장기長鬐로 귀양을 가게 되었다. 선생은 이때를 "3형제 중에서 한 명은 죽고 두 명은 귀양을 가게 되었다."는 뜻으로 '1사2적一死二謫'이라 「자찬묘지명」에 기록했다. 2월 28일에 유배길에 올라 '삼별시三別詩(석우별, 사평별, 하담별)'을 지어 가족들과의 이별에 대한 슬픔, 특히 충주 하담 선영에 성묘省墓하며 부모님에 대한 불효의 회한悔恨을 담은 통곡의 눈물로 작별했다. '석우石隅'의 위치는 현재 서울의 숙대입구 부근이고, '사평沙坪'은 서울 반포 고속터미널 부근이다.

1) 경북 포항 장기長鬐 유배 시절 : 1801. 2. 27~10. 20(40세)

40세(1801년, 순조 1) 2월 27일에 한양을 출발, 3월 9일에 유배지인 장기長鬐에 도착했다. 거처는 읍내 마현리에서 농사일과 군교軍校를 수행하는 성선봉成善封 집에 마련되었다. 이곳에서 황사영黃嗣永 백서사건이 일어난 날(10월 20일), 서울로 압송되기 전까지 7개월 동안 유배생활을 했다. 선생은 이때의 심정에 대해「자찬묘지명」에 "나는 장기에 도착하여 마음을 고요히 가라앉히고 정신을 깨끗이 가다듬고 나서『삼창고훈』을 고찰했다. 이후『이아술』6권과『기해방례변』등을 지었는데, 겨울 '황사영백서' 사건으로 옥에 갇혔을 때 분실되고, 여름에 성호星湖가 모은 1백 마디의 속담에 운을 맞춰 지은『백언시』를 기록하였으나 분실하고 말았다."는 내용이다. 장기에 있는 동안『촌병혹치』와「수오재기」를 지었으며, 130여 수의 시를 남겼다.

선생이 장기에서 유배 살았던 흔적은, 성선봉 집터에 장기초등학교가 들어선 관계로 현재는 남아 있지 않다. 다만 초등학교 운동장 한복판에 선생보다 120년 전에 유배생활을 했던 우암 송시열宋時烈(1607~1689)이 심었다는 은행나무가 있고, 운동장 가에 선생의 유적비가 송시열 유적비와 함께 사적비事蹟碑라는 이름으로 시詩와 함께 서있다. 선생의 유적은 박석무朴錫武 다산연구소 이사장이 1985년도에 그곳을 답사하며, 선생의 시문詩文을 통해 장기초등학교 자리가 유배생활 했던 곳임을 밝힌 바 있는데, 이것이 계기가 되어 선생의 유배생활 기록과 사적비를 세우게 되었다고 전해진다.

2) 전남 강진 '사의재四宜齋' 유배 시절 : 1801. 11. 23(40세)~1805. 겨울(44세)

선생은 황사영 백서사건으로 조사를 받고 40세(1801년, 순조 1) 11월 5일 서울 의금부(현재 종각역 1번 출구 오른쪽 부근)를 출발하여 11월 23일에 강진에 도착했다. 그러나 지역 주민들은 파문괴장破門壞墻하면서 선생에게 거처를 내주려 하지 않았다. 그 배경에는 4개월 전에 노론의 행동대장이던 이안묵李安默(1756~1804)이 강진 현감으로 부임해 와있던 터라 의도적인 방해 때문이었다. 그때의 상황에 대해 선생은 "그곳 백성들은 유배된 사람 보기를 마치 큰 해독처럼 여겨서 가는 곳마다 모두 문을 부수고 담장을 허물어뜨리면서 달아나버렸다(破門壞墻)."라고 『상례사전』「서문」에 기록했다. 이렇게 되자 선생은 동문 밖 매반가賣飯家로 나가서 주모酒母에게 도움을 청했고, 주모의 온정溫情으로 방 한 칸을 얻어 유배생활을 시작하게 되었다. 선생은 강진에 도착하고 나서 처음에는 무료無聊한 나날을 보내고 있었는데, 그도 그럴 것이 얼마 전까지 임금에게 빼어난 능력을 인정받으며 생활하다가 졸지에 천주교 문제에 엮여서 유배형에 처해진 신세이다 보니 그리운 가족이 생각나고, 혹독한 고문으로 인해 생긴 후유증으로 의욕을 잃은 채 시간을 보내고 있었던 터였다. 그러던 어느 날 주모가 "젊은 선비양반, 왜 이렇게 시간을 보내시오? 내가 밥은 먹여줄 것이니 동네 아이들에게 글 좀 가르쳐 주시오. 그럴 수 있겠소?"라고 물었다. 선생은 평소 교육에 대한 중요성을 생각하고 있던 터라 "그렇게 하겠소."라고 답했는데, 이를 계기로 6명의 제자를 가르쳤다.

41세(1802년, 순조 2) 4월에, 큰아들 학연이 근친覲親했다. 10월에는 친구 윤서유尹書有(1764~1821)의 사촌 동생 윤시유尹詩有(1780~1833)가 술과 고기를 가지고 찾아왔다.

이렇게 시간을 보내고 있을 즈음, 어느 날 주모가 말을 걸어왔다. "선비양반 하나 물어봅시다. 아버지와 어머니의 은혜는 똑같고, 자식을 키울 때는 어머니가 더 애쓰는데, 왜 성인이라는 사람들은 교훈을 세워 아버지를 중히 여기고 어머니는 가벼이 하며, 성씨도 아버지를 따르고 부모가 세상을 떠나면 어머니를 한 단계 낮게 상복을 입게 하고, 아버지 혈통으로 집안을 이루게 하고, 어머니 혈통은 도외시하게 하고⋯ 이건 너무 편파적이 아닌가요?"라고 물어왔다. 그러자 선생은 "아버지는 나를 태어나게 해주신 분이라, 어머니의 은혜가 깊기는 하지만, 만물을 처음 태어나게 한 그 은혜가 더 크다고 보기 때문일 것입니다."라고 답하자, 주모는 또 "선비양반의 말은 옳지 않습니다. 내가 생각해 보니 그렇지 않습니다. 풀이나 나무에 비유하면, 아버지는 종자種子이고, 어머니는 토양土壤입니다. 아무리 좋은 종자라도 토양이 나쁘면 자랄 수가 없습니다. 옛날 성인들이 교훈을 세우고 예禮를 제정한 것은 여기서 비롯된 것이라 생각합니다."라고 했고, 이를 들은 선생은 "주모의 말이 옳소. 주모의 말을 들으니 나도 깨달은 바가 있소."라고 답했다는 이야기가 흑산도에서 유배생활을 하고 있는 약전 형에게 보낸 편지(上仲氏)에 기록돼 있다. 선생은 약전 형에게 "저는 주모의 말을 듣고 흠칫 크게 깨달아 공경하는 마음이 일어났습니다. 천지 간에 지극히 정밀하고 오묘한 진리가 이렇게 밥 파는 주모에게서 나올 줄이야 누가 알기나 했겠습니까? 기특하고 기특한 일입니다."라고 기록했다.

선생은 이러한 생활 환경에서 생활하면서 평소 익혀온 의술醫術과 학술 역량을 발휘해서 주민들의 병病을 고쳐주고 어려운 일에 봉착한 주민을 도와주다 보니 호의好意로 다가오는 주민들이 많아졌고, 관아의 감시도 약해졌다. 그런 가운데 강진 생활 11개월 만인 10월에 제자들을 받아 서당書堂을 열었다. 이때 맞은 6명의 제자가 황상黃裳, 손병조孫秉藻, 황취黃聚, 황지초黃之楚, 이청李晴, 김재정金載靖 등이다. 이들은 아전의 자제로, 선생에게 글을 배우면서 물심양면으로 스승을 도왔다. 그러면서 선생의 삶도 차츰 나아가고 있었다. 결과적으로 선생이 강진으로 전배된 것은 녹우당綠雨堂을 이용하는 등 전화위복轉禍爲福의 기회가 되었고, 선생은 이런 상황을 긍정적으로 받아들였다. 이는 "이제야 겨를을 얻었다. 드디어 혼연스레 스스로 축하하며 기뻐했다(今得暇矣 欣然自慶)."라고 「자찬묘지명」에 기록한 내용에서 알 수 있다.

42세(1803년, 순조 3) 11월 10일, 이곳에 온지 2년째 되던 해, '사의재四宜齋'의 편액을 달았다. 머물던 집의 당호를 '사의재'라고 한 것은 안전한 유배생활을 위해 자신에게 다짐하는 '율기律己'의 한 조처였다. 한편, 조정에서는 선생의 형제를 잡아 올려 문초를 해야 한다는 상소가 하루가 멀다고 올라왔고, 언제 사약賜藥이 내려올지 모르는 상황이 계속되고 있었다. 때문에 선생으로서는 조심하고 절제된 생활을 해야겠다는 생각에서 당호堂號를 '사의재'라 지은 것인데, 여기서 '사의四宜'는 마땅히 행해야 할 4가지라는 뜻으로 '생각(思)', '용모(貌)', '말(言)', '행동(動)'을 뜻한다. 선생은 「사의재기四宜齋記」에 "사의재란 내가 강진에서 귀양살며 거처하던 방이다. '생각(思)'은 마땅히 맑아야 하니, 맑지 못하면 곧바로 맑게 해야 한다. '용모(貌)'는 마땅히 엄숙해야 하니, 엄숙하지 못하면 곧바로 엄숙함이 생기도록 해야 한다. '언어(言)'는 마땅히 과묵해야 하니, 말이 많다면 곧바로 그치게 해야 한다. '동작(動)'은 마땅히 중후해야 하니, 중후하지 못하다면 곧바로 더디게 해야 한다. 이런 이유로 그 방의 이름을 '네 가지를 마땅하게 해야 할 방'이라는 의미로, '사의재'라고 한 것이다. 마땅함이라는 것은 의宜에 맞도록 하는 것이니 의로 규제함이다."라고 기록했다. 선생은 이 해에 정순왕후定順王后의 특명으로 해배解配될 기회가 있었으나 서용보徐龍輔(1757~1824)의 방해로 무산되었다. 선생이 강진 유배생활에서 목격한 백성의 모습은 그야말로 처참했다. 이 모습을 담아 이때 지은 시詩가 '애절양哀絶陽'이다.

43세(1804년, 순조 4) 봄에, 2천 자로 된 『아학편훈의』를 완성했다. 선생이 이 책을 집필한 배경에는 두 아들과 제자들에게 한자를 가르치기 위한 교재가 있어야 했기 때문이다. 선생이 유배될 당시의 큰아들은 18세, 작은아들은 15세, 딸이 8살이었는데, 선생이 갑작스레 신유박해로 유배되다 보니 자식들과 제자들을 가르치기 위한 교재가 필요했다. 이 책의 용도는 선생께서 흑산도 약전 형에게 교정을 부탁한 글에 잘 나타나 있다. "2천 자를 다 읽고 나면 『시경』을 가르쳐 주어도 절로 통할 것입니다."라는 내용이다. 이를 통해 볼 때, 이 책에는 어려운 글자가 제법 포함된 것으로 보인다. 그리고 이 책은 선생이 평소 중요하게 여겨오던 '3호三好' 정신에 입각해서 집필한 책임을 알 수 있다. 이는 선생께서 「천자문千字文」을 비평해서 쓴 「천문평千文評」에 나타나 있는 것처럼, 기존 「천자문」은 초학자初學者의 교재로서는 적합하지 않다는 점을 지적했는데, 특히 선생이 강조한 '호아好我', '호고好古', '호독好讀' 등 '3호好' 정신에 맞지 않다고 본 것이다.

44세(1805년, 순조 5) 4월 18일, 백련사(만덕사)에서 34세의 혜장惠藏 선사를 만나『주역』에 관해 밤샘 대화를 나누며 사제師弟의 연을 맺었다. 9월에, 23세 된 큰아들 학연이 사의재에 찾아와서 함께 지내다가 겨울에 혜장의 도움으로 보은산방(고성사)으로 거처를 옮겨 학연에게『예기』와『주역』을 가르쳤다. 백련사白蓮寺와 고성사高聲寺는 대흥사大興寺의 말사末寺이다. 가을에 고금도古今島에서 귀양살이를 하던 김이재金履載(1767~1847)가 해배되어 귀경하려던 차에 선생을 찾아와 송별하는 아쉬움을 가졌다. 이때 유배에서 풀려나는 김이재의 부채에 써준 '송별送別'이라는 시가 훗날 김이재의 형인 김이교金履喬(1764~1832)가 보게 되었고, 이를 순조 임금의 장인 김조순金祖淳(1765~1832)에게 보여줌으로써 이것이 훗날 해배의 실마리가 되었다는 내용이 전해지고 있다.

3) 전남 강진 '보은산방(고성사)' 유배 시절 : 1805(44세) 겨울~ 1806(45세) 가을

44세(1805년, 순조 5) 겨울, 혜장의 도움으로 보은산방寶恩山房으로 거처를 옮겨 큰아들에게 밤낮으로『주역』과『예기』를 가르쳤다. 사의재에서 보은산방으로 거처를 옮긴 이유는 사의재의 방이 좁아 아들과 함께 거처하기가 불편했기 때문으로 짐작된다. 보은산방을『주역』 연구의 산실이라 부르기도 하고, 아들을 가르치는 동안 아들이 질문한 내용이 모두 52칙인데, 이것을 기록하여 「승암문답僧庵問答」이라는 제목으로 책을 엮었다. 45세(1806년, 순조 6) 가을에, 큰아들 학연을 마재로 돌려보내고 거처를 제자인 이학래李鶴來(李晴) 집으로 옮겼다.

4) 전남 강진 '이학래 집' 유배 시절 : 1806(45세) 가을~1808(47세) 봄

45세(1806년, 순조 7), 이 해는 선생이 결혼 30주년을 맞이한 해이다. 가을에 거처를 목리牧里에 사는 이학래李鶴來(李晴, 1792~1861)의 집으로 옮겨 1808년 봄, 다산초당으로 옮길 때까지 약 1년 반 동안 머물렀다. 이학래는 아전衙前의 아들로서, 11살에 '사의재'에서 선생을 만나 공부를 시작했으며, 사의재 여섯 제자 중 막내였다. 지리학에 조예가 깊었고 경서를 많이 알아서 선생의 저술에 많은 도움을 주었다. '사의재'에서 '보은산방(고성사)', '다산초당' 등으로 옮겨 생활할 때 선생에게 도움을 주었던 제자이며, 해배된 이후에도 20여 년을 마재에 내왕來往했던 애제자이다. 말년까지 과거에 매달렸다는 기록이 전해지고 있다. 보은산방(고성사)에서 학래 집으로 옮기게 된 이유는 불교 승려의 도움을 받는 것에 대한 미안함과 글을 배우는 제자들의 편의성 등이 고려되었을 것으로 짐작된다.

46세(1807년, 순조 7) 5월에, 장손長孫 대림大林이 태어나는 경사가 있었지만, 7월에 약전 형의 아들 학초學樵가 사망했다는 슬픈 소식도 들려왔다. 평소 약전 형과 선생은 학초를 자신들의 학문 계승자로 생각하고 있을 정도로 영특했던 터라 그 슬픔과 아쉬움이 매우 컸다. 이러한 마음을 담아 「형자학초묘지명兄子學樵墓誌銘」을 지었다.

5) 전남 강진 '다산초당茶山草堂' 유배 시절 : 1808. 봄(47세)~1817. 9. 2(57세)

47세(1808년, 순조 8), 이 해는 선생이 다산초당으로 옮겨 학문하기에 좋은 환경으로 바뀐 해이다. 장소가 넉넉해서 18명의 제자를 가르칠 수 있게 되었고, 생활이 안정되면서 자식들에게 아버지의 뜻이 담은 가계家誡를 쓰기 시작했다. 선생은 마재에 있는 두 아들에게 1808년과 1810년 두 차례 가계를 써 보냈다. 거처를 다산초당으로 옮기게 된 것은 3월 16일, 윤단尹慱(1744~1821)과 그의 아들 윤규로尹奎魯(1769~1837)가 다산초옥茶山草屋으로 선생을 초대하면서 비롯됐다. 해남윤씨 문중에서 선생을 훈장訓長으로 앉히려는 마음에서였다. 서로 뜻이 모아져서 3월 말에 거처를 초옥草屋으로 옮겨 '다산초당茶山草堂'이라는 편액을 걸고 10년 동안 제자를 가르치고 연구하여 다산학의 기틀을 마련하였다. 다산초당 생활은 선생에게 많은 변화를 가져왔다. 윤광택, 윤서유 등 항촌파項村派의 도움과 외가 쪽 연동파蓮洞派의 도움, 그리고 8년여 동안 선생에게 배운 아전의 자제들과 지역민의 평판이 좋아지면서 생활이 많이 나아졌다. 또한 무엇보다도 달라진 것은 '다산선생'이라는 호칭과 함께 '다산'이라는 아호雅號가 생겼다는 점이다. '다산'이라는 호칭은 흑산도의 약전 형과 주고받은 편지, 그리고 혜장을 비롯한 지역민들이 '다산에서 제자를 가르치는 선생'이라는 의미로 '다산선생'이라 부르면서 '다산'이란 아호가 자연스럽게 생기게 되었다.

선생이 거처를 초당으로 옮기고 한 달쯤 지난 4월 20일, 둘째 아들 학유學遊가 찾아왔다. 신유옥사 당시 15살이었는데, 23세에 찾아왔으니 8

년 만에 갖는 상봉이었다. 오랜만의 부자 상봉이라 성장한 아들을 알아보기 어려울 정도였던 것으로 선생은 회고했다. 이때 여러 정황상 홍씨 부인이 둘째 아들 편에 「하피첩」과 매조도梅鳥圖 제작에 사용된 6폭의 혼인 예복 치마를 보냈을 것으로 보인다. 선생은 "인편에 보내왔다."고 썼지만 그 인편이 둘째 아들이었던 것인데, 아녀자가 시집올 때 입었던 치마를 아무에게나 심부름을 부탁할 수 없었을 것이고, 부인이 보낸 편지에 '기강진적중寄康津謫中(강진에 귀양가신 당신께 부칩니다)'라는 시詩, 즉 "때는 병인년 섣달, 지금은 모두 밧줄로 꽁꽁 묶어 얼음이 되었습니다(歲次丙寅 時維納氷), 눈 위에 한기가 서리고 수심은 점점 늘어만 가고(雪上寒氣 愁心添增), 등불 아래 여인의 원망은 잠 못 들 것이 명백한데(燈火怨女 耿耿不寐), 서방님 이별한 지 7년, 만날 날은 어둡고 아득하기만 합니다(君別七年 相逢茫昧)."라는 시가 들어있었다. 아마도 결혼 30주년 되던 해(1806년)에 작성해 놓았던 것을 둘째 아들 편에 보낸 듯하다. 선생은 아들과 제자들을 데리고 초당草堂에 대臺를 쌓아 못을 팠고 꽃나무를 열 지어 심었으며, 물을 끌어들여 폭포를 만들었고, 동쪽과 서쪽에 각각 암자를 지어 서적 1,000여 권을 쌓아놓고 글을 지었으며, 또한 바위벽(石壁)에 '정석丁石' 두 글자를 새겼다.

 48세(1809년, 순조 9) 봄에, 혜장惠藏이 초의草衣(1786~1866)를 데리고 다산초당을 찾아왔고, 초의는 후일에 제자가 되었다.

 49세(1810년, 순조 10) 봄에, 학유를 마재로 돌려보내면서 「하피첩」을 가계家誡로 써서 보냈다. 이를 받은 큰아들이 9월에 아버지 해배를 탄원하기 위해 바라를 두드리는 일명 '꽹과리 상소'를 행했고, 김계락金啓洛의

보고로 정순왕후가 특별히 해배를 명령했으나, 홍명주洪命周의 상소와 이기경李基慶의 대계臺啓로 인해 석방이 이뤄지지 못했다.

50세(1811년, 순조 11) 9월에, 혜장(1772~1811)이 향년 40세로 입적入寂했다. 혜장은 선생과 6년 동안 학문적 동지이자 스승과 제자로 관계하면서 서로를 위하고 아끼는 사이가 되었는데, 선생은 혜장과 사제의 연을 맺은 이후로 삶에서 정신적 안정을 찾을 수 있었다고 회고했다.

51세(1812년, 순조 12) 봄에, 딸이 윤창모尹昌模(후일 '영희'로 개명)에게 시집갔다. 9월 12일, 이덕휘의 초청으로 월출산 남쪽 백운계곡을 윤동(본명 윤종심)과 초의草衣 등을 데리고 함께 유람하며 '백운도白雲圖'와 '다산도茶山圖'를 그렸다.

52세(1813년, 순조 13) 7월에 시집간 딸에게 매조도梅鳥圖를 그려주었다. 선생은 "내가 강진康津에서 귀양살이 한지 여러 해가 지났을 때, 부인 홍씨가 헌 치마 여섯 폭을 보내왔는데, 세월이 오래되어 붉은빛이 바랬다. 잘라서 첩帖 네 권을 만들어 두 아들에게 주고, 그 나머지로 족자를 만들어 딸에게 남긴다."라고 적었다. 가을에, 서모 잠성김씨(1753~1813)가 별세하는 슬픔을 겪었는데, 해배된 다음 해에 「서모김씨묘지명」을 썼다.

53세(1814년, 순조 14) 3월 4일, 친구 이재의李載毅가 찾아와 영암군수인 아들(이종영)에게 줄 글을 부탁하자 '육렴六廉'을 써서 주었다. 4월에, 장령掌令 조장한趙章漢이 사헌부에 나아가 특별히 대계를 정지시켜, 죄인 명부에서 선생 이름이 삭제되었다. 그때 의금부에서 관문關文을 발송하여 석방시키려고 하였으나 강준흠姜浚欽 등의 상소로 막혀 발송하지 못했다.

54세(1815년, 순조 15)에, 『심경밀험』과 『소학지언』에 대한 저술이 이루어졌다. 선생은 이 두 책에 대해 "오직 『심경』과 『소학』이 모든 경전 가운데서 빼어났다. 배우는 사람이 두 책에 마음을 기울이고 힘써 실천하여 『심경』으로써 그 안을 다스리고 『소학』으로써 그 밖을 다스린다면 아마도 현자賢者가 되는 길이 열릴 것이다. 〈중략〉 지금부터 죽을 때까지 마음 다스리는 방법에 힘을 쏟아 경전 연구를 『심경』으로 끝맺으려 한다."라고 적었다.

55세(1816년, 순조 16) 5월에, 아들로부터 "아버지! 아버지의 해배를 위해서 이기경李基慶과 목만중睦萬中, 홍인호洪仁浩 등에게 편지를 보내 도와달라고 부탁하시면 어떻겠습니까?"라는 내용의 편지를 받고 아들에게 "시비是非와 이해利害라는 두 가치를 기준으로 판단해야 한다."고 기준을 제시해 주었다. "아들아! 그런 일에는 '시비是非'와 '이해利害'라는 두 가지 기준에서 4개의 등급이 나온다. 최상의 등급은 '옳은 일을 하고 이익을 보는 것(是利)'이고, 그 다음은 '옳은 일을 하고 손해를 보는 것(是害)'이며, 그 다음은 '옳지 않은 일을 하고 이익을 보는 것(非利)'이고, 최악의 등급은 '옳지 못한 일을 하고 손해를 보는 것(非害)'이다. 그런데 네 생각대로 애비가 해배를 위해 저들에게 부탁하는 것은 '옳지 못한 일을 하고 손해를 보는 최악의 등급'에 해당한다."라고 일러준 것이다.

이기경과 목만중, 홍인호 등은 젊은 시절에 선생과 같은 신서파信西派로 지내던 자들인데, 어느 시점에서부터 공서파攻西派로 돌아서서 선생을 공격해 왔기 때문에 그들에게 부탁하는 것은 결코 옳은 일이 되지 못한다는 점을 알려준 것이다. 6월 6일에, 흑산도에서 유배생활을 하던 약전 형이 작고作故했고, 이 해에 둘째 며느리(학유의 처, 심씨)가 사망했다.

56세(1817년, 순조 17) 가을에, 『상의절요』라는 상례연구서가 저술되어 마침내 『상례사전喪禮四箋』이라는 대저가 50권으로 완성되었다. 이 해에 '우리의 오래된 나라를 새롭게 개혁해 보려는 생각(新我之舊邦)'에서 『방례초본』 집필을 시작했으나 끝내지 못했는데, 이는 훗날에 『경세유표』로 이름을 바꾸어 완성했다. 여기서 '경세유표經世遺表'는 옛날 신하가 죽은 뒤에 올리는 국가정책건의서라는 뜻에서 '유표遺表', 즉 유언으로 올리는 건의서라는 이름을 붙인 것이다.

57세(1818년, 순조 18) 봄에, 『목민심서』 48권의 저술을 시작했다. 8월에, 퇴계의 후손 이태순李泰淳(1759~1840)의 상소로 드디어 해배를 맞게 되었다. 선생이 해배된 날은 9월 2일이지만 해배 관문官文이 도착한 것은 8월 22일로 추정된다. 해배된 것은 이태순李泰淳의 상소가 결정적이었지만 가족들의 염원과 노력이 바탕에 깔려있다. 고향 마재에 있는 가족들은 아내를 비롯한 온 집안의 근심이 계속되자, 큰아들 학연이 49세(1810년) 때 꽹과리 상소를 올려 조정에서 알게 하는 일이 있은지 8년 만에 이루어진 해배이다. 선생은 해배 명령을 받은 날(8. 22)부터 다산초당에서 짐을 정리하고 제자들과 '다신계茶信契'를 결성하는 등 귀환 준비를 완료하고, 고향인 마재로 출발했다.

선생에게 유배 기간은, 언제 사약賜藥이 내려질지 모르는 그야말로 불안과 고통의 세월이었지만 '유시시구唯是是求' 정신으로 저술에 매달렸으며, '효孝'에 기반한 다산학茶山學을 탄생시켰다. 이 시기에 다산학의 두 축을 이루는 경학經學과 경세학經世學에 대해 집중적인 연구가 이루어졌으며, 500여 권에 달하는 책을 저술하는 금자탑金字塔을 남겼다. 저술활동을 하는 동안에 제자들을 모아 교육하면서 저술 작업에 참여시키고, 연구자에 포함하는 기록을 남기기도 하였다. 유배지에서 양성된 제자로는 사의재에서 6명, 다산초당에서 이강회李綱會, 정수칠丁修七, 윤종문尹鍾文 등 18명과 다수의 승려僧侶가 있다. 선생의 저술활동은 유배 초기에는 『주역』과 『상례』 연구에 주력했으며, 43세에 『아학편훈의』, 46세에 『상례사전』, 47세에 『주역사전』 등을 펴냈고, 중반기 이후부터 50세 때 『예전상기별』, 51세에 『춘추고징』, 52세에 『논어고금주』, 53세에 『맹자요의』, 『대학공의』, 『중용자잠』, 54세에 『심경』과 『소학』을 연구하여 『심경밀험』, 『소학지언』 등을 펴냈다. 그리고 후반기에 들어 55세에 『악서고존』, 56세에 『상의절요』, 『경세유표』, 57세에 『목민심서』를 집필하다가 해배 3년 후인 60세(1821년)에 완성했다. 선생은 언제 사약賜藥이 내려올지도 모르는 극도로 불안한 나날을 보내던 상황에서도, 복사뼈에 세 번이나 구멍이 나는 '과골삼천踝骨三穿'의 고통, 그리고 중풍으로 입에서 침이 흐르는 등의 고난을 감내하며 500여 권의 책을 저술한 것이다. 특히 폐족을 당하고 유배된 신분임에도 자신의 처지를 비관하기보다는 "이제야 겨를을 얻었구나(今得暇矣)라는 생각이 들어 흔연스레 스스로 기뻐했다(欣然自慶)."라는 긍정적인 생각과 위국위민爲國爲民의 정신으로 유배생활의 어려움을 극복했다.

4. 만년晩年 및 학문 교유交遊 18년, 그리고 묘지명墓誌銘 이야기

57세(1818년, 순조 18) 9월 2일, 마지막 유배지인 강진을 출발하여 9월 14일 해질 무렵에 마재에 도착했다. 여생餘生 18년을 가족과 함께 보내게 된 것이다. 마재에 도착한 날(9월 14일)부터 선생이 영면永眠한 날인 75세(1836년, 헌종 2) 6월 22일은 회혼일回婚日이었다.

58세(1819년, 순조 19) 봄에, 충주에 모셔진 선영先塋에 성묘하였다. 여름에, 노론 계열의 대표적 학자 신작申綽, 신진申縉 형제와 함께 유배지에서 정리한 것들에 대해 학술을 논하며 높은 평가를 받았으며, 『흠흠신서』를 집필했다. 이 해에 큰형수 경주이씨에 대한 〈구수공인이씨묘지명丘嫂恭人李氏墓誌銘〉, 둘째 며느리인 학유의 처에 대한 〈효부심씨묘지명孝婦沈氏墓誌銘〉, 약현 형의 아들 학수에 대한 〈형자학수묘지명兄子學樹墓誌銘〉, 서모 잠성김씨에 대한 〈서모김씨묘지명庶母金氏墓誌銘〉을 지었다. 59세(1820년, 순조 20) 봄에 친구 윤서유의 묘지명을 지었다.

60세(1821년, 순조 21) 9월 4일, 큰형 약전(1751~1821) 공이 71세로 작고하여 묘지명을 지었다. 큰형은 이복異服 관계였지만, 큰형은 망하루望荷樓를 짓는 등 지극한 효성의 수범垂範이었을 뿐 아니라 이복동생 3명이 천주교 문제로 '1사2적一死二謫'을 당했을 때도 마재에서 제수弟嫂들과 조카를 돌보는 등 집안 어른으로서의 큰 역할을 했다. 약현의 묘는 선생 묘 인접 능선에 아들 학수의 묘와 인접해 있다. 『목민심서』를 완성함으로써 이른바 '1표2서一表二書'가 완성되었다.

61세(1822년, 순조 22), 회갑을 맞아 「자찬묘지명自撰墓誌銘」 '광중본壙中本'과 '집중본集中本', 2본에 자신의 생애를 정리하여 자서전으로 남겼다. 선생은 자서전 서두序頭에 "이 무덤은 열수洌水 정약용의 묘이다. 이름은 약용이요, 호號는 사암俟菴이며, 당호는 여유당與猶堂인데, 겨울 내를 건너고 이웃이 두렵다는 의미를 담아 지었다."라고 기록함으로써 자신의 아호가 '사암'이라 밝혔다. 여기서 '사암俟菴'은 '百世以俟 聖人而不惑(백세이사 성인이불혹)', 즉 "백년의 세월 이후 성인을 기다려도 미혹됨이 없는 삶을 살았다."는 뜻으로, 『중용』 29장에 나오는 내용이다. 훗날에 대한 기다림으로 해석할 수도 있고, 어떤 성인에게도 자기 학문은 질책받지 않으리라는 자신감과 각오가 담긴 표현이다. 여기서 말하는 성인은 '요순'과 '정조'와 같은 훌륭한 임금을 뜻하는 것으로 보인다. 이 해에 정약전丁若銓, 윤지평尹持平, 윤지눌尹持訥, 이장령李掌令, 이유수李儒修, 권철신權哲身, 이가환李家煥 등의 묘지명을 지었으며, 노론의 대가인 김매순金邁淳으로부터 『매씨서평』에 대한 서평을 편지로 받았고, 신작申綽·김기서金基敍, 그리고 홍석주洪奭周·홍길주洪吉周·홍현주洪顯周 3형제와 교유하며 학문을 토론하였다. 이 해에 『가장본 여유당집』을 완성했으며, 182책 503권이라 밝혔다.

62세(1823년, 순조 23) 4월, 다신계茶信契 제자 윤종삼(旗叔), 윤종진(琴季)이 마재로 찾아와 다산초당의 안부 등에 대해 대화를 나누었다. 9월 28일에 승지 후보로 낙점되었으나 서용보의 방해로 무산되었다. 66세(1827년, 순조 27) 10월, 순조의 아들 익종翼宗(효명세자)이 대리청정을 하던 때에 선생을 등원시키라고 했지만, 윤극배尹克培가 "아직도 천주교를 믿고 있다."는 상소를 올려 방해함으로써 무산되었다.

69세(1830년, 순조 30) 5월 5일, 조정으로부터 "정약용을 사면하고 부호군副護軍에 명한다."는 내용과 함께 대리청정을 하던 익종翼宗이 위독하게 되자 "정약용도 세자의 치료에 참여하게 하라."는 명이 도달했고, 선생은 "효명세자야말로 조선의 희망이다."라는 생각으로 최선을 다하며 마재에 있는 약을 가져오도록 사람을 보냈으나 약이 도착하기 전에 효명은 다음 날 사망하였다. 또한 73세(1834년, 순조 34) 11월, 순조 임금의 환우患憂가 급하니 등원하라는 명命을 받고 큰아들 학연과 손자 대림을 대동하고 출발했으나 선생 일행이 홍화문弘化門에 당도했을 때 순조가 승하昇遐했다는 부음을 듣고 고향으로 돌아왔다.

75세(1836년, 헌종 2) 2월 22일 진시(07~09시)에, 선생은 회혼回婚을 축하하기 위해 모인 가족과 친지 앞에서 운명함으로써 75년의 생生을 마감하였다.

'만년 및 학문 교유 18년'의 시기는 유배지에서 쇠약해진 심신을 추스르며 자신의 생애와 학문을 정리한 기간이라고 할 수 있다. 죽음을 3일 앞두고 부인에게 향하는 마음을 담아 지은 회근시回졸詩에서 "슬픔은 짧았고 기쁨은 길었오(戚短歡長)."라는 표현에서 볼 수 있듯이, 노론의 온갖 모함으로 폐족廢族을 당하는 등 억울하게 18년 동안이나 귀양살이를 했음에도 세상을 긍정적으로 보고 있음을 알 수 있다.

제4장 다산학의 핵심 가치(효) : 실사구시實事求是화 방안

　선생이 다산학을 세우는데 핵심 가치로 작용한 것은 무엇일까? 이는 각자 관점에 따라 다를 수 있다. 혹자는 '청렴할 렴廉', 또는 '백성을 사랑한 애愛', 또는 '백성을 잘 이끄는 목牧', 또는 '조선을 개혁해야 한다는 혁신革新' 등 다양할 것인데, 필자는 단연코 '효孝'라고 생각한다. 평생을 다산연구가로 활동하고 있는 다산연구소 이사장 박석무朴錫武 선생도 "다산학의 핵심 가치는 '효'다. 이는 유학의 4서四書에 대한 주석서『대학공의』,『논어고금주』,『맹자요의』,『중용자잠』과『소학지언』,「유곡산향교권효문」,「원교」,「열부론」,『유배지에서 보낸 편지』등에 잘 나타나 있다."고 했다.

　'실사구시實事求是'는 "실제의 일(實事)에서 옳음을 추구求是한다."는 의미로, 학문이나 연구에 적용하는 대원칙이다. 선생이 제자들에게 "너희가 학문을 하는 이유는 인간의 삶에 이로움을 주기 위함이다."라고 한 말과 같은 맥락이다. 조선시대는 사농공상士農工商의 신분제도와 양반兩班, 중인中人, 평민平民, 천민賤民의 신분 구조의 세습으로 백성들의 삶이 공평치 못했고, 학문을 했다는 사람들이 과거에 급제하여 목민관 위치에 오르게 되면 백성을 힘들게 하는 경우가 많았다.

오늘날에도 이런 현상은 그때와 별반 다르지 않아 보인다. 특히 "한국 사회는 상대적으로 고학력자가 저학력자보다 부모 부양 책임의식이 더 낮고, 경제활동 참여 집단이 비참여 집단에 비해 부모 부양 책임감이 더 낮다."[1]는 연구 결과에서 보듯이, 배움이 많은 사람은 그에 걸맞게 '달존 達尊'의 모습으로 국민의 교육을 이끌어야 하는데, 그렇지 못한 것이 현실이다. 『효경』에 "효는 덕의 근본이요, 모든 가르침이 그로 말미암아 생겨난다."[2]는 내용에서 보듯이 교육은 '효'에서 비롯된다. 그리고 교육은 교육자의 '본本'이 필수다. 이 점에 대해 선생은 "백성을 이끄는 위치에 있는 목민관의 직분은 백성을 가르치는 데 있을 따름이다. 부역을 바르게 하는 것도, 관직을 마련하고 목민관을 두는 것도 장차 가르치기 위함인 것이다(牧民之職 教民而已 平其賦役 將以教也 設官置牧 將以教也).", "죄를 밝히고 법을 신칙하는 것도 장차 가르치기 위함이다. 모든 정치가 제대로 행하여지지 않아서 교육을 일으킬 겨를이 없다면 백세에도 좋은 정치가 있을 수 없게 된다(明罰飭法 將以教也 諸政不修 未遑興教 此百世之所以無善治也)."라고 『목민심서』「예전편」 제3조(교민)에 이르고 있다.

자식으로서 '효'는 3단계가 있다. 부모를 걱정끼쳐 드리지 않는 '낮은 단계의 효', 부모를 기쁘게 해드리는 '높은 단계의 효', 그리고 스스로 노력해서 '입신양명立身揚名'의 길로 가는 '더 높은 단계의 효'이다.[3] 이러한

---

1 김영범, "부모 부양 책임감의 세대간 차이: 지역별 차이를 중심으로", 「지역발전연구」 제23권 1호, 2008. pp. 259~283.
2 「개종명의장」: "孝德之本也 教之所由生也."
3 김종두, 『효 패러다임의 현대적 해석(3판)』, 명문당, 2016, p. 372.

'효'를 행하도록 교육하는 것이 '효'를 실사구시實事求是화 하는 방안이다. 따라서 본 장에서는 '효'의 개념 정립과 '효' 교육에 있어서 나타나는 현상 및 문제점을 살펴보고, 다산의 저술에 나타난 '효'를 정리해서 제시한 다음, '효의 5대 기본 원리'와 '실천적 의미의 효'를 실사구시實事求是화 하는 방안에 대해 알아보고자 한다.

Ⅰ. '효'의 개념 정립과 '효 교육'의 현상 및 문제점

'효'가 실사구시實事求是적이려면 '효'를 실천 가능한 내용으로 교육이 되어야 하고, 그렇게 되려면 '효'에 대한 개념 정립과 함께 인식 전환이 요구된다. 그리고 그 방안의 하나가 다산학茶山學의 핵심 가치인 '효'를 선생의 시각에서 재정립하는 것이다. 선생은 기존의 '효', 즉『삼강행실도』,『이륜행실도』,『오륜행실도』등에 나오는 '효'의 개념과 사례에 대해 일부는 비현실적이고 가식적이라는 점을 지적했다. 이는 선생이 곡산부사 시절(37세), 지은「유곡산향교권효문諭谷山鄕校勸孝文」, 그리고「원교原教」,「열부론烈婦論」, 또한 유배 시절에 저술한『논어고금주』,『맹자요의』,『대학공의』,『중용자잠』등 4서四書의 주석서와「유배지에서 보낸 편지」등에 잘 나타나 있다. '효'의 개념 정립, 그리고 효 교육과 관련하여 현상 및 문제점에 대해 알아본다.

1. '효' 인식의 왜곡 현상 : '효'와 '효도'는 의미상 구별돼야 한다.

'효'의 의미는 '효孝(HYO)'라는 글자를 자설적字說的으로 풀어보면 쉽게 이해할 수 있다. 「자설字說」이란 "글자의 자학적字學的 원리를 통해 글자에 담긴 의미를 알아야 한다."는 취지로 선생이 43세(1804년)에 유배지에서 지은 글이다. 선생은 "글자의 구성 원리를 통해 의미를 알려 하지 않고 고문古文의 문장부터 암기하는 것은 잘못된 공부 방식이다."라고 지적했다. 따라서 '효孝(HYO)'를 파자破字하는 방식으로 자설적字說的 의미를 알아본다.

한자의 '효孝'는 첫째, '효'를 '耂(늙을 노)'와 '子(자식 자)'의 합자로 보는 견해다. '늙은 부모를 자식이 업고 가는 형상'이라는『설문해자』의 해석처럼 "자식이 어렸을 적에는 부모가 돌보고, 부모가 늙어서는 자식이 보살펴 드린다."는 쌍무호혜적 의미로 봐야 한다. 둘째, '考(생각할 고)'와 '子(자식 자)'의 합자로 보면, "부모와 자식은 서로 생각하는 관계다."라는 쌍무호혜적 의미다. 자식은 부모가 원하시는 바를 생각하고, 부모는 자식이 잘되는 방향을 생각해야 한다는 의미이다.

영문자의 '효(HYO)'는 첫째, Harmony of Young & Old의 약자(시간적 의미)로, 협의로는 '자녀'와 '부모'의 하모니, 광의로는 '젊은 세대'와 '노년 세대'의 하모니[4]를 뜻한다. 둘째, Harmony of Your & Our의 약자(공간적 의미)로, 협의로는 '당신'과 '나'의 하모니, 광의로는 '당신들'과 '우리들'의 하모니(젠더, 지역, 단체 등)[5]로 해석한다. 이는 'Family(가족)'가

---

4 최성규,『효신학개론』, 성산서원, 2004, 표지문

Father and mother I love you의 첫 글자를 딴 것과 같은 맥락이다. 따라서 '효'는 '김치(Kimchi)', '불고기(Bulgogi)', '시조(Sijo)', '태권도(Taekwondo)' 등처럼 우리 발음인 'HYO'로 표기해야 하며, 'filial piety(효도)'와는 의미상으로 구분해야 한다.

'효'에는 '효도'의 의미가 포함되어 있음을 알아야 한다. '효'는 '가족사랑', '가정윤리'의 덕목이자 보편적 가치로, '내리사랑'과 '올리효도'를 뜻하고, '효도'는 '자식으로서 부모에 대한 사랑과 정성'이라는 의미로 '올리효도'를 뜻한다. 그러나 사람들은 '효'와 '효도'를 구분하지 않고 동일시함으로써 시대적으로 맞지 않다고 폄하하는 현상마저 일어나고 있는 실정이다. '효'의 의미를 왜곡하게 된 이유 중 하나는 '효'와 '효도' 용어를 마치 조선시대의 '충효이데올로기'의 부산물인 것처럼 치부置簿하는 데서 왔다고 본다. '효'는 '가족사랑과 가정윤리', '내리사랑과 올리효도' 등으로 표현되는 '하모니 중심의 수평적 관계 윤리'이다. 반면, '효도'는 "효도하겠습니다."라는 학생들의 인사말이나, "여러분 효도합시다"라는 정동원 가수의 노랫말처럼 '부모를 잘 섬기는 도리'를 뜻하는 '혈연 중심의 수직적 가족윤리'이다. 예컨대 '효대학원'과 '효도대학원', '효문화진흥원'과 '효도문화진흥원', '효복지'와 '효도복지', '효리더십'과 '효도리더십' 등의 용어를 보더라도 '효'와 '효도'가 접두사가 되면 각각 용어의 의미는 달라진다. 그렇지만 '효도'의 의미를 '孝+道'의 의미, 즉 '효의 길', '효의 도리', '효의 이치' 등으로 해석하면 '효'의 의미와 별반 다르지 않게 해석할 수도

---

5 정규훈, "HYO운동과 효학의 앞날을 묻는다.", 제6화 2023 인천효학술대회, 인천효행장려센터, 2023. p.20.

있지만, '효도'는 어디까지나 수직적 용어로 봐야 한다.

따라서 '효'와 '효도'는 다음의 세 가지 관점에서 구별된다고 봐야 한다. 첫째, 방향성이다. '효'는 '부자父子 윤리'로 '내리사랑, 올리효도'로, '가족사랑, 가정윤리' 등 상호적 의미가 포함되지만 '효도'는 '자녀子女 윤리'로 '부모 공경', '부모 섬김' 등 수직적이다. 둘째, 대상이다. '효'는 가족사랑, 가정윤리로 표현됨에서 보듯이 가족 구성원 모두를 대상으로 하지만 '효도'는 부모(조부모) 섬김이라는 점에서 직계 어른이 대상이다. 세 번째는 영문 표기이다. '효'는 발음 그대로인 'HYO'로 '조화調和(harmony)'를 뜻하고, '효도'는 'filial piety'라는 수직적인 의미가 들어있다.

이와 관련된 선생의 견해는, 「원교原敎」[6]에서 '효'를 '오교五敎'로 표현함으로써 쌍무호혜적으로 보았다. 여기서 '오교五敎'는 '부모형제자父母兄弟子'에 대한 '의자우공효義慈友恭孝' 덕목의 가르침이다. "아버지는 의롭고(父義), 어머니는 자애로우며(母慈), 형은 우애롭고(兄友), 동생은 공손하며(弟恭), 자식은 효도(子孝)해야 한다."[7]는 의미이다. 선생은 '오교'를 설명하면서 "오교는 효제자孝弟慈 세 가지로 대표되는데, 여기서 '자慈'는 줄여도 된다. 그 이유는, 부모는 가르쳐주지 않아도 절로 자식을 사랑할 줄 알기 때문이다. 그렇게 되면 '효제孝弟'가 남는데, 여기서도 '제弟'는 줄여도 된다. 왜냐하면 '효'를 하는 사람은 우애(弟)를 절로 하기 때문이다. 그래서 '오교'는 '효'만 남는다."라고 했다. '효'는 자식이 부모에

---

6 「원교原敎」: "愛養父母謂之孝 友於兄弟謂之弟 敎育其子謂之慈 此之謂五敎也."
7 『여유당전서』 제11집 『상서고훈』 권1(경인본). p.220.

게 향하는 것만이 아니라 '부모형제'가 각각의 위치에서 상호적 도리를 다하는 것으로 본 것이다.

2. 교육에서 '효'를 소홀히 하는 현상 : '효'가 없는 교육은 사상누각 沙上樓閣

현대사회는 전통사회에 비해 상대적으로 '효' 교육이 소홀해졌다. 이를 가정과 학교교육으로 구분해서 살펴보면, 첫 번째로 가정의 '효' 교육 소홀을 들 수 있다. 존속살인 등 패륜범죄를 예방하고 기본을 세우기 위해서라도 인륜 질서의 근본인 '효'를 가르쳐야 하고, 이는 '본보기'가 중심이어야 한다. 인간은 뇌에 '거울신경(Mirror neuron)'이 자리하고 있는 관계로 누군가를 본받아 흉내내고, 이것이 습관화되면서 인성으로 함양된다. 이런 점에서 가정의 '효' 교육은 체화體化 교육 형태가 바람직한데, 자녀가 볼 때 부모가 조부모에게 하는 효행을 보게 됨으로써, 선망적羨望的 동일시 현상으로 이어지도록 해야 하는 것이다. 그러나 지금처럼 핵가족 및 맞벌이부부 형태로 살아가는 현대 가정의 '효' 환경은 '본보기' 교육이 어려운 형편이긴 하다. 하지만 '효'는 부모와 동거同居 형태가 아니라도 주어진 여건에서 부모의 뜻을 어기지 않는 모습을 자녀에게 보여주면 된다. 선생이 '양지養志의 효'를 강조한 이유다. '양지'는 부모의 뜻을 지극한 마음으로 봉양하는 것이다. 현대사회는 핵가족화로 가정의 기능이 약해지면서 부모의 본보기적 역할이 더욱더 중요해졌다.

두 번째로 학교에서 '효' 교육의 소홀함이다. 학교의 '효' 교육은 교사가 '수범垂範'을 보이면서, '효'를 지적知的으로 가르치는 형태가 바람직하다. 더욱이 지금은 자녀들이 가정에서보다 어린이집을 시작으로 학교에서 보내는 시간이 많아졌다. 그래서 학교의 '효' 교육은 맹자가 밝힌 '역자교지易子敎之', 즉 "효와 같은 윤리 교육은 부모가 직접 하기보다 자식을 서로 바꾸어서 가르쳐야 한다."는 논리에 부합한다. 그리고 학교의 '효' 교육을 위해서는 교과서에 '효'가 반영되어야 하는데, 필자가 교과서(2018년도 판)를 확인해 본 바로는 중학교 과정의 『도덕 ①』에 2페이지 정도, 『도덕 ②』 과목에 1페이지 정도 내용이 실려있고, 고등학교 과정에도 『생활과 윤리』 과목에 '효孝'에 대한 글자 풀이 내용 소개와 『윤리와 사상』 과목에 반 페이지 분량으로 소개되는 정도다. 그러다 보니 교사도 '효'를 제대로 알기가 어렵다. '효'가 무엇이고, 왜 행해야 하며, 어떻게 행하고, 어떻게 가르칠 것인지를 알고 가르칠 수 있는 대책이 강구되어야 한다.

이와 관련된 선생의 견해는 "부모에게 '효'를 잘하는 자가 있으면 비록 그가 배움이 없다 하더라도 나는 반드시 그를 배웠다고 할 것이다."[8], "목민관의 직분은 백성을 가르치는 데 있을 따름이다. 부역賦役을 바르게 하는 것도, 관직을 마련하고 목민관을 두는 것도 장차 가르치기 위함이다. 죄를 밝히고 법을 신칙申飭하는 것도 장차 가르치기 위함이다. 모든 정치가 제대로 행해지지 않아서 교육을 일으킬 겨를이 없다면 백세百世에도 선치善治가 있을 수 없다."[9]고 하여 '기본基本'과 '수범垂範'을 강조했

---

[8] 「유곡산향교권효문論谷山鄕校勸孝文」: "苟於父母能孝者, 雖曰不學, 吾必謂之學矣."
[9] 「예전6조」: "牧民之職 敎民而已 平其賦役 將以敎也 設官置牧 將以敎也. 明罰飭法 將

음을 볼 수 있다.

3. 전통적 '효' 사례의 비현실성과 가식성假飾性

'효' 교육의 효과를 높이기 위해서는 인용되는 사례가 '지知 → 정情 → 의意 → 행行'에 부합할 수 있어야 한다. 그러나 기존의 전통적 '효' 사례는 비현실적이고 가식적假飾的인 면이 있어서 '지정의행'과 연계하기가 어렵다. 예컨대, 효행 사례로 인용되는 「나무꾼과 선녀」, 소설 「심청전」, 『삼국유사』의 「손순매아孫順埋兒」, 『삼국사기』의 「향득사지向得舍知」 등은 '신체발부수지부모身體髮膚受之父母'에 합당치 않을 뿐 아니라 부모의 비윤리적 행위가 간과되고 있다. 그리고 이런 사례들은 '효도'에 해당하는 사례이지 '효' 관련 사례로 보기 어렵다.

현대는 전통사회에 비해 '효' 교육과 인성교육의 여건과 환경이 많이 변했다. 필자의 초등학교 시절을 상기해 보면, 1960년도 평균수명이 52세, 가구당 자녀 수가 6명이었던 관계로 환갑잔치와 칠순잔치는 가문의 자랑이자 영광이었지만, 지금은 백세시대가 되어 평균수명이 늘어나 의미가 퇴색된 반면 가구당 자녀 수는 1명 미만으로 줄었다. 그러다 보니 결혼한 자녀가 노부모를 부양해야 하는 기간도 30년 이상 길어지면서 부모된 자가 부모를 봉양하기가 버거워졌다. 그 결과 노인 빈곤율 및 자살률이 OECD 국가 중 1위라는 불명예를 안고 있기도 하다. 이런 점에서

以教也 諸政不修 未遑興教 此百世之所以 無善治也."

'효'와 '인성교육'은 실사구시적이야 하며, '효' 교육에 인용되는 사례가 비현실적이거나 가식적假飾的이어서는 안 된다.

이와 관련된 선생의 견해는 "효자와 열녀, 충신 절사節士를 발굴해서 그 숨은 행적을 세상에 나타내고, 이를 정표旌表하도록 힘쓰는 것도 목민관의 직분이다."[10]라며 '효' 사례 활용을 권장하면서도 비현실적이고 가식적인 사례에 대해서는 지적했다. 이를테면『삼강행실도』,『이륜행실도』,『오륜행실도』등에 수록된 일부의 '효' 사례는 거짓된 것임을「유곡산향교권효문諭谷山鄕校勸孝文」,「열부론烈婦論」등에서 밝혔는데, 이를테면 남편이 천수를 누리고 질병으로 운명하였는데도 아내가 따라 죽는다는 '하종下從'은 자살일 뿐 아무것도 아니라는 것이다. 심지어 부모에게 간肝을 떼어드려서 병을 고쳤다는 사례도 있는데, 이는 일종의 마술魔術이라는 점을「열부론」에서 구체적으로 밝히고 있다. 이렇듯이 '효' 사례는 사실에 입각한 진실성이 담긴 것이어야 효과를 기대할 수 있다는 점이다.

그렇다면 '효'를 어떻게 이해하고, 어떻게 가르쳐야 할 것인지에 대하여 '선생의 저술에 나타난 '효'와 '효의 5대 기본 원리'를 바탕으로 '좁은 의미(狹義)의 효'와 '넓은 의미(廣義)의 효'로 구분하여 실사구시實事求是화 방안에 대하여 살펴본다.

---

10 『목민심서』「예전6조」: "孝子烈女忠臣節士 闡發幽光 以圓旌表 亦民牧之職也."

Ⅱ. 다산의 저술著述에 나타난 '효'

선생이 생각하는 '효' 내용이 강조되어 있는 저술은 『논어고금주』, 『맹자요의』, 『대학공의』, 『중용자잠』 등 '사서四書'의 주석서註釋書와 『소학지언』, 그리고 「유곡산향교권효문」, 「열부론」, 「원교」 등의 논문과 두 아들과 제자 정수칠에게 보낸 편지 등에 잘 나타나 있다. 특히 『맹자요의』와 『심경밀험』 등에서 인간의 성품은 선善을 기반으로 자주지권自主之權에 의해 선택되는 '기호嗜好'에 의해서 형성된다는 성기호설性嗜好說을 제기했다는 점이다. 성기호의 관점에서 볼 때 '효'를 가르치는 일 또한 부모와 자식의 관계에서의 심리적 작용도 '자녀윤리'보다는 '부자윤리父子倫理'로 접근해야 한다는 점이다. 선생의 저술에 제시된 '효'를 요약해서 정리하면 〈표 1〉과 같다.

〈표 1〉: 다산의 저술에 나타난 '효'(발췌)

① 덕이란 효제자일 뿐이다. (德者, 孝弟慈是已.) 〈논어고금주〉

② 효제가 바로 인이다. 인은 효 실천에서 시작된다. 그러므로 효제는 인의 근본이다. (孝弟則仁. 仁自孝弟始. 故曰爲仁之本也.) 〈논어고금주〉

③ 자식에게 바라는 바대로 부모를 섬겨야 한다. (所求乎子以事父.) 〈맹자요의〉

④ 덕을 밝힌다는 것은 효제자를 밝히는 것이고, 또한 백성을 새롭게 하라는 것도 효제자를 새롭게 하는 것이다.(所謂明德孝弟慈

也, 所謂新民 亦孝弟慈也.)　　　　　　　　　　〈대학공의〉

⑤ 효제 아니고는 덕이라는 명칭이 성립될 수 없다.(孝弟之外, 德之 名無所立也.)　　　　　　　　　　　　　　　〈중용자잠〉

⑥ 군자의 학문은 부모를 섬김에서 시작하여 하늘의 뜻을 섬김으로 완성된다.(君子之學, 始於事親, 終於事天.)　〈중용강의보〉

⑦ 내(川)와 못(淵)은 농리農利의 근본이므로, 수리水利에 관한 업무는 성왕도 중히 여겼다.(川澤者, 農利之所本, 川澤之政, 聖王 重焉.)　　　　　　　　　　　　　　　　　〈목민심서〉

⑧ 부모를 봉양함에는 그 마음을 즐겁게 하고, 그 뜻을 어기지 않아야 하며, 부모가 사랑하는 바를 사랑하고, 부모가 공경하는 바를 공경해야 한다.(孝子養老, 樂其心不違其志, 父母之所愛, 亦愛之, 父母之所敬亦敬之.)　　　　　　　　〈소학지언〉

⑨ 부모를 사랑하여 봉양하는 것을 효라 하고, 형제간에 우애하는 것을 제라 하고, 자식을 가르치는 것을 자라 하니, 이것을 오교라 한다.(愛養父母謂之孝, 友於兄弟謂之弟, 敎育其子謂之慈, 此之謂五敎也.)　　　　　　　　　　　　　　　〈원교〉

⑩ 남편이 편안히 천수를 누리고 정침 안에서 죽었는데 처가 따라 죽으니, 이것은 자신을 죽일 뿐이지 의리에 합당하지는 않다. (夫安然以天年終于正寢之中, 而妻從而死之, 是殺其身而已, 謂之殺其身當於義則未也.)　　　　　　　　　　〈열부론〉

⑪ 간을 베어내도 죽지 않는 것은 마술이다. 거짓으로 이런 모습을 만들어내어 사람들의 눈을 현혹하는데, 모르는 자들은 효자라고 생각한다.(割肝不死者, 幻術也. 幻者假作此狀以眩人目, 不知者以爲孝子也.)　　　　　　　　　　　　　　〈열부론〉

⑫ 효자가 부모를 봉양하는 일은 부모 뜻을 봉양함에 있다.(孝子之

> 養其親, 在於養志.)　　　　　　　　　　　〈유곡산향교권효문〉
>
> ⑬ 공자의 도는 효제일 뿐이다.(孔子之道, 孝弟而已.)
> 　　　　　　　　　　　　　　　　　　　　〈위반산정수칠증언〉
>
> ⑭ 효효에 바탕을 두면 나라(君)를 지킬 수 있다.(資於孝, 可以事君.)
> 　　　　　　　　　　　　　　　　　　　　〈위반산정수칠증언〉
>
> ⑮ 학문에 뜻을 두지 않으면 독서를 제대로 할 수 없으니, 학문에 뜻을 둔다면 반드시 먼저 근기를 세워야 한다. 무엇을 근기라 하는가? 효효·제제가 그것이다. 모름지기 먼저 효·제를 힘써 행하여 근기를 세운다면 학문이 자연히 몸에 흡족히 배게 되는 것이다.(志學必須先立根基. 根基謂何? 曰惟孝弟是已. 先須力行孝弟以立根基, 則學問自然浹洽.)　〈기이아寄二兒〉

선생은 사서四書에서 효제자孝弟慈를 덕德과 인仁의 근본이라고 설명하고 있다. 이는 「원교原教」에 제시된 '오교五教'와 같은 맥락인데, 여기서 '효제자'는 자식이 부모에게 하는 올리효도, 형제간 우애, 부모가 자식에게 하는 내리사랑을 의미한다. 여기서 유념해야 할 점은 자식은 자식의 자식(손주)이 해당될 수 있고, 부모도 부모의 부모(할아버지, 할머니)가 해당될 수 있다. 그리고 『소학지언』에서 밝힌바, 즉 자식은 "부모가 사랑하는 바를 사랑하고, 부모가 공경하는 바를 공경해야 한다."[11]는 것은 곧 부모가 원하는 방향으로 행하라는 것이니, 부모가 부모(할아버지, 할머니)에게 효도하려면 우선 자식(손주)에 대한 내리사랑의 실천이 전제되어야 한다는 의미다.

---

11 「명륜편」: "父母之所愛 亦愛之 父母之所敬亦敬之."

Ⅲ. '효의 5대 기본 원리原理'와 그 작용

'효'는 인간이 삶을 살아감에 있어서 바탕이 되는 근본 이치, 즉 기본 원리로 작용한다. 태어나면 부모와의 관계를 시작으로 형제와의 관계, 친구와의 관계, 이웃간의 관계로 확대되고, 이를 바탕으로 사회적 관계에서 윤리 덕목이자 보편적 가치로 작용하는 것이 '효'다. 이런 내용은 각종 문헌에 제시되어 있는데, '효의 5대 기본 원리'는 〈표 2〉과 같이 정리할 수 있다.

〈표 2〉 : '효'의 5대 기본 원리

① **(경)** 경천敬天의 원리 : 효 하는 사람은 하늘의 뜻을 거역하지 않는 삶을 살아간다.
② **(사)** 사랑과 공경의 원리 : 효 하는 사람은 타인을 사랑하고 어른을 공경하는 삶을 살아간다.
③ **(관)** 관계와 조화의 원리 : 효 하는 사람은 가족관계를 바탕으로 하는 좋은 인간관계로 조화로운 삶을 살아간다.
④ **(덕)** 덕성과 의로움의 원리 : 효 하는 사람은 덕을 행하고 의로운 삶을 살아간다.
⑤ **(자)** 자기 성실과 책임의 원리 : 효 하는 사람은 자신에게 성실하고 책임을 다하는 삶을 살아간다.

1. 경천敬天의 원리

첫째, '효'는 경천敬天의 원리로 작용한다. 경천은 하늘을 경외敬畏한다는 뜻이다. 그래서 '효孝(HYO)' 하는 사람은 하늘의 뜻에 순응하는 삶을 살아가기 마련이며, 가족의 관계를 인륜人倫이 아닌 천륜天倫으로 표현하는 이유다.『효경』에 "부모와 자식이 가야 할 길은 하늘의 이치에 정해져 있다."[12]『맹자』에 "하늘의 뜻에 순응하는 사람은 흥하고, 거역하는 사람은 망한다."[13]는 표현은 이를 뒷받침한다. 선생은 "군자의 학문은 부모를 섬김에서 시작하여 하늘의 뜻을 섬김으로 완성된다."[14]고 하였다.

2. 사랑과 공경恭敬의 원리

둘째, '효'는 사랑과 공경의 원리로 작용한다. 즉 '효' 하는 사람은 타인을 사랑하고 어른을 공경하는 삶을 살아간다는 것이다.『효경』에 "부모를 섬기는 사람은 감히 남을 미워하지 않고 업신여기지 않는다."[15], "부모를 섬기는 사람은 윗자리에 있어도 교만하지 않고, 아랫자리에 있어도 질서를 어지럽히지 않으며, 같은 무리와 함께 있어도 서로 다투지 않는다."[16]고 했다. 또한 선생은 "어버이를 섬김에는 부모의 뜻을 받드는

---

12 「부모생적장」: "父子之道 天性也."
13 「이루 상편」: "順天者興 逆天者亡."
14 「중용강의보」: "君子之學 始於事親 終於事天."
15 「천자장」: "愛親者 不敢惡於人 敬親者 不敢慢於人."
16 「기효행장」: "事親者 居上不驕 爲下不亂 在醜不爭."

것이 가장 중요하다."[17]고 했는데, 사랑과 공경의 삶은, 곧 부모의 뜻을 받드는 '양지養志의 효'에서 출발하는 것이다.

3. 관계와 조화調和의 원리

셋째, '효'는 관계와 조화의 원리로 작용한다. 즉 '효' 하는 사람은 인간관계를 잘하면서 조화로운 삶을 살아가기 마련이다. '효'는 어른을 공경하고 부모에게 효도하는 '경로효친敬老孝親'의 삶을 유도하기 때문이다. 『논어』와 『맹자』에 "가까운 사람을 먼저 사랑하고 나서 멀리 있는 사람을 사랑해야 한다."[18]고 했고, 선생은 "사람과 사람이 자기 분수를 다하는 것을 인仁이라 한다. 그러므로 옛사람들은 남을 사랑하는 것을 인仁이라 했고, 나를 착하게 하는 것을 의義라 했다."[19]면서 자식들에게도 불효자들과는 어울리지 말 것을 당부했다.

4. 덕성德性과 의로움의 원리

넷째, '효'는 덕성과 의로움의 원리로 작용한다. 즉 '효' 하는 사람은 덕을 행하고 의로운 삶을 살아가기 마련이다. 『효경』에 "효는 덕의 근본이

---

17 「기이아寄二兒」: "事親養志爲大."
18 「학이편」: "所謂 親親而仁民也. 故爲仁以孝弟爲本.", 「진심 상편」: "親親而仁民 仁民而愛物."
19 『맹자요의』「양혜왕 상」: "人與人之盡其分謂之仁. 故古人謂愛人曰仁, 善我曰義."

요, 모든 가르침이 그로 말미암아 생겨난다."[20]고 했고,『순자』에 "효는 의를 따르는 것이지 부모를 따르는 것이 아니다."[21]라고 했는데, 부모가 도리에 어긋난 행동을 했을 경우, 무조건 순종적이어서는 안 된다는 것이다. 선생은 "덕德이란 인륜에 독실篤實하다는 말이니 효제자孝弟慈일 뿐이다."[22]라고 하여 '효제자'와 덕의 관계를 밝혔는데, 덕은 타인他人에게 베푸는 아량雅量과 배려配慮가 포함된다는 점에서 '효'가 지향하는 방향성은 '내리사랑'이 포함되어 있음을 알 수 있다.

5. 자기 성실誠實과 책임의 원리

다섯째, '효'는 자기 성실과 책임의 원리로 작용한다. '효' 하는 사람은 자신과 부모에게 성실함과 책임을 다하는 삶을 살아가기 마련이다.『효경』에 "효의 시작은 부모를 섬기는 것이고, 마지막은 성공해서 부모의 이름을 세상에 높여 알리는 것이다."[23]라고 했다. 자식이 부모에게 걱정을 끼쳐드리지 않고 기쁘게 해드리는 삶을 살다 보면 저절로 성공에 이르게 된다는 의미인데, 선생은 "몸을 닦는 것은 효도와 우애를 근본으로 삼아야 한다. 이 효도와 우애에 자신의 본분을 다하지 않으면 아무리 학식이 높고 문장이 훌륭하더라도 이는 바로 흙으로 만든 담장에 색칠을

---

20 「개종명의장」: "孝德之本也 敎之所由生也."
21 「자도편」: "孝從義不從父."
22 『논어고금주』「위정」: "德者 篤於人倫之名 孝弟慈是已."
23 「개종명의장」: "孝始於事親 終於 立身揚名."

하는 것일 뿐이다."[24]라고 하였다.

IV. 실천적 의미의 '효', 실사구시實事求是화 방안

1. 좁은 의미(狹義的)의 '효' 이해 : 오교五敎

'좁은 의미狹義의 효'는 '가족사랑'과 '가정윤리'로서의 효, 즉 가정 영역에서의 '효'를 말한다. 이는 『상서고훈尙書古訓』과 「원교原敎」에 나오는 '오교五敎'에 제시되어 있다. '오교五敎'는 '부모형제자父母兄弟子'가 '의자우공효義慈友恭孝' 덕목을 통해 각자가 도리를 다하는 것을 말한다. 선생은 이를 '효제자孝弟慈'로 표현했는데, 여기서 '효孝'는 부모에 대한 자식의 올리효도, 제弟는 형제간의 우애, 자慈는 자식에 대한 부모의 내리사랑을 뜻한다. 그리고 '효孝'와 '자慈'는 '부모의 자식(아들, 딸)'뿐 아니라 '자식의 자식(손주)', '자식의 부모(아버지, 어머니)', '부모의 부모(할아버지, 할머니)'도 해당된다. 선생은 '오교五敎'를 〈표 3〉과 같이 표현하였다.

---

[24] 「시학연가계示學淵家誡」: "修身以孝友爲本 於是有不盡分 雖復學識高明文詞彪炳."

〈표 3〉 : 좁은 의미의 '효'(5교)

① 부의父義: 아버지는 의로워야 한다.
  * 아버지는 정의롭고 도덕적 기준에 맞게 자녀를 지도해야 한다.
② 모자母慈: 어머니는 자애慈愛로워야 한다.
  * 어머니는 자식을 도타운 사랑으로 자식이 올바른 길로 가도록 하는 참된 사랑으로 키워야 한다.
③ 형우兄友: 형은 동생을 사랑하여 우애友愛 있게 지내야 한다.
  * 형제는 콩 한 쪽도 나누는 자세로, 서로 다투지 말고 서로를 위해야 한다.
④ 제공弟恭: 동생은 형이나 언니에게 공손恭遜해야 한다.
  * 동생은 형(언니)에게 말과 행동이 겸손하고 예의 발라야 한다.
⑤ 자효子孝: 자식은 부모에게 효도해야 한다.
  * 세상에 태어날 수 있도록 생명을 주신 부모님 은혜에 보답하는 자세로 정성과 책임을 다해야 한다.

2. 넓은 의미(廣義的)의 '효' 이해 : 4통8달존四通八達尊의 효

'넓은 의미의 효(廣義)'는 '4통8달존四通八達尊의 효'로 설명할 수 있다. 이는 "효를 하면 인간관계가 '4통8달四通八達'로 형통亨通된다.", "8개 방향으로 '효'를 실천하면 달존達尊이 될 수 있다."는 의미로 볼 수 있다. 여기서 '4통通'은 ①통교通敎 ②통시通時 ③통념通念 ④통역通域을 뜻하는데, 이는 성산효대학원대학교 설립이념에 포함돼 있는 '3통'에 '통역'을 추가한 것이고, '8달존四通八達尊의 효'는 성산효대학원대학교의 설립이념에 포함돼 있는 '7효'(① 하나님을 아버지로 섬김(敬天愛人) ② 부모·어른·스승 공경 ③ 어린이·청소년·제자사랑 ④ 가족사랑 ⑤ 나라사랑·국민사랑 ⑥ 자연사랑·환경보호 ⑦ 이웃사랑·인류봉사)에다 '자기성실과 책임 의식'을 계승 발전 차원에서 추가한 것이며, 이를 정리하면 〈표 4, 5〉와 같다.

1) 4통四通의 '효'

〈표 4〉: 4통의 '효'

① 통교通敎: 효는 종교를 초월한다.
② 통념通念: 효는 이념을 초월한다.
③ 통시通時: 효는 시대와 세대를 초월한다.
④ 통역通域: 효는 지역과 국가를 초월한다.

여기서 '통교通敎'는 "효는 종교를 초월한다", '통념通念'은 "효는 이념을 초월한다", '통시通時'는 "효는 시대와 세대를 초월한다", '통역通域'은 "효는 지역과 국가를 초월한다"는 뜻이다.

2) 8달존八達尊의 '효'

'8달존八達尊'은 『맹자』의 '3달존三達尊'에서 착안着眼한 용어다. 본디 '달존達尊'은 '세상 사람들이 모두 존경할 만한 사람'이란 뜻이다. '3달존'은 천하를 통하여 어떤 시대에나 존중되어야 할 세 가지 원칙, 즉 '관작官爵'·'연치年齒'·'학덕學德'을 말한다.[25] 이를테면, 대인관계에 있어서 자신보다 나이가 많거나, 직급이 높거나, 공부를 많이 한 사람에 대해서는 예우해야 한다는 뜻인데, 만일 셋 중에서 한 가지라도 자신보다 앞서면 존대尊待하는 삶을 살아갈 때 '달존'으로 예우받을 수 있게 된다는 것이다. 8개 항목은 〈표 5〉와 같이 정리할 수 있는데, 이를 ①다산의 문헌 ②유교 문헌 ③기독교 문헌 ④불교 문헌 등에 제시된 내용과 선생의 관점을 제시하여 설명하면 다음과 같다.

〈표 5〉: 넓은 의미의 '효'

> ① [天(천)] 효는 천륜天倫이므로 하늘의 이치理致에 따르는 것이다.
> ② [上(상)] 효는 부모를 공경하듯이 어른과 스승을 공경하는 것이다.
> ③ [平(평)] 효는 형제간 돈독한 우애를 친구·학우·전우에게 확대하는 것이다.
> ④ [下(하)] 효는 자녀를 사랑하듯이 어린이와 제자를 사랑하는 것이다.

---

25 『맹자』「공순추 하」: "天下 有達尊 三 爵一 齒一 德一 朝廷莫如爵 鄕黨莫如齒 輔世長民莫如德 惡得有其一 以慢其二哉."

> ⑤ [己(기)] 효는 자기 성실과 책임을 다하는 양지養志의 삶을 살아가는 것이다.
> ⑥ [國(국)] 효는 나라를 보위保衛함으로써 가정의 안정을 도모하는 것이다.
> ⑦ [生(생)] 효는 생명 존중과 자연을 사랑함으로써 인간과 자연이 공존케 하는 것이다.
> ⑧ [隣(린)] 효는 이웃사랑과 인류봉사로 건강한 사회를 구축하는 것이다.

(1) '효'는 천륜天倫이므로 하늘의 이치에 따르는 것이다.

문헌에 ①군자의 학문은 부모를 섬김에서 시작하여 하늘의 뜻을 섬김으로 완성된다.[26] ②수신을 생각한다면, 어버이를 섬기지 않으면 안 되고, 사람의 도리를 알려고 생각한다면, 하늘의 이치를 알지 않으면 안 된다.[27] ③부모를 저주한 자, 하나님을 저주한 자 사법적 형량은 동일한 사형이다.(레 20:9) ④하늘은 자기 집에 있나니 하늘의 뜻을 섬기고자 하면 먼저 부모님께 공양하라(별역잡아함경)고 했다.

선생의 견해는 '경천敬天'과 '효'의 관계에 있어서 유교의 인본주의人本主義와 서교西敎의 신관神觀을 결합한 상제천上帝天 사상과 연계하였다. 천天을 막연하게 '하늘'로 보기보다는 인간의 삶에 대한 도덕적 주재자主宰者라는 뜻에서 '상제上帝'로 표현한 것이다.

---

26 『중용강의보』: "君子之學 始於事親 終於事天."
27 『중용』「13장」: "思修身不可以不事親, 思知人不可以不知天."

(2) '효'는 부모를 공경하듯이 어른과 스승을 공경하는 것이다.

문헌에 ①자식에게 바라는 바대로 부모를 섬겨야 한다. 그러나 나는 능치 못했다.[28] ②가장 큰 '효'는 부모의 뜻을 존중하는 것이요, 다음은 부모를 욕되지 않게 하는 것이며, 마지막이 부모를 부양할 능력을 갖추는 것이다.[29] ③부모를 공경하라. 이는 약속 계명이니, 네가 잘 되고 장수하리라. (에 6:2~3) ④모든 남자는 내 아버지이고, 모든 여자는 내 어머니다. 모두 내 부모로 생각하고 공경해야 한다(범망경)는 내용이다.

선생의 견해는 자신이 노력해서 '입신양명立身揚名'하는 것도 중요하지만, 처신을 바르게 함으로써 가문을 욕되게 하지 않는 삶, 즉 이웃 어른께 인사 잘하고 매사 응대를 잘함으로써 부모 명예에 흠이 가지 않도록 해야 하는 것으로 보았다. 그리고 그 방안의 하나가 부모의 뜻을 봉양하는 양지養志의 '효'를 실천해야 한다고 보았다.

(3) '효'는 형제간 우애를 친구親舊·학우學友·전우戰友로 확대하는 것이다.

문헌에 ①'효'를 하게 되면 반드시 충성스럽게 되고, 공경을 하면 반드시 공손하게 되며, 친구들 사이에 신의를 지킬 수 있게 된다.[30] ②형제간에는 마땅히 우애하며, 친구 간에는 마땅히 서로 믿음이 있어야 한다.[31] ③형제간 화목으로 가족간 하모니를 이루어야 한다. (마 5:23~24) ④재가

---

28 『중용자잠』「13장」: "所求乎子以事父 未能也."
29 『예기』「제의편」: "大孝尊親 其次弗辱 其下能養."
30 「시양아示兩兒」: "孝則必忠 弟則必恭 朋友之信."
31 『격몽요결』: "爲兄弟當友 爲朋友當有信."

在家의 사람(형제자매)은 부모님을 공경하고 봉양해야 한다(대반열반경)는 내용이다.

선생의 견해는 두 아들에게 보낸 편지에서 "형제란 부모를 함께하고 있으니 서로 우애하지 않는다면, 이것은 내가 나를 멀리함이다."[32]라고 하여 우애 있게 지낼 것을 주문했다. 또한 선생의 스승인 성호 이익李瀷도 "효도하고 우애하지 않는 자는 있어도 우애하는 자로서 효도하지 않는 자는 없다. 그러므로 선왕先王의 제도에 우애는 향당鄕黨에서 통하고, 우애는 길거리에서도 통하며, 우애는 군대에서도 통하니, 그 교화는 국가에서 양로養老하는 데에 근거하고 있는 것이다."[33]라고 하여 형제의 우애友愛가 양지養志의 기본임을 밝혔다.

(4) '효'는 자녀를 사랑하듯이 어린이와 제자를 사랑하는 것이다.

문헌에 ①어린이를 잘 양육하는 것은 선왕先王의 큰 정사政事였으니, 역대로 이를 법으로 삼아왔다.[34] ②자기 집 어린이를 사랑해서 그 마음이 다른 집 어린이를 사랑하는 데까지 미치게 된다면, 천하를 쉽게 다스릴 수 있다.[35] ③아비들아 자녀를 격노케 말지니 낙심할까 함이라.(골로새서 3:21) ④부모는 자식을 잉태하여 노심초사 출산하고 자식을 사랑한

---

32 「유곡산향교권효문諭谷山鄕校勸孝文」: "兄弟者 與我同父母 不相友愛是以我疎我矣."
33 「애민 6조」: "有孝而不悌者 未有悌而不孝者 故先王之制 悌達於鄕 黨 悌達於道路 悌達於軍旅 其化根於國家之養老."
34 『목민심서』「애민 6조」: "慈幼者, 先王之大政也, 歷代修之, 以爲令典."
35 『맹자』「양혜왕 상편」: "幼吾幼以及人之幼 天下 可運於掌."

다(부모은중경)는 내용이다.

선생의 견해는 제자 사랑하기를 자식 사랑하듯 했음이 '사의재'와 '다산초당'에서의 생활을 적은 글에 담겨 있다. 선생의 제자는 사의재四宜齋에서 6명, 다산초당에서 18명의 제자를 양성했으며, 이외에도 여러 명의 승려僧侶 제자가 있다.

(5) '효'는 자기 성실과 책임을 다하는 양지養志의 삶을 살아가는 것이다.

문헌에 ①'효'란 내가 나를 수신修身하게 하는 것이다.[36] ②어버이를 기쁘게 하는데도 도道가 있으니, 자신을 돌이켜 성실하지 않으면 어버이가 기뻐하지 않는다.[37] ③성실히 행하는 자는 구원을 받지만 굽은 길로 행하는 자는 곧 넘어지리라.(잠 28:18) ④이 세상에 나보다 귀한 존재는 없다(서응경)라는 내용이다.

선생의 견해는 과거시험 준비할 때나, 벼슬 생활할 때, 유배생활할 때 등 매사에 자기에게 성실하는 것이 결과적으로는 부모님 뜻을 봉양하는 것이라 여겼다. 수기修己를 바탕으로 안인安人이 되도록 해야 한다는 소신에서였다. 이런 내용은 선생이 자녀에게 보낸 가계家戒 등에서도 '자기 성실'에 대해 강조하고 있음을 볼 수 있다.

---

36 『대학공의』: "孝者吾之所 以修身也."
37 『맹자』「이루 상편」: "悅親有道 反身不誠 不悅於親矣."

(6) '효'는 나라가 있어야 가정이 있으므로 나라 보위保衛에 앞장서는 것이다.

문헌에 ①'효孝'에 바탕을 두면 나라(君)를 지킬 수 있다.[38] ②관직에 충실하지 않으면 '효'가 아니며, 전장에서 용감하지 않으면 '효'가 아니다.[39] ③먼저 그의 나라와 의를 구하라.(마 6:33) ④가정에서 효도하고 나가서는 나라에 충성해야 한다(삼국사기)는 내용이다.

선생의 견해는, 나라사랑 정신은 선생이 살았던 시대와 근대 민주국가는 통치 형식이나 상황이 다르긴 하지만 '국가 3요소(영토, 주권, 국민)'를 기준으로 볼 때, 영토와 관련해서『아방강역고』,『민보의』,『대동수경』등을, 주권의식과 관련해「탕론」,「원목」,「전론」등을 국민의 삶 증진과 관련해서『마과회통』,『촌병혹치』등 의서와『경세유표』,『목민심서』,『흠흠신서』등 경세서를 집필했다. 그리고 그 연장선에서 "나의 옛 조선을 새로운 나라로 바꿔야 한다."는 '신아지구방新我之舊邦'의 개혁안을 제시했는데, 이는 나라사랑 정신에 기반한 것이라 할 수 있다.

(7) '효'는 생명 존중과 자연을 사랑함으로써 인간과 자연이 공존케 하는 것이다.

문헌에 ①내(川)와 못(淵)은 농리農利의 근본이므로, 수리水利에 관한 업무는 성왕도 중히 여겼다.[40] ②나무를 벨 때나 짐승을 죽일 때 시기를

38「위반산정수칠증언爲盤山丁修七贈言」:"資於孝 可以事君."
39『예기』「제의편」:"涖官不敬非孝也, 戰陣無勇非孝也."
40『목민심서』「공전6조」:"川澤者 農利之所本 川澤之政 聖王重焉."

맞추지 않으면 '효'가 아니다.[41] ③자연도 구원의 대상이다. 거룩한 산 어디에도 그들을 해치거나 다치게 하는 것은 없다.(이 11:6) ④살생은 함부로 하지 말고 가려서 해야 한다(殺生有擇, 원광법사)는 내용이다.

선생의 견해는 인간의 삶이 온전하기 위해서는 생명 존중과 함께 자연의 보호를 받아야 가능하다고 생각했다. 그리고 인간과 자연이 공존하기 위해서는 먼저 인간이 자연을 사랑하고 보호해야 한다는 것이다. 이런 생각을 담아 저술한 책이 『아방강역고』, 『대동수경』, 『목민심서』 등이다.

(8) '효'는 이웃사랑과 인류봉사로 건강한 사회를 구축하는 것이다.

문헌에 ①사람과 사람이 자기 분수를 다하는 것을 인仁이라 한다. 그러므로 옛사람들은 남을 사랑하는 것을 인仁이라 했고, 나를 착하게 하는 것을 의義라고 했다.[42] ②부모를 사랑하는 사람은 감히 남을 미워하지 않고, 부모를 공경하는 사람은 감히 남을 업신여기지 않는다.[43] ③네 이웃을 네 몸과 같이 사랑하라.(레 19:18) ④'효'는 수행자의 삶의 기준과 준거이며, 죄악을 범하지 못하게 하는 규정이다(범망경)라는 내용이다.

선생의 견해는 '효'가 인의仁義의 바탕임을 강조했다. 인仁은 효제孝弟에서 나오고, 의義는 착함에서 시작되는데, 착함은 곧 효제자孝弟慈의 영향을 받아 성품이 형성된다는 것이다. 자기 분수를 알고 타인을 편하게 하는 것을 인仁이라 했는데, '효'는 '이웃사랑', '인류봉사'와 연관됨을 밝힌 것이다.

---

41 『예기』 「제의편」: "樹木以時伐焉 禽獸以時殺焉 不以其時非孝也."
42 『맹자요의』 「양혜왕 상편」: "人與人之盡其分謂之仁. 故古人謂愛人曰仁, 善我曰義."
43 『효경』 「천자장」: "愛親者 不敢惡於人 敬親者 不敢慢於人."

V. 맺는 말

교육은 '교육자'와 '피교육자'의 관계를 전제로 이루어진다. "자녀는 부모의 등을 보고 배운다", "세 살 버릇 여든 간다", "교육의 질은 교사의 질을 넘어설 수 없다", "선생님이 좋아야 과목이 재미있다", "선생님은 어항 속의 금붕어다" 등의 표현은 관계의 중요성과 상하동욕上下同欲의 원리를 말해주고 있다. 이는 가정의 부모와 학교의 교사가 수범垂範을 보임으로써 자녀와 제자들로부터 존경받아 '달존達尊'이 되었을 때 목표 달성이 수월해진다는 의미이다. 그러자면 부모와 교사는 달존達尊의 근본으로 작용하는 '효'에 대해 "효란 무엇이고, 왜 행해야 하며, 어떻게 행하고 어떻게 가르쳐야 하는 것인가?"를 알고 실천하며, 교육에 적용할 수 있어야 한다.

지금 대한민국은 물질적으로는 선진국 대열에 진입해 있지만 정신적인 면에서는 후진성을 면치 못하고 있다는 지적이 있다. 특히 저출생 문제와 고령화 문제로 상징되는 '3포三抛 세대'와 '4고四苦 세대'의 신조어 출현은 '효' 교육의 소홀함과 무관치 않다. 젊은 세대의 연애, 결혼, 출산 포기를 뜻하는 '3포三抛' 현상은 가족의 소중함을 깨닫지 못하는데 원인이 있다. "불효에는 세 가지가 있는데, 그중에 후손이 없는 것이 가장 큰 불효다."[44]라는 맹자의 제언은, 구시대적인 표현으로 보일지는 몰라도, 자식에 대한 부모의 간절한 바람이 들어있다는 점에서, 이를 바르게 인

---

44 「이루 상편」: "不孝有三無後爲大."

식하도록 하는 교육이 있어야 하는 것이다. 또한 고령자가 겪는 '병고病苦', '빈고貧苦', '고고孤苦', '무위고無爲苦'를 뜻하는 '4고四苦'에는 외로움과 소외감에서 오는 '고고孤苦'의 고통이 가장 크고, 이는 가족관계와 연관된다는 점에서, '효'에 기반한 인성교육이 필요함을 알 수 있다.

이와 관련하여 선생은 『목민심서』에서 "백성들이 곤궁하게 되면 자식을 낳아도 거두지 못하니, 이들을 타이르고 길러서 내 자식처럼 보호해야 한다."⁴⁵고 해서 아이를 낳고 기르는데 불편함이 없도록 선처善處해야 한다고 이르고 있다. 여기서 곤궁困窮은 '물질적 곤궁' 뿐 아니라 '정신적 곤궁'이 더 크다는 점을 알아야 한다. 또한 선생은 "양로養老의 예가 폐지된 후로 백성들은 효도에 뜻을 두지 않으니 수령이 된 사람은 다시 거행擧行하지 않아서는 안 된다."⁴⁶고 해서 양로養老에 있어서 효도의 중요성을 강조하였다. 이런 점에서 '효'에 대한 실사구시實事求是 방안이야말로 한국이 처한 현안 과제를 풀어갈 철학적 기초이자 실마리라는 점을 다시 한번 강조하고 싶다.

"효가 살아야 인성교육이 살고, 교육이 살아야 나라가 산다."고 한다. 여기서 강조한 '인성교육'은 가정과 학교에서 '효'를 가르치게 되면 절로 해결될 수 있는 사안이다. 이는 "효는 덕의 근본이요, 모든 가르침이 그로 말미암아 생겨난다."⁴⁷는 『효경』의 내용이 이를 뒷받침하며, '효' 교육과 인성교육을 연계해야 할 당위當爲를 말해준다고 하겠다.

---

45 「애민 6조」: "民旣困窮生子不擧誘之育之保我男女."
46 「애민 6조」: "養老之禮廢 而民不興孝 爲民牧者 不可以不擧也."
47 「개종명의장」: "孝德之本也 敎之所由生也."

제5장 다산의 '성기호설性嗜好說'과 '인성교육'의 연계성

'인성교육人性敎育'과 '성기호설性嗜好說'은 두 영역 모두가 사람의 '성품(性)'을 영역으로 한다는 점에서 연계성이 있다. 그리고 사람의 성품을 '선천적'으로 타고난다고 보느냐, '후천적'으로 함양된다고 보느냐에 따라 교육의 내용과 방법이 달라진다. 선생은 "사람의 성품은 기호嗜好에 의해 경향성으로 나타나며 후천적으로 형성된다."고 했는데, 이는 "사람의 성품은 태어나면서 이미 정해져 있다."는 주자朱子(1130~1200)의 '성즉리설性卽理說'과는 큰 차이가 있다.

유학儒學에서 다뤄온 인간의 심성心性은 "사람은 선한 성품으로 태어난다"는 맹자孟子의 '성선설性善說', "사람은 악한 성품으로 태어난다"는 순자荀子의 '성악설性惡說', "사람의 품성은 선하지도 악하지도 않다"는 고자告子의 '성무선악설性無善惡說' 등 다양하게 제기되어 왔는데, 선생은 사람의 성품을 '기호嗜好'와 연계시켜 '성기호설性嗜好說'을 제기함으로써 주자의 이론과 달리했다. 이는 당시 주자를 비판하다가는 사문난적斯文亂賊으로 몰릴 수 있다는 점 등을 감안勘案할 때 획기적인 용기와 발상이라 아니할 수 없다.

'성기호설性嗜好說'은 다산 정약용 선생이 실사구시實事求是적 학문學問

의 관점에서 주자朱子의 성즉리설性卽理說을 반박하는 차원에서 제기한 이론이다. '성기호설'을 자설적으로 풀어보면 '성품 성性', '즐길 기嗜', '좋아할 호好', '말씀 설說'의 합자이니 "사람의 본성은 즐기고 좋아하는 쪽으로 작용한다는 설이다"라는 뜻이다. 사람의 본성을 '기호嗜好'로 본 것인데, '기호'는 뭔가를 좋아하는 경향성傾向性이나 욕구欲求를 뜻한다. 이는 성리학性理學에서 주장하는 '성즉리설性卽理說', 즉 "사람의 성품은 하늘로부터 부여받은 이치에 따른다는 설이다"의 의미와는 매우 다르다. 선생을 '조선의 실학을 집대성한 대표적 실학자'로 표현하는데, 여기서 말하는 실학實學은 성리학과 대립되는 용어로, 당시 공리공론空理空論을 일삼는 헛된 학문이라는 뜻의 '허학虛學'과 대립적 의미로 '실제의 참된 학문'이란 뜻이다.

인성교육人性敎育은 그 의미를 자설적字說的으로 풀어보면 '사람 인人', '성품 성性', '가르칠 교敎', '기를 육育'의 합자이니 "사람의 성품을 가르쳐 기른다"는 뜻이다. 혹자는 "사람의 성품은 '교육'보다 '함양'으로 표현함이 맞지 않느냐? 즉 '인성교육人性敎育'보다 '인성함양人性涵養'이 맞다"라고 반문하기도 하지만, 이미 '인성교육진흥법'이 제정될 정도로 '인성교육'이 보통명사화되었고, 또한 교육이라는 것이 '정과正課' 교육만이 아니라 '생활生活' 교육 등 다양한 방식에 의해 절로 이루어진다는 점에서 넓은 의미의 교육으로 이해하면 될 것으로 본다. 본디 인성교육은 가정교육·학교교육·사회교육이 통합적으로 잉태孕胎 단계에서 죽음에 이르기까지 전생애적全生涯的으로 이루어지는 교육이며, 가정교육이 중심이다. 그리고 가정교육의 가치이자 덕목으로 작용하는 것이 '효'다. "자녀는 부모의 등을 보고 배운다", "세 살 버릇 여든간다", "교육의 질은 교사의 질을 넘어설 수 없다", "선생님이 좋으면 과목이 재미있다", "선생님은 어항 속 금붕어다"라고 하듯이 생활에서 일어나는 삶 그 자체를 통해 이루어지는 것이 교육이다. 그러함에도 시중에 나와 있는 인성교육 책자 대부분은 가정교육이 중요하다고는 하면서도 '가정윤리'와 '가족사랑'의 기본 가치로 작용하는 '효'는 다루지 않거나 내용이 매우 부실한데, 교육의 논리로 볼 때, 이는 매우 부적절하다. "효는 덕의 근본이요, 모든 가르침이 그로 말미암아 생겨난다."[48]는 『효경』의 내용이 이를 뒷받침한다.

이런 맥락에서 선생의 저술을 통해 제기된 '성기호설'을 살펴보고, 이와 연계하여 '인성교육'에 대한 일반적인 이해를 바탕으로, 선생의 저술에 나타나 있는 '성기호설'을 '인성교육'과 연계하는 방안에 대하여 알아본다.

I. '인성'과 '인성교육'의 일반적 이해

1. 인성교육의 현상 및 문제점

"인성교육은 자신의 내면을 바르고 건전하게 가꾸고 타인·공동체·자연과 더불어 살아가는 데 필요한 인간다운 성품과 역량을 기르는 것을

---

48 「개종명의」: "孝德之本也 教之所由生也."

목적으로 하는 교육을 말한다.〈인성교육진흥법 제2조(정의)〉"는 표현이 말해주듯이, 인성교육은 올바른 성품을 가진 역량 있는 사람을 기르는 교육이다. 그리고 여기에는 가르침을 담당하는 '교육자'와 교육에 영향 요인으로 작용하는 '환경과 상황'을 '피교육자'의 입장과 조화시키는 노력이 필요하다. 이런 맥락에서 인성교육의 현상 및 문제점을 세 가지로 정리해 보았다.

1) '효'와 '인성교육'의 관계성을 간과

필자가 50여 년 동안 '효'를 연구하고 교육자로 활동하면서 '효'를 인성교육과 연계하는데 있어 가장 어려웠던 점이 "지금이 어느 시기인데 '효' 타령이냐?" "고리타분한 '효'는 이 시대에 맞지 않는 가치價値다"라는 등의 이유를 들어 '효'를 폄하貶下하는 사람들을 설득하는 것이었다. 이는 필자가 효학으로 박사학위 공부를 하게 한 동인動因이 되기도 했는데, 그러나 교육기관에서 '효'를 가르치지 않다 보니 교육학 전공자들까지도 '효' 교육에 대한 무용론을 주장하고 있는 실정이다. 만일에 하나 '효'를 제외시키고 인성교육을 한다면, 오늘의 청소년이 훗날 성인이 되어 가정을 가지게 될 때는 그 가정이 온전하기 어렵고, 가정이 건강하지 않으면 학교교육 또한 기본이 흔들리게 되어 학교폭력의 증가, 저출생과 고령화 문제 발생 등 사회적 비용 증가와 국가 현안 과제들이 더 어려워질 수밖에 없는 것은 자명한 사실이다.

비근한 예로, 2015년도에 제정된 '인성교육진흥법'에서 '8대 핵심 가치 및 덕목'으로 선정된 '예', '효', '정직', '책임', '존중', '배려', '협동', '소통' 등에 대해서 교육학을 전공한 대학교수 출신의 어느 국회의원은 "인성교육진흥법의 8대 핵심 가치에서 '효'는 배제해야 한다"는 법률 개정안을 발의(2007301호, 2017. 6. 9)한 바 있고, 직업군인 출신의 모대학 교수는 〈군대 인성교육 어떻게 할 것인가?〉 학술세미나에서 "군대 인성교육에서 '효'와 '예'는 배제해야 한다"는 주제발표(2015. 9. 1)를 했고, 그 결과인지는 몰라도 현재의 국방부 인성교육 지침에 '효'와 '예'가 빠져 있는 상태이다. 이렇듯 최고의 지식인이자 교육 전공자인 대학교수마저 '인성교육'에서 '효'를 배제해야 한다고 주장하는 배경에는, 그동안 "효가 무엇이고, 왜 행해야 하며, 어떻게 가르쳐야 하고, 어떻게 행할 것인가?"에 대한 교육이 부족했기 때문이다. 이는 초·중·고등학교의 '도덕', '윤리', '사회' 과목 교과서를 살펴볼 때, 인류 질서의 근본이자 핵심가치로 작용하는 '효'를 다루지 않고 있다는 점에서 향후 발생하게 될 가정과 학교, 사회에 일어날 병리현상病理現象이 더욱 걱정이다. 이런 면에서 '효' 교육 관련 번외番外 발언을 해준 두 교수 사례에 대해 '반감反感'보다 오히려 '고마움'으로 다가오는 이유다.

2) 인성교육진흥법의 오류 : 가정교육이 바탕이 된 학교의 인성교육이 돼야 한다.

현재의 인성교육진흥법은 가정교육보다 학교교육에 초점이 맞춰져 있다는 지적이 있다. "인성교육은 가정을 기본단위로 학교, 지역사회 기관 등에서 자연스럽게 진행되는 것이 중요하다. 부모의 가정교육, 교사의 학교교육, 다양한 수업과목의 내용과 교육 전달 방법 등을 통해 생활화하는 것이 필요하다.(아동 인성교육 콘텐츠 개발연구, 2013)", "인성교육에서 좋은 인성의 개발은 가정에 있지만, 체계적인 계획하에서 이루어지는 것은 학교의 몫이다. 부모교육이나 사회교육도 따지고 보면 학교교육의 산물이다. 따라서 인성개발의 중심은 학교이다.(이상철, 2013)", "인성 역시 환경에 대한 고려 없이 접근하는 것은 불가능하다. 물론 유전적 기질(temperament)의 영향도 어느 정도 있겠지만 인성은 환경 속에서 끊임없이 상호작용하며 변화하기 때문이다.(아동 인성교육 콘텐츠 개발연구, 2013)" 등의 표현에서 보듯이, 인성교육은 가정교육과 학교교육, 사회교육이 통합적으로 이루어져야 하며, 그중에서도 가정교육이 기본으로 작용한다는 점이다.

3) 인성교육과 유사한 개념의 용어와의 관계 정립 필요

인성교육의 유사 개념의 용어에는 '전인교육', '도덕교육(윤리교육)', '인격교육', '시민성교육' 등 다양하게 존재한다. 이런 용어들은 올바른 성품을 갖춘 사람을 양성하는 데에 목적이 있다는 점에서 유사성이 있지만, 인성교육이라는 용어는 이 용어들과 어떻게 구분되고, 어떤 점에서 다르게 접근해야 하는지에 대한 이해를 바탕으로 교육에 임할 필요가 있다.

2. '인성人性'에 대한 이해

'인성人性'은 '사람의 성품'을 뜻하지만, '인간성人間性'의 줄임말로 이해되기도 한다. 인성은 '사람의 성품'이고, 인간성은 '인간人間의 성품', 즉

'사람과의 관계'에 요구되는 성품이다. 이런 점에서 인성은 '사람으로서의 바람직한 성품'과 '타인과의 관계에 요구되는 바람직한 성품'으로 이해해야 한다.

그리고 종교계의 해석에 있어서도, 전통 종교는 홍익인간弘益人間 정신에 기초한 인내천人乃天 사상을 가르치는 교육으로 보고, 불교는 불성을 깨달아서 인간의 본래 모습을 회복해 가는 과정으로 본다. 유교는 경천애인敬天愛人을 기초로 수기안인修己安人의 조화를 추구하는 과정으로 보고, 기독교는 영성靈性 회복, 즉 성령의 9가지 열매를 맺도록 가르침을 추구하는 과정(갈 5:22-23)으로 본다는 점이다.

결론적으로 '인성'은 마음이 사람으로서 작용할 때의 성품을 뜻하고, '인간성'은 마음이 인간으로 작용할 때 나타내는 성품을 말하는 것이므로 '사람의 바람직한 성품'과 '인간관계에 요구되는 바람직한 성품'의 의미로 이해할 수 있다. 이를테면 "인성이란 사람이 지니고 있는 독특한 바탕으로, 그 사람의 됨됨이(品格)를 나타내는 것이며, 선천적 특성이 강하면서도 후천적 환경과 교육에 의해 변화하면서 형성되어진다.(박의수)", "인성이라는 용어는 인간 본성, 성격, 인격, 품성, 인간성 등의 용어와 서로 복잡하게 얽혀있다. 그래서 동일하게 인성이라는 용어를 사용할지라도 사람들은 그 의미를 다르게 이해할 수 있다.(고미숙)", "인성이란 자신의 내면을 바르고 건전하게 가꾸고 타인·공동체·자연과 더불어 살아가는데 필요한 인간다운 성품과 역량을 말한다.(인성교육진흥법)" 등의 정의를 통해 인성의 의미를 이해할 수 있다.

3. '인성교육人性敎育'에 대한 이해

인성교육人性敎育은 '사람(人)의 성품(性)을 교육하는 것', 또는 '사람과의 관계 역량을 강화하는 교육'으로 이해할 수 있다. 오늘의 21세기는 정보의 홍수 속에서 인공지능(AI) 개발이 가속화되어 인간이 처리하기 힘든 복잡한 수식數式이나 문제 해결 등에 대한 효율성은 압도적으로 입증된 상태이지만, AI 기술을 만드는 쪽이나 활용하는 쪽 모두가 사람이란 점에서 바른 인성을 가진 사람이 AI를 설계하고 활용하도록 해야 한다는 과제를 안고 있다.

인성교육의 개념槪念이나 정의定義도 다양하다. "인성교육이란 마음의 바탕인 지知·정情·의意를 교육하고, 가치를 추구하고 실현하는 인간됨을 교육하는 것이다.(남궁달화)", "인성교육은 인성에 대한 변화의 가능성을 전제로 인간의 전면적 조화적 발전을 추구하며 초교과적, 통합교과적 접근을 요하는 교육이다.(박의수)", "인성교육이란 자신의 내면을 바르고 건전하게 가꾸고 타인·공동체·자연과 더불어 살아가는 데 필요한 인간다운 성품과 역량을 기르는 것을 목적으로 하는 교육이다. 인성교육의 '핵심가치·덕목'은 인성교육의 목표가 되는 것으로 '예禮·효孝·정직·책임·존중·배려·소통·협동' 등의 마음 가짐이나 사람됨과 관련되는 핵심적인 가치, 또는 덕목을 말한다.(인성교육진흥법)" 등의 정의를 통해서 알 수 있는데, 다산학의 핵심가치인 '효'와 연관시켜 보면, 다음 세 가지 사항에 대해 유념할 필요가 있다.

첫째, 인성은 덕의 가르침으로 이루어진다는 점이다. 통합적 인격교육의 이론가로 알려진 토마스 리코나가 주장하는 '덕德의 가르침'으로 보는 입장이다. 리코나는 "인성교육은 덕德을 가르침으로써 인격을 형성하려는 의도적 노력이다."라고 했는데, 이는 '효'와 연결된다. 즉 "효는 덕의 근본이요, 모든 가르침이 그로 말미암아 생겨난다.(孝德之本也, 敎之所由生也.)"는 『효경』, 그리고 "군자는 근본을 세우는 데 힘써야 하며, 근본이 서면 길과 방법은 저절로 생긴다. '효'와 우애는 인仁을 이루는 근본이다.(君子務本, 本立而道生. 孝弟也者, 其爲仁之本與.)"라는 『논어』 등에서 보듯이 '효'는 '덕德'과 '인仁'의 근본으로 작용한다는 점이다. 특히 '효'의 방향성은 위쪽(부모, 조부모 등)만이 아니라 아래쪽(자식, 손자 등)도 해당된다. 이는 가정윤리, 가족사랑이라는 용어에서 보듯이 '효'는 '내리사랑'과 '올리효도'가 포함된다는 점이다. 특히 선생은 '효'가 '도·덕·인·의道德仁義'의 바탕이라는 점을 밝혔다. 즉 "공자의 도道는 효제일 뿐이다."[49]·"효제가 아니고는 덕德이라는 명칭이 성립될 수 없다."[50]·"인仁은 효제에서 시작된다."[51]·"효제자는 밝은 덕을 밝히는 데 있어 바른 의로움(義)이다."[52]라는 내용이다. 또한 「원교原敎」·「유곡산향교권효문諭谷山鄕校勸孝文」·「열부론烈婦論」·「서얼론庶孼論」 등에서 실사구시實事求是적 효를 제시했다. 여기서 '도·덕·인·의道德仁義'는 인간관계에 있어서 '윗사람'에게 잘하는 사람보다는 '아랫사람'에게 배려와 아량을 베푸는 사람에 대해서 "도·덕·인·의道德仁義적이다."라고 여기

---

49 「정수칠 편지」: "孔子之道孝弟而已."
50 『중용자잠』: "孝弟之外 德之名無所立也."
51 『논어고금주』: "仁自孝弟始."
52 『대학공의』: "孝弟慈 是則明明德正義."

는데, 여기서 말하는 '도·덕·인·의道德仁義'는 바로 '효'가 바탕이 된다는 점을 논리적으로 밝혔다는 점이다.

두 번째는 가치관의 구성요소인 '지정의행知情意行'의 과정과 원칙에 의해 이루어지는 교육이다. 이는 남궁달화 교수가 『인성교육론(1997)』에 제기한 내용으로, '지정의행知情意行'의 과정, 즉 '알려줌(知)' → '느낌(情)' → '다짐(意)' → '실천함(行)'의 과정(process)에 의해 이루어진다는 점이다. 그런데 여기서 '알려줌[知]'은 모르는 것을 알려준다는 '지식知識 확대'의 뜻이 있지만, 그보다 더 중요한 것은 가정과 학교에서 '본보기' 모습을 통해 도리道理를 스스로 체득하도록 하는 '앎(知)'이 더 중요하다는 점이다. 그래서 들려줘서 알게 하는 '청지聽知'보다 보여줘서 알게 하는 '시지示知' 형태가 바람직스럽다고 하겠다. 필자가 군軍에서 지휘관으로 있을 때 장병들에게 인성교육을 시작할 때면 '어머니 마음'이라는 노래를 합창하곤 했는데, 그 이유는 군 복무 중인 자식은 부모를 걱정 끼쳐드리지 않는 '낮은 단계', 기쁘게 해드리는 '높은 단계', 스스로 노력하여 '입신양명立身揚名'의 '더 높은 단계' 등 '3단계의 효'를 추구하다 보면 '느낌(情)'과 '다짐(意)'으로 연결된다는 신념에서였다.

세 번째는 'M.L.C 이론', 즉 '본보기·지속효과·핵심가치'에 의한 교육이다. M.L.C 이론은 Mirror neuron(거울신경)[53], Lingering effect(링거

---

[53] 마음을 반영하는 능력은 뇌의 거울신경(mirror neuron)이 담당한다는 '마음이론'이다. 거울신경은 이탈리아의 신경생리학자 리촐라티(G. Rizzolatti)가 1990년대에 원숭이의 이마엽에서 발견했는데, 원숭이보다 사람에서 훨씬 발달해 있다고 하는데, 타인의 행동을 보고 있기만 해도 자신이 그 행동을 하는 것처럼 뇌의 신경세포가 작동한다는 것이다. 이 과정은 관찰자의 의지나 생각과는 상관없이 자동적으로 일어나며, 어떤 행동을 인지하면 관찰자의 뇌는 마치 그 행동을 직접 행하는 것과 같

링 효과)⁵⁴, Core value(핵심가치)의 약자이다. 이 내용은 정신건강 의학교수이자 사회정신건강을 위해 세로토닌 문화운동을 펼치고 있는 이시형李時炯 박사님과 필자가 함께 논의해서 개념화한 것이다. M.L.C 이론은 Mirror neuron(거울신경), Lingering effect(링거링 효과), Core value(핵심 가치)의 약자이다. 이 박사께서는 '효'와 '인성교육'에 대한 필자와의 대담(2017. 9. 30)에서 "사람에게는 거울신경(Mirror neuron)이 있어서 누군가를 닮으려는 속성이 있는 관계로 어려서부터 부모를 본받아 흉내 내게 되고, 이것이 습관화되면서 학습으로 이어져 인성함양으로 승화된다. 그리고 부모·교사·어른의 올바른 모습이 오래오래 좋은 기억으로 작용하는 링거링 효과(Lingering effect)로 이어져야 하는데, 여기에는 시대와 문화가 변하더라도 기본으로 작용하는 핵심가치(Core value), 즉 '효孝(HYO)'를 필요로 한다."는 것이었다. 여기서 보는 M.L.C 이론은 '부자윤리父子倫理'인 '효'와 깊은 관계가 있는데, 부모는 가정에서 자녀의 본이 되고, 자녀는 부모에게 '3단계의 효', 즉 부모를 걱정 끼치지 않는 '낮은 단계', 부모를 기쁘게 해드리는 '높은 단계', 스스로 노력해서 입신양명立身揚名의 길로 가는 '더 높은 단계'의 '효'를 실천하다 보면 자연스럽게 링거링이펙트로 연결될 뿐 아니라 그 자체가 절로 체화교육體化敎育으로 연결되는 'M.L.C 이론'에 부합하게 되어 인성교육으로 연결되는 것이다.

이 작동한다는 내용임.

54 Lingering effect(링거링 효과)에서 'Lingering'은 사전적으로 '오래 끄는, 망설이는' 등의 의미이다. 부모나 선생님의 모습, 영화나 소설 등에서 훌륭한 인물의 삶을 보게 되면 마치 종소리처럼 오래오래 기억되어 영향을 미치는 효과가 있다는 것으로 정신의학 치료에 적용되는 용어임(2017. 9. 30, 이시형 박사 대담).

4. 다산이 본 '인성'과 '인성교육'

　현대는 전통사회에 비해 '효'와 '인성교육'의 여건이 많이 변했다. 선생은 이미 200여 년 전에 '효'와 '인성교육'의 실사구시實事求是적 방안을 제시한 것이나 마찬가지다. 선생은 「원교原敎」에서 '효는 오교五敎다'라고 정의定義함으로써 '효'와 '효도(Filial piety)'를 구별할 수 있게 했고, 인성을 '성기호性嗜好'로 정의함으로써 '효'와 '인성'을 성리학의 관점과 달리했다. 즉 '효(HYO)'는 부모와 자녀가 함께하는 '부자父子윤리' 영역에 해당되므로 '자녀子女윤리'인 효도(Filial piety)와는 구별되도록 했다는 점이다. 그리고 사람의 성품, 즉 인성人性은 '하늘의 이치'에 의해서가 아니라 '각자가 좋아하는 경향', 즉 '기호嗜好'에 의해 형성된다고 보았다는 점이다. 선생은 "덕德이란, 인륜에 독실하다는 말이니 효제자일 뿐이다.(德者, 篤於人倫之名, 孝弟慈是已.) (논어고금주)"라 하여 인성교육의 목표이자 바탕이 되는 '덕德'이 '효'에서 비롯된다고 보았는데, '효'가 바탕이 되지 않은 인성교육은 사상누각沙上樓閣에 불과하다고 보아야 하는 것이다.

　선생은 인성교육의 중요성에 대해 "인성이 제대로 될 때만 사람다운 사람이 된다. 인성함양으로 인격자를 길러내는 교육이 되어야 한다."고 역설했는데, 이 또한 '효'가 뒷받침되지 않고는 사람다운 사람이 되기 어려운 것이다. 사람의 성품은 대부분 어린 시절에 형성된다는 점에서 가정의 역할과 기능이 중요한데, 이는 "인성교육은 마음의 바탕인 지정의知情意를 교육하고, 가치價値를 추구하고 실현하는 인간 됨을 교육하는 것이다."[55], "인성교육은 3율律이다. 이는 '자기 조율', '관계 조율', '공익

조율'을 말한다."[56], "인성교육은 덕德을 가르침으로써 인격을 형성하려는 의도적인 노력이며, 인간이 덕을 소유하면 할수록 인격은 더 강해진다."[57]는 정의에서, 인성교육은 '효'와 연계해야 하는 당위當爲를 말해주고 있다.

선생의 인성론人性論은 주자가 제시한 '성즉리설性卽理說', 즉 "인간의 성품은 하늘의 이치에 따라 선천적으로 타고나며, 이理(仁義禮智)와 기氣(喜怒哀樂愛惡慾)의 작용도 하늘의 이치에 따라 정해진다."는 내용과는 많이 다르다. 선생의 성기호설性嗜好說은 "인간의 성품은 자신이 좋아하는 쪽으로 선택되어 후천적으로 형성되며, 이는 이理(仁義禮智)와 기氣(喜怒哀樂愛惡慾)가 자주지권自主之權에 의해 좋아하는 쪽으로 작용한다."고 했다는 점이다.

따라서 인성을 교육하는 부모나 교사는 자녀와 제자의 성품, 즉 선善을 좋아하고 악惡을 싫어하는 기본 성품에다 개인의 기호嗜好가 더해져서 함양된다는 점을 이해하고, 이를 '행行함'으로 연결되도록 코치해야 하는 것이다. 사람의 성품을 뜻하는 인성人性은 '하늘의 이치'에 의해서가 아니라 각자가 좋아하는 경향성, 즉 '기호嗜好'에 따라 형성된다는 점에서다.

---

55 남궁달화, 『아동인성교육 콘텐츠 개발연구』, 초록우산, 2013, p.10.
56 조벽, 『인성이 실력이다』, 해냄, 2016, p.12.
57 고미숙, 『인성교육』, 양서원, 2008, p.212.

Ⅱ. 다산의 '성기호설性嗜好說'

1. 다산의 성기호설 개관

1) 성기호설의 출현 배경

선생이 살았던 시대(1762~1836)는 그야말로 백성들의 삶이 매우 힘든 시기였다. 조선朝鮮의 건국(1392)과 함께 성리학 중심 국가 체제가 되면서, 법에 명시된 신분은 상류 계층의 '양반兩班', 중류 계층의 '중인中人', 평민 계층 '평민平民', 천한 계층 '천민賤民(노비, 기생, 광대)'의 구분이 심했고, 신분이 세습世襲되면서 양반은 병역兵役과 납세의무를 이해하지 않는 이상한 구조의 사회였다. 특히 조선의 유학儒學은 "인간이 지켜야 할 인륜의 명분名分에 대한 가르침"이라는 이념理念으로 공맹孔孟의 '사덕四德'과 '사단四端'을 기반으로 백성이 살기 좋은 세상을 만들겠다면서도 실제는 내부로부터 점점 부패腐敗해 가고 있었다. 특히 16세기 이후 조선은 '임진왜란(1592년, 1597년)'과 '병자호란(1632년~1637)' 등의 양란兩亂을 당하고 나서, 지도층과 백성들이 힘을 합해 국가적 난관을 극복하는 일에 전념해야 함에도 불구하고 대안 제시보다는 이론理論 논쟁에 몰두된 상태였다. 이와 같은 분위기에서 성리학에 대해 비판적 시각을 가진 학자들이 나타나 대안을 제시하기 시작했고, 새로운 이론이 등장하게 되었는데, 이 중에서 가장 완성도가 높다고 평가되는 심성론心性論이 '성기호설性嗜好說'이다.

한편 조선 중기의 성리학性理學은 퇴계 이황李滉(1502~1571)과 율곡 이

이李珥(1536~1584)에 의해 주도되어 오고 있었는데, 퇴계는 주자의 '이기이원적理氣二元的' 사고방식을 충실히 계승하여 '사단四端'과 '칠정七情'에 도입시켜 왔고, 율곡은 '심心'을 '이理'보다 '기氣'에 무게를 두고 '이기일원적理氣一元的' 사고방식으로 특색있게 계승해 오고 있었다. 또한 그 뒤를 잇는 학자들도 대개 이 두 사람의 설說을 지지, 또는 반대하면서 당쟁으로 격화되는 양상이었다. 그러나 정약용丁若鏞(1762~1836)은 "오직 나라와 백성을 위해 이 옳은 것을 추구해야 한다"는 '유시시구적唯是是求的' 관점에서 인성人性을 기호嗜好와 연계하여 경향성傾向性으로 개념화한 것이다. 특히 당시의 통치 체계는 성리학의 공부 정도를 과거제도로 평가하여 과거에 급제한 자들을 목민관牧民官으로 임명하는 시스템이었지만, 임명된 목민관들이 오히려 백성을 괴롭게 하는 경우가 많았다. 그러자 그런 현실을 타개해 보자는 의도에서 실학實學이 등장하게 되었고, 반계 유형원柳馨遠(1622~1673)과 성호 이익李瀷(1681~1763) 등에 이어 선생이 이를 집대성해서 '1표2서一表二書'로 일컫는 『경세유표』, 『목민심서』, 『흠흠신서』를 비롯한 500여 권의 저작著作으로 "나의 오래된 나라 조선을 새롭게 혁신해야 한다"는 '신아지구방新我之舊邦' 개혁안을 제시하기에 이르렀다. 당시 시대 상황을 반영한 작품이 「서얼론」과 「열부론」, 「통색의」, '1표2서一表二書'를 비롯한 저술, 그리고 '애절양哀絶陽', '독소獨笑', '기민시飢民詩' 등과 2,700여 편의 시詩를 담아 '여유당전서與猶堂全書'로 간행되어 전해오고 있다.

2) 성기호설의 의미와 개념

'성기호설性嗜好說'은 조선시대 후기, 성리학 중심의 폐쇄적 사회에서 부패를 척결하고, 국가적 어려움을 극복하고자 대안을 모색하면서 등장한 인성론이다. "사람의 성품은 하늘의 이치(性卽理)에 의해서가 아니라 기호嗜好, 즉 사람마다 본인이 좋아하는 경향성傾向性에 의해 형성된다."는 것이 선생의 주장이다. 선생은 조선의 대실학자大實學者로서 인간은 욕구欲求에 따라 움직이는 '욕구의 동물'이라는 시각에서 접근한 이론이다. 사람은 성향性向에 따라 단 음식, 짠 음식, 싱거운 음식 등 각자가 좋아하는 음식을 섭취하려 하듯이, 성품 또한 선善을 좋아하고 악惡을 싫어하는 성향을 지닌다는 것이다.

선생은 인간의 본성에는 '감각적인 욕구'와 '도덕적인 욕구'가 작용한다고 했다. 그러면서 '감각적인 욕구'를 '형구形軀의 기호' 또는 '기질지성氣質之性'이라 하고, '도덕적인 욕구'를 '영지靈知의 기호', 또는 '도의지성道義之性'이라 표현했는데, 영지의 기호는 인간에게만 있지만, '형구의 기호'는 인간뿐 아니라 짐승에도 있는 욕구로 먹는 것·잠자는 것·쉬는 것에 대한 기본욕구이자 삶의 원동력으로 작용하는 육체적 욕구라고 했다. 그리고 인간에게는 선善을 좋아하고 악惡을 싫어하는 도덕적 경향성傾向性이 있다는 것이다. 선생은 도덕적 욕구뿐 아니라 감각적인 욕구 또한 적극적으로 수용했는데, 지나치지만 않다면 감각적 욕구는 생존에 꼭 필요한 욕구라고 본 것이다. 그러나 주자가 내놓은 성리학은 "성性은 이理다. 즉 성품은 이치에 따라 정해진다."고 하여 인간의 욕구를 불순한 것으로 보아 금욕주의 수양을 주장했다. 반면, 선생은 인간의 욕구를 도덕적 생존에 필요한 삶의 추동력으로 보았다는 점이다.

3) 성기호설과 자주지권自主之權

선생은 인간만이 선善과 악惡을 스스로 결단할 수 있는 '자주지권自主之權'을 지닌 도덕적 주체라고 했는데, 이는 사람이 하늘(天)로부터 부여받은 '자주지권' 때문이라고 했다. '자주지권'은 사람이 선善을 행하고자 하면 선을 행할 수 있고, 악惡을 행하고자 하면 악을 행할 수 있는 자유로운 의지에 따라 선택할 수 있다는 것으로『맹자요의孟子要義』에서 밝힌 내용이다. 사람에게는 이러한 '자주지권'이 있는 관계로 선과 악을 선택할 수 있으며, 그 결과에 대한 책임 또한 자신에게 있다는 것이다. 이 주장은 한 사람의 의지와 노력을 성性의 요소로 보며, 한 사람의 도덕적 자율성과 주체성을 인정하고 있다는 점에서, 기존의 '성즉리설性卽理說'에 비해 진일보한 인간관人間觀이라 할 수 있다. 선생은 인간의 욕구를 발전의 동기로 보았지만 성리학은 사회질서 차원에서 금지되어야 할 욕구로 보았다는 점이다. 특히 성기호설은 사람의 주체성과 의지가 강조되고 있다는 점에서, 이는 '덕德의 후천설'과도 맥을 같이 한다. 즉 덕德에 대해서 주자는 '덕이란 이理를 자기 자신의 마음으로 터득한 상태', 혹은 '착한 본성(性卽理)을 보존한 상태'로 정의한 반면, 선생은 덕을 '선천적 생득성生得性'으로 보았다는 점에서, 이는 주자와 같은 시각이면서도 '마음의 내적 상태'로 보는 것은 주자와 달랐다. 즉 선생은 "덕德이란 바른 마음(直心)이니, 자신이 먼저 효제孝弟를 함으로써 천하 사람들이 인仁을 하도록 이끄는 것이다.", "덕德은 효제孝悌이다.『상서』에 '공경히 오교를 나가라(敬敷五敎).'고 한 것은 바로 '이끌기를 덕으로써 한다(道之以德)는 것이다."라고 『논어』의 덕을 효제자孝悌慈의 실천으로 재정의하였다.[58] 반면 선생은 덕德을 '행行함'을 통해서 형성되는 것(行吾之直心)으로 보았다는 점이다.

4) 단서설端緖說 비판에 대하여

유학에서 '사덕四德(仁義禮智)'을 하늘로부터 부여받은 선한 도덕심道德心이라고 표현하는데, 선생은 이를 하늘로부터 받은 선천적인 것으로 보지 않고 후천적인 도덕심으로 보았다. 맹자는 '사덕'에 대하여 "인간에게 선천적으로 내재하는 도덕적 본성이다."라고 했고, '측은지심惻隱之心'·'수오지심羞惡之心'·'사양지심辭讓之心'·'시비지심是非之心'으로 일컫는 '사단四端'에 대해 "사단은 사덕의 단端이다."라고 했는데, 여기서 '단端'을 보는 관점이 주자와 선생이 달랐다.

주자는 '단'에 대해 "사단四端은 사덕四德의 실마리다. '사단'의 결과로 '사덕'이 나타난다."고 했지만, 선생은 "사단四端은 사덕四德의 시작이다. '사단'을 행함으로써 '사덕'이 된다.", "사단四端을 시발점으로 하여 지속적인 도덕적 실천을 통해 획득되는 인륜의 덕德이 사덕四德이다."라면서 '사덕'은 어떤 일을 행한 뒤에 이루어지는 것이라고 했다. 이를테면 "사람을 사랑한 후에 '인仁'이라 하지, 사람을 사랑하기 전에 '인'이라 하지

---

[58] 임헌규, "덕 개념 논쟁에 대한 일고찰: 『논어』'덕구절'에 대한 주자와 다산의 해석 비교", 퇴계학과 유교문화 59호, 경북대학교 퇴계학 연구소, 2016, 297쪽.

않는다.", "자신을 선善하게 한 후에 '의義'라고 하지, 선하지 않은 사람을 '의義'롭다 하지 않는다.", "손님과 주인이 절하고 읍한 후에 '예禮'라 하지, 서로 읍하기 전에 '예'라 하지 않는다.", "사물을 분명히 분간한 후에 '지智'라고 하지, 분간하기 전에 '지'라고 하지 않는다." 하여 행하기 전의 '사덕'은 있을 수 없는 것이라고 본 것이다. 이는 주자의 단서설을 비판한 것인데, 우리의 본성은 단순히 마음이 싫어하고 좋아하는 경향성에 따라 나타나는 것일 뿐이라면서 주자의 논리를 반박한 것이다. 만약 우리가 주자의 선천적 선한 본성 개념을 받아들이게 되면, 선을 이루는 능동적 주체로서의 인간의 도덕적 자율성은 무시될 수밖에 없다. 우리의 본성이 선하기만 하다면, 인간이 자발적으로 선한 행동을 하게 일으키고자 하는 실천 의지를 약화시킨다고 본 것이다.

2. 다산의 저술에 제시된 성기호설

1) 『심경밀험心經密驗』에서 본 인간의 본성本性

『심경밀험』에 인간의 본성과 기호를 연계하는 설명이 나온다. 즉 "성性이라는 글자는 마땅히 꿩의 본성, 사슴의 본성, 풀의 본성, 나무의 본성 등과 같은 것으로 봐서 기호嗜好로 이름을 지은 것이다."라고 하면서 기호에는 두 가지가 있는데 첫 번째, '당장에 즐기는 기호'로, 꿩의 본성은 산을 좋아하고, 사슴의 본성은 들을 좋아하는 것과 같다. 두 번째, '평생을 즐기는 기호'로, 벼의 본성은 물을 좋아하고, 기장의 본성은 건조한 것을 좋아하며, 파와 마늘의 본성은 닭똥을 좋아하는 것과 같다는 것이다. 마찬가지로 사람은 선을 즐거워하고 악을 부끄러워하므로 한 가지 선을 행하면 그 마음은 뿌듯하게 기쁘고, 한 가지 악을 행하면 그 마음은 위축되어 풀이 죽는다. 내가 선을 행하지 않았는데도 남이 선하다고 칭찬하면 기분이 좋고, 내가 악한 일을 했는데도 남이 악하다고 비방하면 기분이 나쁘다는 것이다.

이를테면 오늘날의 '효'에 견줘보면 부모의 입장에서 자식이 '효'를 하면 마음이 뿌듯하게 기쁘고, 자식이 불효하면 늙은 부모는 풀이 죽는다. 자식 입장에서 부모의 사랑(慈)을 받으면 뛸 듯이 기쁘고 뭐든 열심히 하게 되지만, 부모에게 버림(외면)을 받으면 자포자기自暴自棄와 탈선脫線을 뿌리치기가 어렵게 된다는 것이다.

2) 『논어고금주』에서 본 '상지上智'와 '하우下愚'

『논어고금주』「양화편」 3장에 나오는 '사람의 기질'에 대해 공자는 "사람의 성품은 서로 비슷하나 습성에 의해 서로 멀어진다.(性相近, 習相遠.) 때문에 가장 슬기로운 사람과 가장 어리석은 사람은 변하지 않는다.(子曰, 唯上智與下愚不移.)"고 했는데, 선생은 "상지上智와 하우下愚란 성품의 명칭이 아니다. 선善을 지키는 사람은 비록 악한 사람과 서로 가까이 지내도 습관이 변하지 않으므로 상지上智라 이름한 것이고, 악惡을 편안히 여기는 사람은 비록 선한 사람과 서로 가까이 지내도 습관이 변하지 않으므로 하우下愚라고 이름한 것이다. 만약 사람의 성性이 원래 변하지 않는 품등品等이 있다고 한다면, 주공周公이 '성인聖人이라도 생각이 없으면 광인狂人이 되고, 광인이라도 생각을 잘하면 성인이 된다.' 고 했겠는가."라고 하면서 "인간의 성품性品은 태어날 때부터 정해지는 것이 아니라 그가 좋아하는 경향성에 따라 결정되는 것이다. 본성本性이 이미 고정되어 있다는 주장은 허구라고 본다."고 한 것이다.

이를테면, 사람은 좋은 부모, 좋은 스승, 좋은 친구를 만나면 좋은 방향으로 성품이 발현되어 인격이 형성되어 가지만 그 반대의 사람과 관계를 맺으면 좋은 성품으로 발전되기 어렵다는 점이다. 소위 말하는 '강남8학군'으로 전학을 시키고, 한 부모가 자녀와 함께 외국에 나가 거주하는 '기러기 아빠(엄마)' 가정의 경우, 자녀교육에 올인하면서도 가족구성원의 일탈행위를 막지 못하는 이유다. 이런 연유로 가정에서 효제자孝弟慈가 기호嗜好로 작용하고, 이것이 동심원同心圓 원리로 승화되도록 하는 것이 '성기호설'과 연계된 자녀교육 방식이라 할 수 있을 것이다.

3) 『맹자요의』에서 본 '성性'과 '리理'

『맹자요의』에서 밝힌 내용, 즉 "정자가 말하기를, '성性은 곧 이理다.'라고 했는데, 천하의 이치는 그 근본을 추구해 보면 선하지 않은 것이 없다. 희로애락喜怒哀樂이 아직 발현되지 않은 상태에서 어찌 불선不善이 있겠는가? 하늘이 사람에게 주체적인 권능을 주었다. 가령 선을 행하고 싶으면 선을 행하고, 악을 행하고 싶으면 악을 행할 수 있어 향방이 유동적이고 정해지지 않아 그 권능이 자신에게 있으며, 금수禽獸가 일정한 마음을 갖고 있는 것과는 같지 않다. 인간의 성이 선을 좋아하기를 좋아하는 것은, 마치 물의 성질이 아래로 흘러가는 것을 좋아하는 것과 같고,

불의 성질이 위로 올라가는 것을 좋아하는 것과 같다. 사람과 사람이 자기 분수를 다하는 것을 인仁이라고 한다. 그러므로 옛사람들은 남을 사랑하는 것을 인仁이라 했고, 나를 착하게 하는 것을 의義라고 한다."는 것이다.

인간의 성품은 하늘의 이치에 따라 형성되는 것이 아니라 교육에 의해서 후천적으로 형성되는 것임을 밝히고 있다.

Ⅲ. '다산의 저술' 내용을 '인성교육'에 적용하는 방안

선생이 저술한 책은 앞서 살펴본 바와 같이 500여 권을 상회한다. 그리고 이는 대부분 유배생활 중에 이루어졌다는 점에서 그 의의意義를 찾을 수 있다. 선생은 61세 때 저술한 「자찬묘지명」에서 "육경사서六經四書로 자기 몸을 닦게 하고, '1표2서一表二書'로 천하 국가를 다스릴 수 있게 하고자 함이었으니, 본本과 말末이 구비되었다고 하겠다. 육경사서를 읽고 독실하게 실천방법을 찾아보니 오직 『심경』과 『소학』이 여러 경전들 가운데 특출하게 빼어났다. 『심경』으로 그 내면을 다스리고 『소학』으로 외면을 다스린다면 거의 현인이 되는 길을 얻게 될 것이다. 『심경밀험心經密驗』은 몸에서 체험하여 스스로 경계하여 기술한 것이고, 『소학지언小學枝言』은 옛 주석을 보충한 것이다."라고 했다. 이를 음미해 볼 때, 선생이 저술한 500여 권의 책 가운데 인성함양(修己)에 해당하는 경서經書로는 54세에 지은 『심경밀험』과 『소학지언』을, 인성교육(治人)에 활용할 경세서經世書 중에는 57세에 시작해서 60세에 완성한 『목민심서』를 들 수 있다. 선생은 40대와 50대 대부분을 유배지에서 보내면서도 학문하는 자세를 흐트러뜨리지 않았고 인간적인 면모도 잃지 않았다. 이는 당시 가족들과 지인들에게 보낸 편지에 잘 나타나 있다. 특히 천리타향에서 유배생활을 하고 있는 가장家長으로서 가족에 대한 미안함과 책임감은, 모함과 누명으로 폐족이 된 억울함 속에서도 집필로 향후 명예 회복을 기약하려 했고, 그런 마음을 편지와 가계家誡에 담아 자녀를 교육한 결과 선생의 두 아들을 성공적으로 성장시킬 수 있었다. 따라서 여러 저술 중에서 인성교육과 연관이 깊은 『심경밀험』과 『소학지언』, 그리고 『유배지에서 보낸 편지(박석무 편저)』 내용을 중심으로 인성교육과 연계하는 방안에 대해서 알아본다.

1. 『심경밀험』을 활용한 인성교육 적용 방안

『심경밀험』〈제1장〉에서는 첫째, 인심人心과 도심道心 관리를 통한 인성을 함양하는 것이다. "사람(人)의 마음은 늘 위태롭고 도道의 마음은 잘 드러나지 않는다. 오직 정밀하게 살피고 한결같이 지켜 그 중심을 붙잡아야 한다."[59]고 했다.

---

[59] "人心有危 道心有微 惟精惟一 允執厥中."

둘째, 경직敬直과 의방義方을 통한 인성을 함양하는 것이다. 〈제1장〉에 "군자는 삼감으로써 안을 곧게 하고, 의로써 밖을 방정方正하게 한다. 삼감과 의로움이 반듯하게 서면 덕은 외롭지 않다. 곧고 반듯하고 위대해서 익히지 않아도 이롭지 않음이 없다는 것은, 곧 그 행하는 바를 의심하지 않는다는 것이다."[60]라고 했다.

셋째, 순리順理를 따르는 삶을 통해 인성을 함양하는 것이다. 〈제9장〉에 ① 무의毋意의 습성習性, 즉 사사로운 의견이 없어야 한다. ② 무필毋必함의 습성, 즉 반드시 이래야 한다는 것이 없어야 한다. ③ 무고毋固함의 습성, 즉 고집하는 것이 없어야 한다고 이르고 있다.

넷째, 근본根本을 잃지 않는 신독愼獨의 삶을 통한 인성함양이다. '신독'은 홀로 있을 때에도 도리에 어그러짐이 없도록 몸가짐을 바로 하고 언행을 조심한다는 뜻이다. 『심경』에 '신독'은 여러 곳에서 강조되고 있는데, 14장에 "그 뜻을 성실히 한다는 것은 스스로를 속이지 않는 것이다. 군자는 반드시 홀로 있을 때 신실해야 한다."[61]고 나와 있다. 선생은 '신독'을 상제천上帝天 개념과 연관시키고 있는데, 상제천上帝天 개념은 '천天'을 막연하게 '하늘'로 보기보다는 인간의 '도덕적 주재자主宰者'로 보아 초월적 존재로 본 것이다. 이는 공맹의 원시유교元始儒敎 근본정신 회복의 관점에서, 선진유학先秦儒學의 '천天'과 서학西學에서 가져온 마테오 리치의 '천주사상天主思想'을 합친 개념이다.

---

60 "君子敬以直內 義以方外 敬義立而德不孤.'直方大不習無不利'則 不疑其所行也."
61 "誠其意者毋自欺也 如惡如臭 如好好色 此之謂自謙 故君子必愼其獨也."

2. 『소학지언』을 활용한 인성교육 적용 방안

『소학지언』에서는 첫째, 예절의 습성화를 통해 인성을 함양하는 것이다. 서제序題에 "물 뿌린 다음에 마당을 쓸고, 어른을 만나면 인사해야 하며, 나아가고 물러설 때를 아는 것이 예절이다."[62]라는 내용이다.

둘째, '양지養志의 효' 실천을 통해 인성을 함양하는 것이다. 〈명륜편〉에 "부모를 봉양함에는 그 마음을 즐겁게 하고, 그 뜻을 어기지 않아야 한다."[63], "부모가 사랑하는 바를 사랑하고, 부모가 공경하는 바를 공경해야 한다."[64]는 내용이 그것이다.

셋째, 스승에 대한 배움의 자세와 예절을 통해 인성을 함양하는 것이다. 〈입교편〉에 "선생이 가르침을 베풀면 제자는 이를 본받아서 온화하고 공손하고 스스로 겸허하여 배움을 받는 바를 극진히 해야 한다."[65]는 내용이다.

넷째, 간쟁諫爭의 '효'를 통해 인성을 함양하는 것이다. 〈계고편〉에 "부모에게 잘못이 있으면 자식은 세 번 간하여 듣지 아니하면 따르면서 울고, 신하가 임금에게 세 번 간하여도 듣지 아니하면 그 의리를 버리고 떠날 수 있다."[66]는 내용이다.

---

62 "灑掃應待進退之節."
63 "孝子養老 樂其心 不違其志."
64 "父母之所愛 亦愛之 父母之所敬亦敬之."
65 "先生施教 弟子是則 溫恭自虛 所受視極."
66 "父有過 子三諫而 不聽 則隨而號之 人臣 三諫而 不聽 則其義可以去矣."

3. 『목민심서』를 활용한 인성교육 적용 방안

『목민심서』에서는 첫째, 〈율기 6조〉에 "몸이 목민관의 자리에 있으면 그 몸은 곧 과녁이 된다. 그러므로 한마디 말과 하나의 행동을 삼가지 않으면 안 된다."[67]고 했다.

둘째, 〈봉공 6조〉에 "이익에 유혹되지 아니하고 위세에 굽히지 않는 것이 법을 지키는 길이다. 비록 상사가 독촉하더라도 법에 어긋나면 받아들이지 않아야 한다."[68]고 했다.

셋째, 〈이전 6조〉에 "아전 단속의 근본은 자신을 다스리는 데 있다. 자신이 바르면 비록 명령하지 않아도 행할 것이고, 그 몸이 바르지 못하면 비록 명령해도 행치 않을 것이다. 예로써 정제하고 은혜로써 대접한 뒤에 법으로 단속해야 한다."[69]고 했다.

넷째, 〈예전 6조〉에 "목민관의 직분은 백성을 가르치는 데 있을 따름이다. 부역을 바르게 하는 것도, 관직을 마련하고 목민관을 두는 것도 장차 가르치기 위함이다."[70]라고 했다.

---

[67] "身爲民牧 則此身便爲射的矣 故一言一動 不可不愼."

[68] "不爲利誘 不爲危屈 守之道也 雖上司督之 有所不受."

[69] "束吏之本 在於律己 其身正 不令而行 其身不正 雖令不行. 齋之以禮 接之有恩 然後束之以法."

[70] "牧民之職 敎民而已 平其賦役 將以敎也 設官置牧 將以敎也."

4. 『유배지에서 보낸 편지』를 활용한 인성교육 적용 방안

『유배지에서 보낸 편지(박석무 편저)』는 선생이 18년 동안 유배생활을 하면서 자녀들과 제자, 그리고 흑산도에서 유배생활 중이던 약전若銓 형에게 보낸 편지 내용을 엮어서 박석무 선생이 펴낸 책이다. 여기에는 첫째, 효도(孝)와 우애(弟)를 인성함양의 기본으로 삼아야 한다는 내용이다. "어버이를 섬기는 일은 그 뜻을 거역하지 않는 것이 가장 중요하다. '효孝'와 제弟는 인仁을 행하려는 근본이다. '효孝'에 미루어 나아가면 어린이에게 자애로울 수 있으며, 제弟에 바탕을 두면 어른을 섬길 수 있다. 부모에게 효도하고 형제간 우애하면 이것이 학문이다."라고 했다.

둘째, 독서를 통한 근본 확립으로 인성을 함양하는 것이다. "너희들은 폐족 집안의 자손이다. 폐족으로서 잘 처신하는 방법은 오직 독서밖에 없다.", "독서를 하려면 반드시 먼저 근본을 확립해야 한다. 근본이란 오직 효제孝弟가 그것이다. 근본이 확립되고 나면 학문은 자연스럽게 몸에 배어들고 넉넉해진다."고 했다.

셋째, 성의誠意와 성신誠身에 충실한 공부, 정직함과 정성된 삶의 습관화를 통한 인성함양이다. "성의誠意 공부는 먼저 거짓말을 하지 않는 일부터 시작해야 한다. 한마디의 거짓말을 세상에서 가장 큰 죄악으로 여겨야 하니, 이것이 성의 공부로 들어가는 첫걸음임을 명심해야 한다.", "남이 알지 못하도록 하려면 그 일을 하지 않는 것보다 좋은 것이 없고, 남이 듣지 못하도록 하려면 그 말을 하지 않는 것보다 좋은 것이 없다.", "무릇 의롭지 못한 방법으로 얻은 재물은 오래 지킬 수 없다. 너는 포교捕校나 나졸羅卒의 부정한 재산이 일생 동안 보존되는 것을 보았느냐?"

고 했다.

넷째, 용기를 잃지 않는 자세를 통해 인성을 함양하는 것이다. "용기는 삼덕三德의 하나다. 성인이 사물을 뜻대로 움직이고 천지를 다스리는 것은 모두 용기에 기인한 것이다.", "공자의 제자 안연顔淵이 '나도 순임금처럼 될 수 있다.'라고 한 것은 용기 있는 것이다. 학유學遊 너도 훌륭한 사람이 될 수 있다. 그러니 너도 누구누구처럼 되겠다는 강한 의지를 가지고 노력해야 한다.", "학문을 하는 것은 마치 배를 저어 상류로 올라가는 일과 같다. 물결이 평온한 곳에서는 그대로 가도 괜찮지만, 여울이 심한 급류를 만나면 사공은 잠시도 삿대를 느슨하게 잡아서는 안 된다. 또한 힘을 주어 그대로 저어 올라가야 하니 한 발짝도 늦추어서는 안 되고 조금이라도 물러나면 배는 올라가지 못한다."고 한 내용이다.

Ⅳ. 맺는 말

인간은 누구나 행복을 추구한다. 그러나 행복은 여러 조건을 통해서 오기 때문에 한마디로 답을 내놓기는 어렵다. 그래서 시인 칼 부세는 "저 산 넘어 행복이 있다고 하기에 남들을 따라갔다가 눈물지며 돌아왔네, 저 산 넘어 더욱 먼 곳에, 지금도 행복은 있다고 말하네….''라며 행복을 표현했다. 톨스토이(1828~1910)는 "행복한 가정은 모두 비슷비슷 하지만 불행한 가정은 그 이유가 모두 제각각이다."라고 하여 행복을 가르는 '그 무엇'이 있음을 암시했다. 필자는 '그 무엇'에 해당하는 것 중 하나가 '가족사랑'과 '가정윤리'의 보편적 가치로 작용하는 '효'라고 생각한다.

행복을 연구하는 연구가나 현자賢者들의 표현에서도 행복은 다양한 조건을 통해서 오지만, 가족관계가 핵심임을 밝히고 있다. 키르케고르(1813~1855)는 "인생의 행복은 90%가 인간관계에 달려있다."고 했고, 하버드대학의 조지 베일런트(1934~) 교수는 『행복의 비밀』, 『행복의 지도』, 『행복의 완성』, 『행복의 조건』 등에서 ①가족적 유대관계 ②금연 ③체중관리 ④적당한 운동 ⑤적당한 음주 ⑥성숙한 방어기재 ⑦지속적인 배움 등을 행복의 조건으로 꼽았다. 인간관계는 부모와 자식, 형제자매 등 가족관계를 시작으로 학우, 사제, 직장 동료 및 상사 등 다양한 관계로 확대된다. 그리고 가족 중에서도 부모와 자녀는 가장 가까우면서도 불가사의不可思議한 관계이기 때문에 수많은 갈등이 불가피하다. 이런 점에서 관계는 어떻게 하면 좋은 가족관계로부터 출발하느냐가 중요하고, 여기에는 '효'라는 보편적 가치가 필요한 것이다.

사람은 누구나 어린 시절이 있었고, 부모의 지극한 사랑과 함께 수많은 가르침을 받으면서 성장했다. 예컨대, 밥먹을 때, 옷 입을 때, 학교 갈 책가방을 챙길 때, 형제자매간 관계 등에서 비교당하면서 받았던 상처와 수많은 갈등도 경험했다. 실제로 정신과 의사나 가족상담을 경험한 상담사들에 의하면, 자신이 불행하다고 생각하는 수많은 원인 중에는 인간관계가 있고, 그 안에 부모 자녀 간의 갈등이 존재한다고 한다. 그래서일까 셰익스피어(1564~1616)는 "가족은 피는 통하지만 마음은 안 통하는 관계다."라는 말을 남기기도 했는데, 가족관계의 갈등을 풀 수 있는 보편적 가치가 '효'라는 점을 말하고 싶다. '효'라는 가치이자 덕목은 양보와 배려를 절로 작동되도록 하기 때문이다. 실제로 최고의 지식인이자 전문가인 교수마저 인성교육에서 '효'를 배제해야 한다고 주장하는 배경에는 그동안 "효가 무엇이고, 왜 행해야 하며, 어떻게 가르쳐야 하고, 어떻게 행할 것인가?"하는 점에 대한 교육이 부족했던 때문이기도 하지만 그들에게 내재된 '인성'의 문제와도 관련이 있다.

그렇다면 이를 어떻게 극복해야 할 것인가? 이를 위해서는 '성기호설'의 논리를 적용해야 한다. "자녀는 부모의 등을 보고 배운다", "세 살 버릇 여든 간다", "교육의 질은 교사의 질을 넘어설 수 없다", "선생님이 좋아야 과목이 재미 있다", "교사는 어항 속의 금붕어다"라는 등의 표현이 말해주듯이, 리더의 본보기가 중요하다. 따라서 인성교육은 교육자가 피교육자의 '기호嗜好'를 알아서 상호작용이 일어나 상하동욕上下同欲이 될 때 성공적인 교육이 될 수 있음을 명심하지 않으면 안 되는 것이다.

| 부록

다산 정약용 선생 연보年譜

정약용 선생의 연보年譜는 선생의 일생에 관한 내용을 연도순年度順으로 간략하게 적은 기록이다. 선생의 연보는 두 가지가 전해진다. 하나는 선생이 직접 자신의 일생을 연대순으로 기록한 『다산연보』이고, 또 하나는 현손 정규영丁奎英(1872~1927) 선생이 『다산연보』를 첨삭添削해서 작성한 『사암선생연보』다.

본 연보는 『사암선생연보』를 송재소宋載邵 교수가 역주한 『다산의 한평생(사암선생연보)』과 『압해정씨가승押海丁氏家乘』, 다산이 작성한 묘지명墓誌銘과 묘갈명墓碣銘, 묘표墓表 등의 내용을 참고해서 재정리했다.

선생이 저술한 저서는 500권이 넘고, 묘지명은 30편(묘지명 24편, 묘갈명 1편, 묘표 5편)이다. 요절夭折한 자녀들에 대해서는 광명壙銘과 광지壙誌, 예명瘞銘의 이름으로 묘표墓表 4편을 남겼다. 선생이 묘지명을 쓴 이유는 억울한 누명을 쓰고 죽임을 당한 사람들을 위로하고 명예를 회복시켜주며 감사의 뜻을 알리기 위해 작성하였다. 그리고 너무 일찍 세상을 떠난 자녀와 며느리 등에 대해서 애석哀惜한 마음을 담아 작성했음을 알 수 있다. 1세부터 75세까지 연도순으로 제시하였다.

◆ **1세 : 1762(영조 38)**

- 6/16(양8/5) : 사시巳時(09~11시)에 경기도 광주군 초부면 마현리(지금의 남양주시 조안면 능내리)에서 아버지 정재원丁載遠(1730~1792)과 어머니 해남윤씨海南尹氏 윤소온尹小溫(1730~1770) 사이에 3남 1녀중 막내로 출생함. 이 해는 사도세자思悼世子(1735~1762)가 뒤주에 갇혀 세상을 떠난 임오화변壬午禍變(5/13~21)이 일어난 해임.
- 본관은 압해押海이고, 아명은 귀농歸農이며, 관명은 약용若鏞임.
    * 3/10 : 아버지 정재원이 33세에 생원·진사시험 3등, 제13인으로 합격하여 3월 21일에 사은謝恩하고 마재에 머물고 있던 중에 벼슬직에 나가게 됨.
- 11/9 : 아버지 정재원이 경기전(太祖 御眞, 전주) 참봉에 임명됨.
    * 아버지 정재원은 세 번 상처喪妻했음. 16세(1745년)에 첫 번째 부인 17세의 의령남씨(1729~1752)와 혼인하였으나 1남(약현)을 낳고 23세에 상처하였음. 두 번째 부인은 24세(1753년)에 26세의 해남윤씨海南尹氏 윤소온尹小溫(1730~1770)을 속현續絃(아내를 잃고 새 아내를 맞이함)했으나 3남 1녀(딸, 약전, 약종, 약용)를 낳고 41세에 상처하였음. 세 번째 부인은 42세(1771년)에 금화연의 처녀 황씨를 측실로 맞았으나 그해에 상처하고, 44세(1773년)에 잠성김씨(1754~1813)를 측실로 맞아 1남 3녀(딸 3, 약횡)를 낳았음. 결과적으로 4명의 부인과의 사이에 9남매(5남 4녀)를 두었으나 정실正室과 측실側室을 동시에 두지는 않았음.

|참고사항|
* 압해정씨 가문의 마재 정착은 5대조 정시윤丁時潤(1646~1713) 공이 1699년에 터를 잡고 임청정臨淸亭 정자를 세우면서부터임.

◆ 2세 : 1763(영조 39)

- 완두창豌豆瘡을 앓았음.

|참고사항|

* 성호星湖 이익李瀷(1681~1763)이 63세로 별세함.

◆ 3세 : 1764(영조 40)

- 3/29 : 아버지가 중종의 첫 번째 계비 장경왕후의 희릉禧陵(경기도 고양시 덕양구) 참봉參奉으로 임명됨.
- 12/24 : 아버지가 의금부도사義禁府都事에 임명됨.

◆ 4세 : 1765(영조 41)

- 아버지에게 『천자문』을 배우기 시작함.
- 6/26 : 아버지가 내섬시內贍寺 봉사(종8품)에 임명됨.

◆ 5세 : 1766(영조 42)

- 4/1 : 아버지가 사재감司宰監 주부에 임명됨.
- 6/18일 : 아버지가 형조좌랑(정6품)에 임명됨
- 12/17 : 아버지, 연천현감으로 부임함. 연천 관저에 가서 아버지에게 교육을 받음.

◆ 6세 : 1767(영조 43)

- 12월 : 아버지가 연천현감을 마치고 집에 머물게 되면서 이때부터 15세까지 아버지의 집중 지도를 받았음.
  * 4세에 천자문 공부를 시작으로 6세 12월까지 2년여 기간 동안 아버지 임소에서 공부함.
  ☞ 6세 12월~15세 2월(혼례), 부친이 3월 호조좌랑戶曹佐郎으로 나가기

전까지 10년 동안 집중 공부.

◆ 7세 : 1768(영조 44)

- '산山'이란 제목의 '오언시五言詩', "작은 산이 큰산을 가렸으니 멀고 가까움이 다르기 때문이네(小山蔽大山, 遠近地不同)."를 지어 아버지로부터 "분수에 밝으니 자라면 역법과 산수에 능통할 것이다."라는 칭찬을 들었음.
- 천연두를 순조롭게 앓았으나 오른쪽 눈썹 위에 흔적이 남아 눈썹이 세 개로 나뉘게 되어 '삼미자三眉子'라는 별호를 가지게 되었음.

◆ 9세 : 1770(영조 46)

- 봄 : 아버지와 함께 퇴계 학문을 이익李瀷에게 전수한 허목許穆(1595~1682)의 묘소를 찾아 설명을 듣고 감명을 받았음.
- 11/9 : 어머니 해남윤씨가 43세로 별세함. 어머니는 공재 윤두서의 손녀임. 다산은 자신이 윤두서의 초상화에 나타난 얼굴 모습과 수염 등이 닮았다 하여 문인들에게 "나의 정분精分(심신의 근원)은 외가에서 받은 것이 많다."고 했음.
- *9세~12세까지는 큰형수(약현의 처)의 보살핌으로, 12세부터 15세(결혼 전)까지는 서모 잠성김씨의 보살핌으로 성장했음. 훗날 큰형수와 서모의 묘지명을 남겼음.

◆ 10세 : 1771(영조 47)

- 아버지에게서 경서와 사기, 과예課藝 등을 공부하면서 1년 동안 지은 글이 자신의 키만큼 되었다고 전해지고, 이를 「삼미집三眉集」이라 했음.

◆ 12세 : 1773(영조 49)

- 아버지가 44세에 20세의 서모 잠성김씨를 측실로 맞아들임.

◆ 13세 : 1774(영조 50)

- 두보杜甫를 모방한 수백 수의 시(杜詩)를 지었는데, 두시杜詩의 뜻을 깊이 터득하였다 하여 아버지와 아버지 친구들로부터 칭찬을 들었음.

◆ 15세 : 1776(영조 52)

- 2/15 : 관례를 치렀음. 아명 '귀농歸農'에서 관명 '약용若鏞'으로 바뀜.
- 2/22 : 풍산홍씨(1761~1839)에게 장가를 들어 회현동 처가에서 살았음. 장인은 무과 출신으로 승지를 지낸 홍화보洪和輔(1726~1791)임.
- 3/4 : 아버지가 호조 좌랑으로 복직되자 명례방 소룡동 집에서 살았으며, 육촌 처남 홍인호와 홍의호, 매형 이승훈, 이벽 등과 사귀게 됨.
- 6/20 : 아버지가 인의引儀(종6품 문관 벼슬)로 승진하여 제용판관濟用判官(특산물 취급)에 임명됨.

|참고사항|

 * 3/5 : 묘시卯時(5~7시)에 영조英祖가 82세로 승하하고, 정조正祖가 즉위함.

◆ 16세 : 1777(정조 1)

- 서울 생활을 하면서 이익李瀷의 유고를 처음 보고 "꿈속 같은 내 생각이 성호를 따라 사숙私淑하는 가운데 깨달은 것이 많다."고 말했음.
- 9/27 : 화순 현감으로 부임하는 아버지를 따라 이동하던 중 충주 하담에 있는 어머니 선영에 들려 성묘하였음.

 * 권철신 주도로 천진암 주어사 강학회가 시작됨.

◆ 17세 : 1778(정조 2)

- 아버지 주선으로 조익현趙翊鉉(1737~1800)이라는 선비를 만나 『맹자』에 대한 이야기를 들으면서 백성을 사랑하는 마음에 대해 큰 가르침을 받았음.

- 11월 : 둘째 형 약전과 함께 화순 동림사에서 40일 동안 머물며 형은 『시경』을, 약용은 『맹자』를 읽고 「동림사 독서기」를 지었음.
- 겨울 : 물염정勿染亭을 유람하고 「유물염정기」를 지었음. 광주 서석산瑞石山을 유람하고 「유서석산기遊瑞石山記」를 지었음.
- 화순 현감인 아버지를 따라 외가에 가던 중 항촌 목리牧里에 사는 아버지의 친구 윤광택尹光宅 집을 방문하였으며, 다산은 윤서유尹書有(1764~1820)를 만나 동무 삼게 됨. 이때 윤광택은 황소 한 마리를 잡아 대접했음.
- 혜장의 스승인 연담蓮潭 유일有一(1720~1799)대사(59세)를 만나 가르침을 받고 시를 지어 증정했음.

◆ 18세 : 1779(정조 3)
- 2월 : 고향에 돌아와 약전 형과 함께 과거시험 준비를 하였음.
- 겨울 : 성균관에서 시행하는 승보시陞補試에 선발되었음.

◆ 19세 : 1780(정조 4)
- 2/22 : 아버지가 예천군수로 부임하였음.
- 아내와 함께 장인이 병마절도사직에 봉직하는 진주를 방문함.
- 3월 : 예천의 반학정伴鶴亭에서 글을 읽으며 「반학정기伴鶴亭記」, 촉석루를 유람하며 「진주의기사기晉州義妓祠記」를 지었음.
- 4/15 : 큰형수(1750~1780, 약현의 부인)가 31세로 별세함.
- 예천 관사 옆 건물에 귀신이 나온다는 소문을 무시하고 거처하며 책을 읽었음.
- 가을 : 아버지와 함께 예천 북쪽 십리 부근에 위치한 약포藥圃 정탁鄭琢(1526~1605)의 별장(선몽대)을 찾아 우국충정을 기렸음.
  * 정탁은 유성룡과 함께 이순신을 모함에서 구출하는데 앞장선 인물임.

- 겨울 : 아버지와 장인이 어사 이시수李時秀(1745~1821)의 모함으로 탄핵을 받아 벼슬을 그만두고 마재로 돌아오게 되어 모시고 왔음.
- 12/27 : 아버지보다 먼저 서울로 올라오면서 충주 하담에 들려 어머니께 성묘함.

◆ 20세 : 1781(정조 5)

- 2월 : 부친과 장인에 대한 감사가 2월까지 진행됨. 부친은 관직을 잃었고, 장인은 평안도 숙천으로 귀양갔음.
  * 서울에서 살면서 과시科詩(과거 볼 때 짓게 하는 시)를 익히면서 고향에 계신 아버지를 자주 찾아뵈었음.
- 7월 : 첫딸을 낳았는데, 생후 4일 만에 죽었음.

◆ 21세 : 1782(정조 6)

- 2월 : 본가와 처가의 도움으로 서울 남대문 안쪽 창동倉洞에 처음으로 집을 장만하여 체천정사棣泉精舍라 이름을 지어 살았음.
- 가을 : 봉은사奉恩寺에서 경의과문經義科文을 익힘.
  * "나의 의지를 밝히다"라는 '술지述志' 시를 지어 포부를 밝혔음.
- 겨울 : 장인이 유배에서 풀려나 석방되었음. 영남 우도병마절도사로 임명됨.

◆ 22세 : 1783(정조 7)

- 2/21 : 세자책봉 경축으로 열린 증광감시增廣監試 식년시式年試가 열림. 약현, 약전 형과 함께 3형제가 경의초시經義初試에 나란히 합격하였음.
- 4/11 : 회시會試(초시 2차 시험)에서 두 형은 불합격하고 혼자 진사에 합격함.
  * 진사 합격 후 아버지를 모시고 고향에서 축하잔치를 하고, 인근 수종사에서 '춘일유수종사春日遊水鐘寺' 시를 지었고, 충주 하담의 어머니 산소에

성묘하였음.

* 정조와의 첫 만남이 선정전宣政殿에서 이루어졌음. 정조가 특별히 '얼굴을 들라' 하며 '나이가 몇이냐'고 물었는데, '임오생壬午生입니다'라고 답한 것이 성군聖君과 현신賢臣의 '풍운지회風雲之會'의 만남이 되었음. 성균관 생원으로 정조의 지우知遇를 받기 시작함.

- 9/12: 큰아들 학연學淵이 태어남.
- 9/21: 중형 약전이 진사 시험에 합격하여 형제가 함께 성균관에서 공부함.

| 참고사항 |

* 10/14: 이승훈이 아버지를 따라 북경으로 출발, 10월 21일 도착해서 그라몽 신부에게 베드로라는 세례명으로 영세를 받음(이승훈은 이벽의 권유로 천주교 입교하였음).
* 이벽이 이승훈에게 중국에 가는 길에 천주교 서적을 구해올 것을 부탁함.

◆ 23세 : 1784(정조 8)

- 향사례鄕射禮(남인계 학자 중심의 모임)를 행했음.
- 4/15: 큰형수 4주기 제사를 지내고 이벽李檗과 함께 배를 이용 두미협斗尾峽을 지나 서울로 가면서 이벽으로부터 「천주실의」에 대해 설명을 듣고 천주교에 관심을 가지게 됨.
- 6/16: 반제泮製(성균관 유생들이 보는 과거시험)에 뽑힘. 임금이 삼하三下의 점수를 주고 종이와 붓을 하사했음.
- 여름: 80여 항목에 대해 「중용강의」를 하였음. '사칠이기四七理氣'에 대해서 퇴계와 율곡의 관점에 대해 차이점을 답하는 형식이었는데, 남인계 유생들은 모두 퇴계의 사단이발四端理發의 설이 옳다는 답을 올렸지만, 다산은 율곡의 기발氣發의 설이 옳다는 답을 올렸음. 남인계의 다산이 당파를 초월해서 노론계 율곡의 학설을 지지한 것에 대해 정조가 높

게 평가하였음.

- 9월: 정시庭試(대궐 안에서 보는 과거)의 초시에 합격함.
- 겨울: 이벽의 집에서 이승훈에게 가성식 세례(세례명: 요한)를 받았음.

|참고사항|

* 2월: 그라몽 신부로부터 이승훈 영세 받음(베드로).
* 3/24: 북경에 간 이승훈이 세례 받고 서울 도착함. 이벽은 이승훈에게 가성식 영세를 받고 천주교에 입교함. 이때부터 천주교가 본격적으로 확산하기 시작함.
* 어느 날 이벽, 이승훈과 함께 천주교 서적으로 공부하고 다산에게 사도 요한이라는 세례명을 주었음.

◆ 24세: 1785(정조 9)

- 2/25, 21, 27, 4/16일: 반제에 뽑혀 상으로 종이와 붓을 하사받았음.
- 봄에, 성균관에서 이승훈, 이벽, 권일신, 정약전, 정약용, 김범우 등이 모여 신앙 집회를 엶('을사추조' 적발 사건).

* 김범우만 체포되어 장살을 당함(한국의 최초 순교자). 이때 이벽은 아버지(이부만)의 강력한 반대로 배교의 글을 쓰게 됨.

- 10/20: 정시庭試의 초시에 합격함.
- 11/3: 감제柑製(제주도 감귤을 유생들에게 하사하고 보던 과거시험) 초시에 수석으로 합격했음.
- 12/1: 정조가 춘당대에 친히 나와 식당에서 음식을 들었음. 거기서 식당명食堂銘 짓기에서 수석을 함. 비궁당명匪躬堂銘을 짓게 했는데, 수석을 해『대전통편』한 질을 하사받았음. 「우인이덕조만사友人李德操輓詞」, 「추일서회秋日書懷」등을 지었음.
- 이 해에 서제庶弟 약횡若橫(1785~1829)이 태어남.

| 참고사항 |

*6/14 : 이벽 32세로 죽음을 맞이함. 부친 이부만이 종친회에 불려가 호된 질책을 받고 돌아와 이벽에게 배교를 요구했고, 아들이 거절하자 이부만이 대들보에 목을 매는 사건이 있은 이후, 이벽은 두문불출한 끝에 전염병(페스트)에 걸려 의문의 죽음을 맞게 됨.

◆ 25세 : 1786(정조 10)

- 2/4 : 별시別試(나라에 경사가 있을 때 보는 임시 과거)의 초시에 합격함.
- 7/29 : 둘째 아들 학유學游가 출생함.
- 도기到記(성균관 유생들에게 보는 시험의 일종)의 초시에 합격함.

| 참고사항 |

*3월 : 약종若鍾(27세)이 약전若銓(29세) 형을 통해 천주교 서적을 접했으며, 혼자서 책을 통해 교리를 터득함. 성호의 문하에서 성리학을 공부하다가 도교에 심취하였으며, 형제들보다 늦게 천주교를 접했지만 조선 최초의 천주교 신자 모임인 명도회明道會 회장을 역임함.

◆ 26세 : 1787(정조 11)

- 1/26, 3/14 : 반제泮製(성균관 유생들에게 보는 시험 일종)에 수석으로 뽑혀 팔자백선과 『국조보감國朝寶鑑』 1질, 백면지白綿紙 100장을 하사받았음.
- 4/25 : 아버지가 사도시司䆃寺 주부主簿로 임명되었다가 한성부漢城府 서윤庶尹으로 옮김.
- 8/21 : 반제에 고등高等으로 뽑혔음. 정조가 "상으로 주는 서책을 네가 모두 얻었으니 계당주桂餳酒를 준다."는 말과 함께 홍인호洪仁浩를 시켜 『병학통兵學通』을 하사함. 이 해에 「추일문암산장잡시秋日門巖山莊雜詩」를 지었음.
- 10월 : 정미반회 사건이 일어남.

* 정미반회丁未泮會 사건: 이승훈, 정약용 등이 성균관이 있는 반촌泮村(지금의 혜화동) 김석태 집에서 천주교를 공부하다 발각된 사건임.
- 12월: 반제에 뽑혔고, 다산은 과거 준비를 접고 경전의 뜻을 궁구하려는 마음을 가짐.

◆ 27세: 1788(정조 12)
- 1/7: 반제에 합격 후 임금을 배알하니, 임금이 '책문策文(과거 과목에 답한 글)이 몇 수인가?'를 물었음.
- 3/7: 반제에 수석 합격하여 임금을 배알하니, 임금이 '초시와 회시의 횟수가 얼마인가?'를 질문함.

◆ 28세: 1789(정조 13)
- 1/7: 인일제人日製(정월 초이렛날 유생들에게 보는 시험)에 합격함. 임금이 4번 초시를 본 것을 확인하고 급제하지 못함을 민망히 여김.
- 1/26: 반시泮試(성균관에서 선비들에게 보이던 시험)에서 표表를 지어 수석을 차지함. 정조가 "정약용을 직부전시하게 하라."고 지시함. 채제공蔡濟恭이 시험관으로 임명됨.
- 1/27: 대과에 급제하였음. 갑과 차석으로 합격하였으나 장원 심봉석이 부친 이름을 누락해서 탈락함으로써 수석 합격자가 되었음. '공정과 청렴'을 다짐하는 시를 지었음.
- 3월: 전시殿試(시험에서 선발된 사람에게 임금이 친히 치르는 과거시험)에 나아가 탐화랑探花郎의 예로써 7품관에 부쳐져 희릉직장禧陵直長에 제수됨. 곧바로 초계문신이 됨.
- 4/1: 아버지가 울산부사로 임명됨. 아버지를 충주까지 배웅하고 어머니 산소에 성묘함.
- 5월: 부사정副司正(오위에 속한 종7품 벼슬)으로 임명됨.

- 6월: 가주서假注書(승정원에 속한 정7품 벼슬)에 제수됨.
- 8월: 각과문신閣課文臣으로 울산의 아버지를 찾아뵈었음.
- 11월: 친시親試(임금이 몸소 시험장에 나와 성적을 살피고 급제자를 정하던 일)에 「문체책文體策」을 지어 올림.
- 겨울: 배다리(舟橋) 설치에 필요한 주교舟橋 규제를 지어 올렸음.
- 12/25: 셋째 아들 구장懼戕이 태어났으나 14개월 만에 천연두로 요절함.
  * 이 해 문신에게 부과하는 시험에서 수석을 다섯 번, 수석에 비교된 것이 여덟 번이나 되어 상을 받은 것이 많았음.

| 주요 저술 |
  * 3월: 『대학』을 강의하고, 이를 정리하여 『희정당대학강의熙政堂大學講義』 1권을 지었음.

◆ 29세: 1790(정조 14)

- 2/26: 한림학사(임금의 조서 담당)로 추천받아 6명이 정원인 한림회권翰林會圈에 뽑혀 29일에 노론의 김이교와 함께 예문관 검열에 단부單付(벼슬을 부여함)되었음. 그러나 노론 최병학이 "채제공이 주관한 관계로 남인을 우대하여 선발했다."고 상소했고, 이로 인해서 다산이 등용을 거부하자 정조가 노하여 최병학을 파면하고, 다산을 해미로 유배 보냄.

  * 조서調書: 조사한 사실을 기록한 문서.

- 3/7: 해미현海美縣으로 정배定配되었다가 13일 배소配所(귀양지에 배치됨)되어 19일 용서받아 풀려났음. 귀경길에 온양온천에 들려 사도세자의 사장射場이 방치된 것을 발견하고 정비토록 했음. 이 내용을 보고 받은 정조가 온양 군수에게 지시하여 1795년에 영괴대靈槐臺가 세워졌음.

- 5/3: 예문관(임금의 말을 짓던 관청) 검열로 다시 들어갔다가 5일에 용양위의 부사과로 승진되었음.

- 6/10 : 부친의 회갑일을 맞아 친지와 지인들이 모여 성대하게 축하연을 열었음.
- 여름 : 순조의 탄생을 축하하는 과거시험에서 약전이 대과에 급제하였음.
- 7/4 : 사간원 정언으로 추천되어 11일에 제수되고, 19일 각과閣課(내각에서 하는 일)의 일을 하도록 체임遞任(벼슬이 갈림)되었음.
- 9/6 : 정언에 제수되어 잡과雜科(기술관을 뽑는 과거) 감대監臺(감찰관직)에 나아갔고, 10일 사헌부 지평持平(정5품)에 제수되어 무과武科 감대에 나아갔음.
  * 다산은 지평으로서 서울의 장신將臣 가문 자제들의 특혜를 제한시키고, 지방 출신의 능력 있는 무사를 선발하여 합격시켰음.
- 11/10 : 아버지가 61세에 진주목사로 승진함.

|참고사항|

* 3번의 유배생활 : ①충청도 해미(1790. 3. 8. 13~8. 19) ②경상도 장기(1801. 2. 27~10. 20) ③전라도 강진(1801. 11. 5~18. 9. 2)

◆ 30세 : 1791(정조 15)

- 봄 : 진주목사로 있는 아버지에게 근친覲親(부모를 찾아뵙는 일)함.
- 4/2 : 천연두와 종기를 앓던 셋째 아들 구장懼牂이 죽었음.
- 5/23 : 사간원司諫院 정언正言(임금에게 간쟁을 담당하던 관직)에 제수됨.
- 10/22 : 사헌부司憲府 지평에 제수됨.
- 12월 : 친시親試(임금이 친히 보는 시험)에서 7등을 하고, 과시에서 6등을 했으며, 과강課講(강독시험)에서 6등을 차지해 모두 상을 받았음.

|주요 저술|

* 4월 : 아들 구장懼牂의 죽음에 대해 참회와 자책하는 마음으로 광명壙銘

「유자구장광명幼子懼壙銘」을 지었음.

* 여름:「유세검정기遊洗劍亭記」, 9월에「북영벌사기北營罰射記」를 지었음.
* 겨울: 『시경강의』 12권을 지었음. 시경에 관한 800여조 문항의 질문 내용을 답변하는 형식으로 지어 올리니, 정조가 이를 칭찬하였음.

| 참고사항 |

* 평택 현감으로 있던 이승훈의 벼슬이 박탈되고 투옥됐으나 배교背敎(신봉한 종교를 등짐) 조건으로 석방됨.
* 10/23: 진산珍山사건이 있은 후 신해옥사辛亥獄事 시행을 계기로 다산과 약전 형제는 천주교와 절의絶義했음.
* 진산사건珍山事件은 전라도 진산에 사는 윤지충尹持忠, 권상연權尙然이라는 천주교 신도가 부모의 제사를 거부하고 위패를 불태운 사건임. 이를 빌미 삼아 공서파인 목만중, 이기경, 홍낙안 등이 채제공에게 편지를 보내는 등 신서파에 대해 공격을 시작함. 이기경의 상소가 잘못되었다는 어명御命으로 이기경에게 유배형이 내려지자, 다산은 백방으로 이기경의 감형減刑을 위해 노력했지만 이기경은 다산을 미워했으며, 진산사건을 계기로 천주교를 사교邪敎라고 더욱 매도하게 됨.
* 11/8: 정조가 위정학衛正學을 선포함.
* 11/13: 윤지충(다산의 외사촌)과 권상연(윤지충의 외사촌)이 전주 풍납문 앞 형장에서 참형당했음.
* 천주교 박해 : ① 신해박해(1791, 정조 15) ② 신유박해(1801, 순조 1) ③ 기해박해(1839, 헌종 5) ④ 병인박해(1866, 고종 3)

◆ 31세 : 1792(정조 16)

• 2/27 : 차녀 효순이 태어났음.

• 3/22 : 홍문관록에 뽑혔으며, 28일 도당회권에 뽑히고, 29일 홍문관 수

찬修撰(서책 편집관)에 제수됨. 임금이 남인 가운데서 사간원·사헌부의 관직을 이을 사람을 채재공과 상의하여 28명의 명단을 작성해서 올렸는데, 그중 8명이 먼저 부서에 배치되었음.

- 4/9 : 진주목사이던 아버지가 임소에서 63세로 작고함.
- 5월 : 부친에 대해 충주 하담에 반장返葬(객지에서 죽은 사람의 시체를 고향으로 옮겨 장사 지냄)하고 마재로 돌아와 곡했음. 마재에 여막廬幕(상제가 거처하는 초막)을 짓고 거처했음.
  * 여막살이를 하면서 3형제가 '수오재守吾齋', '매심재每心齋', '여유당與猶堂' 당호와 「망하루기望荷樓記」를 구상했을 것으로 추정됨.

| 주요 저술 |
  * 겨울 : 수원화성의 규제를 지어 바쳤음. 「기중도설起重圖說」을 지어 공사 기간을 10년 예상을 2년 9개월로 단축하고 예산 4만 냥을 절약했음.

◆ 32세 : 1793(정조 17)

- 4월 : 아버지의 소상小祥(1년상)을 마치자, 연복練服(소상 이후 대상까지 입는 상복)으로 갈아입었음.

◆ 33세 : 1794(정조 18)

- 1월 : 차녀 효순이 생후 23개월 만에 천연두로 사망하여 두척산斗尺山 구장懼㘅 옆에 묻었으며, 「유녀광지幼女壙誌」를 지었음. 수원화성 공사를 착공함.
- 3/5 : 3녀(후일 윤창모와 혼인)가 태어남.
- 6월 : 아버지의 삼년상을 모두 마치고 벼슬에 다시 오름.
- 7/23 : 성균관 직강直講(정5품)에 제수됨. 이때부터 공서파의 트집이 많아짐.

- 8/10: 비변랑備邊郞(군무의 기밀을 맡아보는 비변사의 관직)에 임명하는 계啓가 내려졌음.
- 10/27: 홍문관 교리에 제수되었다가 28일 수찬에 제수됨.
- 10/29: 성정각誠正閣에서 경기 암행어사暗行御史의 명을 받음.
- 11/15: 암행 결과인 '복명서'를 올림(마전, 적성, 고양, 양주, 연천, 삭령).

  * 연천의 전 현감 김양직(사도세자 등 임금 가족 묏자리 봐주는 지관 출신), 삭녕의 전 군수 강명길(궁중어의 출신, 정조 어머니 혜경궁 홍씨의 병환을 돌봄)의 죄악상을 낱낱이 고함. 왕실의 제지制止로 처벌되지 않자 "법의 적용은 임금의 측근부터 엄격해야 한다"면서 재차 처벌을 상소함. 암행어사 경험이 『경세유표』 저술의 토대가 되고, 『목민심서』 저술을 결심하는 계기가 됨.

- 12/7: 경모궁에 존호尊號를 추존해 올릴 때 도감都監(국가 중대사를 관장하기 위해 설치한 관청)의 도청랑都廳郞(실무책임자)이 되었음.
- 12/13: 홍문관 부교리에 제수되었음.

|참고사항|

  * 12/23: 중국 주문모周文謨 신부가 지황池璜과 윤유일尹有一의 안내로 압록강을 건너 입국함.

  * 주문모는 강완숙姜完淑의 소개로 정조의 서제庶弟 은언군恩彥君의 부인 송씨와 며느리 신씨 등과 접촉했으며, 주문모 입국을 계기로 천주교 신도가 3,000명에서 1만 명으로 늘어났음.

◆ 34세: 1795(정조 19)

- 1/17: 사간원司諫院 사간司諫(종3품)에 제수됨. 품계가 통정대부通政大夫(정3품)에 오르고 동부승지同副承旨(정3품)에 제수되었음.
- 2/17: 병조참의兵曹參議(정3품)에 제수되어 수원 현륭원에 행차할 때 시

위侍衛(임금을 호위함)로서 따랐고, 봉수당奉壽堂에서 혜경궁 홍씨에 대한 효 잔치를 열 때 화답하는 시를 지었음.

- 3/3: 의궤청儀軌廳 찬집纂輯(편찬과 편집) 문신으로 임명되고, 규영부奎瀛府 교서승校書承으로 부임할 것을 명 받았음.

- 3/20: 우부승지右副承旨에 제수됨.「화성정리통고華城整理通攷」의 찬술과 원소園所(왕세자 및 왕세자빈의 산소)를 설치하라는 명을 받고, 이가환·이만수·윤행임 등과 합작했음.

- 7/26: 주문모 입국 사건과 연관되었다는 이유로 금정도金井道 찰방察訪(도의 역참 관리, 교통과 명령 전달 등을 관리하는 종6품 외관직)으로 외보됨(정3품에서 종6품 좌천).

    * 지역 천주교 지도자 이존창을 체포하는 공을 세움. 이존창은 천주교를 배교하고 숨어 살던 중에 다시 활동하다 체포되어 신유옥사 때 사형을 당함.

- 8/12~14: 충청수영성의 영보정永保亭을 방문함.

- 10/24~11/5: 봉곡사鳳谷寺에서 이삼환을 비롯한 13명이 학술토론회를 열었음.

- 12/23: 금정에서 서울 명례방(현재의 명동) 집으로 돌아와 죽란사竹欄舍라 이름 지었으며, 용양위龍驤衛 부사직副司直에 임명되어 한직閑職 생활로 여유를 가지게 됨.

    * 정조는 다산의 공적(이존창 체포 등)을 칭송하기 위해 이익운李益運과 충청관찰사 이정운李鼎運(이익운의 형)에게 다산을 표창할 장계를 올리도록 지시했으나 다산의 완곡한 사양으로 무산됨.

    * 다산의 후임 찰방인 김이영이 훗날 "선생은 청렴하면서도 근신하는 태도로 백성을 깨우치는 등 선정善政했음을 임금께 보고함.

| 주요 저술 |

* 서암西菴 봉곡사鳳谷寺에서 13명의 선비들이 모여 강학회한 내용을 정리한 「서암강학기」와 성호 이익의 유고를 가져다가 교정한 『가례질서』, 퇴계의 책을 읽고 그 뜻을 부연하고 자신의 생각을 적은 「도산사숙록陶山私淑錄」을 지었음. 이 해에 「식목연표발植木年表跋」을 쓰고 「부용정시연기芙蓉亭侍宴記」를 지었으며, 암행어사 시절 백성의 고달픈 장면을 담은 '기민시飢民詩'를 지었음.

| 참고사항 |

* 4월: 황사영이 주문모(1752~1801)와 만나면서 알렉산드라라는 세례명으로 세례를 받음. 이 사실을 한영익韓永益이 이석李晳(이벽의 형)에게, 이석은 채제공에게 보고함. 주문모의 입국 사실이 알려지고 공서파의 공격이 거세지면서 규영부 교서직에서 정직停職됨.

* 5/12: 주문모 입국 시 그를 도왔던 최인길, 지황, 윤유일 등이 장살 당함.

◆ 35세 : 1796(정조 20)

• 4/14: 용양위 부사직의 한직閑職을 기해 하담 선영을 찾아 부모님께 성묘함(기일 4월 9일, 이 시기에 맞춰 아버지께 처음 성묘함). 하담 선영에서 돌아온 후 죽란시사竹欄詩社 모임을 만들어 곡산부사谷山府使 부임 전까지 문인들과 교유함.

• 10월: 규영부에 들어와 책을 교정하라는 어명을 받음. 규영부 교서가 되어 「규영부교서기奎瀛府校書記」를 지었음. 「사기영선史記英選」의 제목과 「규운옥편奎韻玉篇」의 범례에 자문했음. 이만수 등과 더불어 「사기영선史記英選」 교정 작업에 참여했음.

• 11/5: 넷째 아들 삼동이 태어났음.

• 12/1: 병조참의兵曹參議에 제수되었고, 3일에 우부승지右副承旨(정3품)에 제수됨. 다음날 좌부승지에 올랐다가 부호군副護軍(종4품)으로 옮겨짐.

| 참고사항 |

* 9/10 : 화성이 완공됨.

* 10/9 : 정조 임금이 수원화성 공사 완료를 축하하는 낙성연을 베풂.

◆ 36세 : 1797(정조 21)

- 3월 : 대유사大酉舍에 참석하고 춘추경전春秋經傳을 교정했음. 이문원摛文院에 들어가 이서구李書九·김조순金祖淳과 함께 두시杜詩를 교정함. 교서관校書館에 입직入直(관에 들어가 숙직함)하면서「춘추좌씨전春秋左氏傳」을 교정함.

- 6/22 : 동부승지에 제수되었으나, 이를 사퇴하는「변방사동부승지소辨謗辭同副承旨疏」를 올림.

- 윤6/2 : 곡산부사谷山府使에 제수됨.

| 주요 저술 |

* 겨울 : 홍역을 치료하는 여러 처방을 기록한 『마과회통麻科會通』 12권을 완성했음.

◆ 37세 : 1798(정조 22)

- 9/4 : 넷째 삼동이 출생 22개월 만에 사망하여「유자삼동예명幼子三童瘞銘」을 지었음.

- 10월 : 다섯째 아들이 태어났으나 천연두로 10일 만에 요절함.

- 겨울 : 곡산의 좁쌀과 콩을 돈으로 바꾸어 올리라는 조정의 영令을 철회해주도록 요청해 허락받았음. 오례의도척五禮儀圖尺과 실제 척이 달라 바로잡았음. 종횡표縱橫表를 만들어 호적戶籍, 군적軍籍을 정리했음.

| 주요 저술 |

* 4월 : 「사기찬주史記纂註」를 『사기선찬주계史記選纂注啓』로 완성하여 보고함.

* 「윤지익 묘지명尹季軫墓誌銘」을 지었음. 윤지익은 해남윤씨로 다산의 외가 쪽 친척으로 다산이 명례방에 있을 때 가까이 지내며 함께 공부했는데, 28세의 젊은 나이로 요절함을 애석하게 여겨 묘지명을 지었음.

◆ 38세 : 1799(정조 23)

- 1/18 : 정치적 스승인 번암樊巖 채제공蔡濟恭(1720~1799)이 별세하였음. 채제공을 사모하면서 번옹유사樊翁遺事를 지었음.

- 2월 : 호조참판 임시직함을 받고 황주영위사黃州迎慰使로 임명됨.

- 4/24 : 곡산부사를 성공리에 마치고 내직으로 옮겨져 병조참의에 제수됨.

- 5/4(귀경 도중) : 동부승지를 제수 받고 부호군에 옮겨졌음.

- 5/5 : 다시 형조참의에 제수되어 옥사獄事를 명쾌하게 처리하는 등 임금의 깊은 신임을 얻음.

    * 7년 동안 살인죄로 감옥살이를 하고 있던 함봉련咸奉連을 무죄로 석방함.
    * 이 시기에 「원原」과 「론論」 등이 저술된 것으로 보여짐.

- 6/21 : 정조의 신임이 깊어지던 중에 대사 신헌조申獻朝가 "정약전 등을 추국하여 다스리십시오."라는 계청으로 민명혁閔命爀이 소를 올렸는데, 이는 채제공이 세상을 떠나 세력이 약해진 틈을 타 중형 약전을 거론하여 아우인 다산의 벼슬길을 막으려는 의도였음.

- 6/22 : 다산은 자신의 입장을 밝히고 체임시켜 주기를 상소하는 「사형조참의소辭刑曹參議疏」를 내고 명례방의 죽란사竹欄舍로 돌아와 죽란시사竹欄詩社 활동에 주력했음.

- 7/26 : 체직遞職(물러나게 하는 것)을 허락받았음.

- 10월 : 천주교 배교자 조화진趙華鎭은 이가환, 정약용이 서교를 주창하고 모의하고 있다는 내용을 충청감사 이태영李泰永이 상주上奏(임금께 보고

함)했으나 임금은 무고라고 일축함.

- 12/2: 여섯째 아들 농장農牂이 태어났음.

| 주요 저술 |

* 「압해정씨가승」 저술.

* 병조참판 오대익吳大益의 71세 생일 축하 글(행복: 열복과 청복).

◆ 39세: 1800(정조 24)

- 봄: 다산은 세로世路가 위험하다고 느껴 낙향을 결심하고 마재로 돌아와 형제들이 모여 학술을 토론하는 등으로 소일했음.
- 6/12: 내각의 서리가 「한서선漢書選」 10권을 가지고 와서 "이 책 다섯 질은 남겨서 가전家傳의 물건을 삼고, 다섯 질은 제목을 써서 도로 들여보내라." 했음.
- 6/14: 정조의 몸에 종기가 나서 약물치료를 시작함.
- 6/28: 몸에 난 종기가 심해져서 정조가 붕어崩御함.
- 겨울에 졸곡卒哭을 지낸 뒤 초하루와 보름에만 곡반哭班(국상 때 곡을 하던 벼슬아치의 반열)에 나아갔음. 다산은 소내로 돌아가 형제가 함께 모여 날마다 경전을 강하고, 그 당堂에 '여유與猶'라는 편액을 달았음.

| 주요 저술 |

* 『문헌비고간오文獻備考刊誤』가 이루어졌으며, 「여유당기與猶堂記」와 「매심재기每心齋記」를 지었음.

◆ 40세: 1801(순조 1)

- 1/28: 조정의 분위기 파악차 소내에서 서울로 이동함.
- 2/8: 신유박해辛酉迫害가 시작됨.
- 2/9: 사간원의 계啓(관청에서 임금에게 올리는 글)로 인해 9일 하옥됨.

- 2/10~25: 신유박해 국청鞫廳이 서소문 밖에서 진행됨.

  *10일 새벽 의금부도사義禁府都事 한낙유韓樂裕에게 명례방에서 체포된 다산은 국문을 받았는데, 전 영의정 이병모李秉模가 위관이 되고, 영의정 심환지沈煥之, 좌의정 이시수李時秀, 우의정 서용보徐龍輔가 재판관이 되어 이가환, 정약용, 이승훈 순으로 심문을 진행함.

- 2/27: 3형제에 대한 재판이 확정 판결됨(약종은 순교, 약전과 약용은 유배형에 처해짐).

- 2/28: 약전 형과 함께 유배지로 출발(약전: 신지도, 약용: 장기).

  *이동하는 동안 삼별시三別詩라 불리는 '석우별石隅別', '사평별沙坪別', '하담별荷潭別'을 지었음.

- 3/9: 장기에 도착해 읍내 마현리 성선봉成善封 군교軍校의 집에 거처를 마련함.

- 10/20: 황사영백서黃嗣永帛書 사건이 발생하면서 다산과 약전 형제는 서울로 압송됨.

  ☞ 장기에 머문 기간: 2/27~10/27(8개월)

- 10/27: 서울에 도착하여 국청이 진행되었으나 황사영 사건과 무관한 것으로 밝혀짐.

- 11/5: 다산은 강진현康津縣, 약전은 흑산도黑山島로 전배되어 출발함.

- 11/21: 밤남정 마을에 도착, 형과 헤어지는 그때의 정경을 「율정별栗亭別」 시에 담았음.

- 11/23: 강진에 도착했으나 주민들이 "서울에서 대역죄인이 왔다"면서 주거 제공을 거절함. 동문 밖으로 나와 어느 주모의 도움으로 주막집에 거처를 정했으며, 이곳이 상례喪禮 연구의 산실이 됨.

| 주요 저술 |

* 3월 : 『이아술爾雅述』 6권과 『기해방례변己亥邦禮辨』을 저술했는데, 겨울 옥사 때 분실했음.

* 여름 : 성호가 모은 100마디의 속담에 운을 맞춰 『백언시百諺詩』를 지었으며 훗날 『이담속찬耳談續纂』으로 수정, 보완되었음.

* 의서 『촌병혹치村病或治』와 「수오재기守吾齋記」를 저술하고 130여 수의 시를 지었음.

| 참고사항 |

* 1/10 : 정순대비 사학금지 교서(천주교는 사악한 종교이므로 국법으로 금한다는 법령)를 발표함.

* 1/19 : 정약종의 책롱(천주교 교재, 성구, 신부 및 황사영에게 보낸 서찰 등) 사건 발생. 서급書笈 사건이라고도 함.

* 3/12 : 주문모가 스스로 의금부에 와서 자수함. 신도들이 많은 죽음을 당하고 있음에 자신이 가만히 있을 수 없었다면서 스스로 자수하였음. 이와 연관된 왕실의 송씨와 신씨, 강화도에 유배가 있던 정조의 서제庶弟 은언군이 3/17일 사약을 받고 사망함.

* 4/13 : 주문모周文謨는 한강가 새남터에서 49세로 참수 당함.

* 7/22 : 신유박해 국청에서 기록관이던 이안묵李安默(1756~1804)이 강진현감으로 부임함.

* 9/2 : 정약종의 큰아들(철상) 순교, 둘째 아들(하상)은 8/15, 부인은 10/18, 딸 정혜는 11/24 각각 순교함.

* 9/29 : 황사영이 충북 제천, 베론 성지의 토굴에서 체포됨. 황사영은 2/10일부터 상제喪制로 위장하고 제천지역 토굴에 숨어 생활하면서 황심과 옥천희 두 신도와 함께 중국의 구베아 신부에게 보내는 편지를 작성했

음. 두 신도가 9/15일 체포되면서 9/26일 황사영이 있는 곳을 실토했고 9/29에 체포되었음.

* 황사영은 정약현의 사위임. 황석범(1747~1775)의 유복자로 태어나 16세에 진사시험 합격한 수재였으며, 정약현의 딸 명련과 결혼하면서 약종과 만나 천주교에 입교하였음.

* 11/5: 황사영이 27세로 능지처참형陵遲處斬刑을 당함. 황사영은 16세부터 27세까지 11년 동안 활동했음.

* 황사영의 어머니 이윤혜는 거제도로, 아내 정명련은 제주도로, 두 살 된 아들은 추자도에 버려졌으나 어부 오씨吳氏에게 발견되어, 오씨가 키운 것으로 알려지고 있음.

◆ 41세: 1802(순조 2)

- 2/7: 하인 석이가 가족 편지를 가지고 동문 밖 주막집에 찾아와 이삼일을 머물다 마재로 출발함.(답장에 4월 10일 큰아들이 방문해 줄 것을 편지에 적어 보냄)

- 4/10: 큰아들 학연學淵이 와서 근친覲親했음.

- 10/10: 제자 황상이 찾아와 가르침을 청했으며, 이후 서당을 열어 6명의 제자를 가르쳤음.

  * "주모가 밥은 먹여줄 것이니, 동네 아이들 글을 가르쳐 주시오."라고 제안함에 따라 황상黃裳, 손병조孫秉藻, 황취黃聚, 황지초黃之楚, 김재정金載靖, 이청李晴(자 鶴來) 등을 가르치게 됨.

- 11/30: 여섯째 아들 농장이 4살에 요절夭折했음.

- 겨울: 부친의 친구인 윤광택尹光宅이 조카 시유詩有(1780~1833)를 시켜 술과 고기를 들고 찾아왔음.

- 12/22: 아들 농장農䍧이 죽자, 부인에 대한 걱정과 함께 두 아들에게 "두

아들 두 며느리가 효자 효부가 된다면, 이곳 유배지에서 죽는다 해도 여한이 없겠다."는 등의 내용이 담긴 편지를 보냄.

| 주요 저술 |

* 겨울 : '무덤 앞에서 울면서 읽어주라'는 당부 편지와 심정을 담아 「농아광지農兒壙誌」를 지었음.

◆ 42세 : 1803(순조 3)

- 11/10 : 사의재四宜齋 당호와 「사의재기四宜齋記」를 지었음.
- 사의재四宜齋 : 네 가지를 마땅히 올바르게 하는 집 - ① 생각을 맑게(思), ② 용모는 엄숙하게(貌), ③ 말은 과묵하게(言), ④ 행동은 후중하게(動).
- 겨울 : 정순왕후가 석방할 것을 지시했으나 서용보徐龍輔의 반대로 석방이 취소됨.

| 주요 저술 |

* 봄 : 『예기』「단궁檀弓」편의 주석을 고쳐 『단궁잠오檀弓箴誤』 6권을 완성함.

* 여름 : 23칙으로 된 「조전고弔奠考」를 완성함.

* 가을 : 시詩「애절양哀絶陽」이 이루어졌음. 애절양은 당시 삼정의 문란(田政, 軍政, 還穀)의 실상을 보고 작성한 것으로, 특히 백골징포白骨徵布(죽은 사람에 대한 세금)와 황구첨정黃口簽正(갓난아기에 대한 병역세) 등 횡포가 심했음.

* 겨울 : 『예전상의광禮箋喪儀匡』 17권이 이루어졌음.

◆ 43세 : 1804(순조 4)

| 주요 저술 |

* 봄 : 2천자문으로 된 『아학편훈의兒學編訓義』가 편찬되었음.

◆ 44세 : 1805(순조 5)

- 4/18 : 백련사白蓮寺에서 아암 혜장兒庵 惠藏(1772~1811) 선사를 만났음.
- 9/23 : 큰아들 학연이 사의재로 찾아옴.
- 가을 : 강진현 고이도(현재의 고금도)에서 귀양살이를 하다 풀려나는 김이재金履載와 송별하며 '송별送別'의 시詩를 부채에 써주었는데, 이를 선자시扇子詩라고 함. 훗날 김이재의 형인 김이교金履喬가 순조의 장인 김조순金祖淳에게 보여주게 되어 해배의 실마리를 제공하게 되었다는 설이 있음.
- 겨울 : 보은산방寶恩山房(고성사)으로 거처를 옮겨 학연을 가르쳤음. 이곳이 『주역』 연구의 산실이 되었음.

| 주요 저술 |
* 여름 : 「정체전중변正體傳重辨(일명 「기해방례변己亥邦禮辨」) 3권이 이루어졌음.
* 겨울 : 아들 학연에게 밤낮으로 『주역』과 『예기』를 가르쳤음. 혹 의심스러운 곳이 있어 그가 질문한 것을 답변해 기록해 놓았는데, 모두 52칙으로 「승암문답僧庵問答」이라고 했음.

| 참고사항 |
* 혜장(1772~1811)으로 인해 다례茶禮와 불교경전을 접하게 됨.

◆ 45세 : 1806(순조 6)

- 봄 : 학연을 데리고 보은산방에서 10리 길을 걸어 만덕산 백련사를 방문함.
- 가을 : 학연을 마재로 돌려보냄. 거처를 이청李晴(자 鶴來)의 집으로 옮김.
- 겨울 : 부인 홍씨의 편지(寄康津謫中)를 받음.

| 참고사항 |
* 이청李晴(1792~1861)은 아전의 아들로 태어나 사의재의 6제자 중 막내임.

다산초당에서까지 다산의 옆에 있었으며, 해배 이후에도 마재를 내왕하며 다산을 섬겼음. 70세까지 과거에 매달려 공부했는데, 부賦는 합격했으나 시詩 분야가 모자라 탈락한 것으로 전해지고 있음.

◆ 46세 : 1807(순조 7)

- 5월 : 장손長孫 대림大林이 태어남.
- 7월 : 형의 아들 학초學樵가 사망했다는 부음을 들었음.

| 주요 저술 |

  * 7월 : 묘지명 「형자학초묘지명兄子學樵墓誌銘」을 썼음. 『상례사전喪禮四箋』 50권이 완성되었음.

  * 겨울 : 『예전상구정禮箋喪具訂』 6권을 지었음.

◆ 47세 : 1808(순조 8)

- 3/16 : 다산초당으로 거처를 옮김. 이곳이 다산학 탄생의 산실이 되었으며, 다산이라는 아호가 생겨남. 다산초당은 강진현 남쪽의 만덕사萬德寺 서쪽에 있는데, 귤림처사橘林處士 윤단尹慱(연동파)의 산정山亭이었음.

  * 다산초당으로 오게 된 배경 : 윤단과 그의 아들 윤규로가 자제들을 교육시키기 위해 초빙함. 다신계 제자 18명 중에서 윤단의 손자가 6명임.

- 다산으로 거처를 옮긴 뒤 대臺를 쌓고, 못을 파고, 꽃나무를 열지어 심고, 물을 끌어 폭포를 만들고, 동쪽과 서쪽 각각에 암자를 짓고, 서적 1,000여 권을 쌓아놓고, 글을 짓고 스스로 즐기며 '정석丁石' 두 글자를 석벽石壁에 새겼음.

- 4/20 : 큰아들을 돌려보낸 뒤 1년 반 만에 둘째 아들 학유가 어머니 편지를 가지고 와서 8년 만에 상봉함. 학유는 1810년 5월까지 2년 정도 초당에 머무르며 가르침을 받았음.

  * 이때 학유가 결혼예물인 다홍치마를 지참한 것으로 추정됨.

| 주요 저술 |

* 봄 : 『주역』의 어려운 부분을 들추어 『다산문답』 1권을 썼음.

* 여름 : 가계家誡를 썼음.

* 겨울 : 『제례고정祭禮考定』과 『주역심전周易心箋』 24권이 이루어졌음. 「독역요지讀易要旨」 18칙과 「역례비석易例比釋」을 지었음. 『주역서언周易緖言』 12권을 완성했음.

◆ 48세 : 1809(순조 9)

• 봄 : 혜장이 초의草衣(1786~1866)를 데리고 다산을 찾아와서 훗날 유교와 불교의 학문 교류가 넓어지게 되고, 초의는 추사와도 교유하게 됨.

| 주요 저술 |

* 봄 : 『예전상복상禮箋喪服商』, 『상례외편喪禮外篇』 12권이 완성되었음.

* 가을 : 『시경강의詩經講義』를 산록刪錄했음. 내용은 『모시강의毛詩講義』 12권을 첫머리에 놓고, 따로 『시경강의 보유詩經講義補遺』 3권을 지었음.

◆ 49세 : 1810(순조 10)

• 5월 : 학유가 다산초당에서 마재로 돌아감. 이때 「하피첩霞帔帖」을 지참시킴.

• 9월 : 큰아들 학연이 바라를 두드려 억울함을 상소(꽹가리 상소)하고 김계락의 보고로 특별히 해배 은총이 내려졌으나, 홍명주의 상소와 이기경의 대계臺啓로 인해 석방되지 못했음.

* 풍증風證으로 큰 고생을 하고 있었음.

| 주요 저술 |

* 봄 : 『시경강의보詩經講義補』, 『관례작의冠禮酌儀』와 『가례작의嘉禮酌儀』가 완성됨. 봄, 여름, 가을 각 세 차례에 걸쳐 가계家誡를 썼음.

* 겨울 : 『소학주천小學珠串』 3권이 완성됨.

◆ 50세 : 1811(순조 11)

- 9/14 : 혜장이 40세의 짧은 일기로 입적入寂함.

| 주요 저술 |

＊봄 : 『아방강역고我邦疆域考』가 완성됨.

＊겨울 : 『예전상기별禮箋喪期別』이 완성됨.

| 참고사항 |

＊홍경래 난이 일어남.

◆ 51세 : 1812(순조 12)

- 봄 : 딸이 옹산翁山 윤서유尹書有의 아들 창모昌謨에게 시집감.
- 9/12 : 이덕휘의 초청으로 월출산 남쪽 백운계곡을 유람. 윤동(본명 윤종심), 초의와 함께 '백운도白雲圖'와 '다산도茶山圖'를 그렸음.

| 주요 저술 |

＊봄 : 『민보의民堡議』를 완성했음. 계부季父 가정공稼亭公 정재진丁載進의 부고를 받고 「계부가옹행장季父稼翁行狀」을 지었음.

＊겨울 : 『춘추고징春秋考徵』 12권이 완성됨. 초본은 둘째 아들 학유가, 재고본은 제자 이강회가 도왔음. 「아암장공탑명兒菴藏公塔銘」을 지었음.

◆ 52세 : 1813(순조 13)

- 7/14 : 시집간 딸에게 매조도梅鳥圖를 그려 보냄.

＊사위 윤창모와 딸은 1812년에 결혼해서 1년 정도 살다가 한양(귀어촌)으로 이사함.

- 서모 잠성김씨(1754~1813)가 사망하였음. 훗날 묘지명을 썼음.

| 주요 저술 |

＊6월 : 이중협과 이별하면서 「증별이중협우후시첩서贈別李重協虞候詩帖序(괴

로움은 즐거움의 뿌리, 즐거움은 괴로움의 씨앗)」를 썼음.

* 겨울:『논어고금주』40권이 이루어졌음. 이 책은 여러 해 동안 자료를 수집하여 이 해 겨울에 완성했는데, 이강회李綱會, 윤동尹峒 등이 도왔으며『논어』에 대해서는 이의가 워낙 많아서「원의총괄原義總括」표를 만들어「학이편學而篇」에서부터「요왈편堯曰篇」까지 원의를 총괄한 것이 175조가 됨.

◆ 53세 : 1814(순조 14)

- 4월 : 대계가 정지되어 처음으로 죄인 명부에서 이름이 삭제되었음. 장령掌令 조장한趙章漢이 사헌부에 나아가 특별히 정지시킨 것임. 그때 의금부에서 관문關文을 발송하여 석방시키려 했으나 강준흠姜浚欽의 상소로 발송하지 못했음.

| 주요 저술 |

* 여름 :『맹자요의孟子要義』9권이 완성됨.
* 가을 :『대학공의大學公議』3권,『중용자잠中庸自箴』3권,『중용강의보』6권이 완성됨.
* 겨울 : 이청李睛에게 집주集注케 하여『대동수경大東水經』2권이 완성됨.

◆ 54세 : 1815(순조 15)

| 주요 저술 |

* 봄 :『심경밀험心經密驗』과『소학지언小學枝言』이 완성됨. 다산은 "오직『심경』과『소학』이 모든 경전 가운데서 꽃을 피운 것이었다. 배우는 사람이 두 책에 마음을 기울이고, 힘써 실천하여『심경』으로써 그 안을 다스리고『소학』으로써 그 밖을 다스린다면 아마도 현자賢者가 되는 길이 열릴 것이다."라고 했음.

◆ 55세 : 1816(순조 16)

- 6/6 : 종형 정약전, 흑산도 유배지에서 59세로 사망함.

- 6/17 : 중형仲兄의 부음을 들었음.
- 8월 : 학유의 처 청송심씨가 사망하였음. 해배된 다음 해에 묘지명을 지었음.

| 주요 저술 |

* 봄 : 『악서고존樂書孤存』12권이 완성됨. 이는 '4서 5경'에 『악경』을 추가하여 '4서 6경'을 완성하는 위업이었음.

◆ 56세 : 1817(순조 17)

| 주요 저술 |

* 가을 : 『상의절요喪儀節要』가 이루어졌으며, 『가례작의』와 『제례고정』등과 함께 묶어서 『사례가식』으로 펴냈음. 『방례초본邦禮艸本(경세유표)』의 저술을 시작했는데 끝내지는 못했음.

◆ 57세 : 1818(순조 18)

- 8/15 : 이태순李泰淳이 상소하고 임금의 하교가 시행되는지 여부에 대해 남공철南公轍(우의정)이 확인함으로써 드디어 해배 명령이 발부되어 18일에 다산초당에 당도함.
- 9/2 : 제자 18명과 '다신계茶信契'를 결성하는 등 마무리를 하고 유배지에서 고향 마재로 출발함.
- 9/15 : 고향 마재에 도착함.

| 주요 저술 |

* 봄 : 『목민심서』 저술을 시작함.

* 여름 : 『국조전례고國朝典禮考』 2권이 이루어졌는데, 『상례외편喪禮外篇』에 편입되었음.

* 가을 : 『기해방례변』을 지었음.

◆ 58세 : 1819(순조 19)
- 봄 : 충주 하담에 있는 선영에 성묘함.
- 여름 : 노론 계열의 대표적 학자인 신작申綽·신진申縉 형제와 학술 논쟁을 벌인 끝에 높은 평가를 받음.
- 가을 : 용문산龍門山을 유람했음.

|주요 저술|
* 여름 : 『흠흠신서欽欽新書』가 이루어졌는데, 이 책의 처음 이름은 『명청록明清錄』이며, 후에 『서경』「우서虞書」의 '흠재흠재欽哉欽哉', 즉 '형벌을 신중히 하라'는 뜻에서 지었음.
* 겨울 : 『아언각비雅言覺非』3권이 완성됨.
* 이 해에 큰형수 경주이씨에 대한 「구수공인이씨묘지명丘嫂恭人李氏墓誌銘」, 둘째 며느리인 학유의 처에 대한 「효부심씨묘지명孝婦沈氏墓誌銘」, 약현 형의 아들 학수에 대한 「형자학수묘지명兄子學樹墓誌銘」, 서모庶母 잠성김씨에 대한 묘지명墓誌銘을 지었음.

◆ 59세 : 1820(순조 20)
- 봄 : 배를 타고 북한강을 거슬러 춘천의 청평산 등을 유람했음.

|주요 저술|
* 겨울 : 친구 윤서유에 대한 「옹산윤공묘지명翁山尹公墓誌銘」을 지었음.

◆ 60세 : 1821(순조 21)
- 9/4 : 큰형(약현: 1751~1821)이 71세로 사망했음.
- 11/27 : 노론계 김매순金邁淳을 만나 30여 년 전에 궁궐에서 맺은 인연을 토대로 유배지에서 연구한 학문에 대해 토론함.

| 주요 저술 |

* 봄 : 『사대고례산보事大考例刪補』 26편이 완성됨.

* 가을 : 약현 형의 「선백씨정약현묘지명先伯氏丁若鉉墓誌銘」, 윤지범의 「남고 윤참의묘지명南皐尹參議墓誌銘」을 지었음.

◆ 61세 : 1822(순조 22)

- 1/29 : 노론의 대가인 대산 김매순으로부터 『매씨서평』에 대한 서평을 편지로 받고 기뻐했음.

- 6월 : 신작申綽, 김기서金基敍 등과 편지를 주고받으며 경서에 대해 논했음.

- 노론의 홍석주洪奭周 / 홍길주洪吉周 / 홍현주洪顯周 삼형제와 이들의 6촌 인 홍한주洪翰周와 교유하였음.

| 주요 저술 |

* 회갑을 맞아 「자찬묘지명(집중본·광중본 2종)」과 약전 형의 묘지명 「선중 씨정약전묘지명先仲氏丁若銓墓誌銘」, 윤지평의 묘지명 「사헌부지평윤공묘 지명司憲府持平尹公墓誌銘」, 이유수李儒修의 묘지명 「사헌부장령금이이주 신묘지명司憲府掌令錦里李周臣墓誌銘」, 윤지눌의 묘지명 「사헌부지평윤무 구묘지명司憲府持平尹无咎墓誌銘」, 권철신의 묘지명 「녹암권철신묘지명鹿 菴權哲身墓誌銘」, 이가환의 묘지명 「정헌이가환묘지명貞軒李家煥墓誌銘」, 이 기양의 묘지명 「복암이기양묘지명茯菴李基讓墓誌銘」 등을 지었음.

◆ 62세 : 1823(순조 23)

- 4월 : 다신계 제자 기숙 윤종삼, 금계 윤종진이 마재에 찾아와서 다산 초 당의 안부에 대해 대화를 나눔.

- 4/15일~25일 : 산수汕水를 거슬러 유람하고 「산행일기汕行日記」, 「산수심 원기汕水尋源記」 등을 지었음.

- 9/28 : 승지 후보로 낙점됐으나 서용보의 방해로 취소되었음.

◆ 66세 : 1827(순조 27)
- 10월 : 순조의 아들 익종翼宗(효명세자)이 대리청정을 하며 다산을 모셔오라 했는데, 윤극배尹克培가 "정약용이 아직도 천주교를 잊지 않았다."는 상소로 무산됨.
- 11월 : 홍현주·석주 형제와 학문 논쟁을 벌이고 높은 평가를 받음.

◆ 67세 : 1828(순조 28)
- 추사 김정희와 그의 아우 김상희金相喜가 찾아와 뱃놀이를 하며 시를 지었음.

◆ 69세 : 1830(순조 30)
- 5/5 : 약원藥院에서 탕제湯劑의 일로 아뢰어 부호군副護軍에 단부單付되었음. 그때 익종翼宗(순조의 아들)이 위독해 약원에서 약을 논의할 것을 청했음. 그러나 익종은 약을 올리기도 전인 6일에 세상을 떠났음.

◆ 73세 : 1834(순조 34)
- 11월 : 순조의 환후가 급해 명을 받들고 12일에 출발했는데, 홍화문弘化門에서 승하했다는 말을 듣고 이튿날 고향으로 돌아왔음.

| 주요 저술 |
- * 봄 : 『상서고훈』과 『상서지원록』 7권을 개수改修하고 합해서 모두 21권으로 합편하였음.
- * 가을 : 『매씨서평梅氏書平』 9권을 개정했음.

◆ 75세 : 1836(헌종 2)
- 2/22 : 양력으로 4월 7일 진시辰時(07~09시)에 태어나고 자란 집에서 생을 마쳤음. 이날은 선생의 회혼일回婚日이어서 족친族親과 문생門生들이

많이 모였음. 이날 문인 이강회李綱會(다신계 제자)가 서울에 있었는데 큰 집이 무너져 내리는 꿈을 꾸었다고 함. 장례 절차는 모두 선생의 유명遺命에 따라 「상의절요喪儀節要」를 지켜 시행했음.
- 4/1 : 여유당與猶堂 뒤편 유산酉山에 장사 지냄.

※ 사후死後 정신 계승 및 현양顯揚 활동

- 1862년(철종 13) : 서세 26년
  - 노사蘆沙 기정진奇正鎭(1788~1879)이 철종哲宗 임금에게 "삼정문란三政紊亂의 해결책이 『목민심서』에 다 있습니다."라고 상소함.

- 1882년(고종 19) : 서세 46년
  - 『여유당전서』가 전부 필사되어 내각에서 소장所藏함.

- 1910년(순종 4) : 서세 74년
  - 7/18 : 정헌대부正憲大夫 규장각 제학을 추증追贈하고 문도공文度公의 시호를 내림. (나라에서 내려준 마지막 시호임)

- 1925년 : 서세 89년
  - 7월 7일에서 9월 초까지 4차례 대홍수大洪水가 발생하여 선생의 고택(여유당)이 떠내려갈 때 후손 정규영丁奎英이 유고遺稿를 구출하여 지켜냈음.

- 1936년 : 서세 100주년
  - 서거 100주년을 맞이하여 정인보, 안재홍 등이 『여유당전서』를 정리하여 펴냄.
  - 1936~1938년까지 신조선사에서 활자본 『여유당전서』 154권 76책을 간행함.

- 1957년: 서세 121년
  - 강진군에서 다산유적지 복원사업을 전개함.
- 1985년: 서세 149년
  - 남양주시에서 마재 정약용 생가 복원사업을 전개함.
- 1997년: 서세 161년
  - 유네스코에서 수원화성을 세계과학건축물로 선정됨.
- 2012년: 서세 176년(탄신 250년)
  - 선생의 탄신 250주년을 맞이하여, 선생의 위대한 업적을 기려 유네스코에서 선생을 헤르만 헤세, 장자크 루소 등과 함께 세계기념인물로 선정됨.
  - 선생의 저작을 집대성한 『여유당전서』가 2004년부터 국학진흥사업단의 지원을 받아 본격적으로 사업을 추진한 이래 8년 만에 '정본화 작업'을 거쳐 37권으로 된 『정본 여유당전서(도서출판 사암)』가 발간됨.
- 2019년: 서세 183년
  - 경기도에서 2012년도에 기 선정된 위인 33명에 대하여 이장, 통장, 주민자치위원 등 4,000명을 대상으로 설문한 결과 경기도를 대표하는 역사인물 1위에 정약용(27.2%), 2위 정조(21.0%), 3위는 율곡(9.0%), 4위 명성왕후(6.7%), 5위 정도전(6.7%) 순으로 선정됨.

다산 정약용 선생의 유적지는 경기도 남양주시와 전남 강진군, 두 곳에 분포돼 있다. 75년의 생애와 삶에서 연고緣故가 있었던 기간은, 태어나신 남양주에서 57년, 유배되셨던 강진에서 18년을 사신 것으로 볼 수 있다. 선생에 대해 관심이 있거나 연구를 위해 유적지를 방문하는 사람들에 의하면, 남양주 유적지는 10분~20분만 머물면 되고, 강진 유적지는 하루 내지는 1박2일

코스로 잡는다고 한다. 거리상의 차이가 있긴 하지만, 실제로는 남양주 유적지가 볼 것이 더 많아야 하는데, 볼만한 내용이 없다 보니 그렇다고 한다. 강진 유적지에 가보면 택시 운전기사부터가 문화해설사 수준이다. '사의재'와 '다산초당', 그리고 '다산박물관'에 가보면 듣고 싶은 내용이 남양주보다 훨씬 많다는 것이다.

필자가 국방대학교 안보과정 학생들에게 "다산에게 배우는 공직자 리더십"을 강의할 때, 남양주 유적지를 방문해 현장학습을 했던 기억을 잊을 수 없다. 당시 교육생은 일반 공무원과 군인 공무원으로 구성된 200명을 4개 학급으로 나눠서 교육을 진행했었다. 일반 공무원은 서기관, 부이사관이 주류를 이루고, 군인 공무원은 대령이 주를 이루고 준장이 몇 명 포함돼 있었는데, 이들 중에는 독일의 괴테(1749~1832) 하우스와 영국의 셰익스피어(1564~1616) 박물관을 다녀온 사람들이 여럿 있었다. 학생들은 필자에게 강의를 들은 상태였기 때문에, 셰익스피어와 괴테 유적지와 비교하게 되면서 상대적으로 미비한 점이 많다는 점을 설문지에 표출했다. 한마디로 위인偉人에 대한 관리나 기록 보존이 부실하다는 지적이었다.

학창 시절의 수학여행修學旅行이 생각난다. 흥분과 설레는 마음으로 선생님의 인솔 아래 현장학습을 통해 그동안 대하지 못한 곳에서, 자연 및 문화를 실지로 보고 들으며 지식을 넓히는 기회가 수학여행이다. 다산 유적지 또한 그러한 효과가 나도록 해야 한다. 남양주 유적지에는 6대조 정시윤 공이 정착했음을 나타내는 '임청정臨淸亭', 큰아들이 살았던 '수오재守吾齋'와 '망하루望荷樓', 작은아들이 살았던 '매심재每心齋'가 현존하는 '여유당與猶堂'과 함께 있어야 하고, 선생의 저술 등 기념물도 취급해야 한다. 필자는 이런 내용을 남양주시청에 건의하기도 했고, 시장을 4차례 직접 만나 제안하기도 했지만(2007~2022) 소용이 없었다. 선생의 '3호정신'에 입각해서 유적지를 관리해야 할 것으로 본다.

자음색인 字音索引

- 「아학편」 2,009자를 음순 音順으로 배열하였다.
- 오른쪽 숫자는 한자가 실린 면수를 나타낸다.

가		간		갑		開	60	去	76	擊	126	겹	
歌	114	澗	121	甲	110	車	184	隔	164	裌	225
稼	117	肝	127			객		건		견		경	
街	125	干	142	강		客	70	蹇	206	堅	116	莖	104
嫁	143	簡	153	江	103			巾	207	牽	132	耕	117
價	145	幹	179	降	106	갱				犬	187	徑	125
櫃	171	竿	187	糠	147	秔	218	걸		肩	193	磬	128
架	194	癎	211	羌	167	羹	229	乞	83	見	67	境	138
茄	202	間	51	岡	168			傑	97			經	141
枷	223			強	182	거				결		脛	151
家	61	갈		襁	205	巨	115	검		潔	118	硬	156
可	71	竭	119	薑	224	炬	139	劍	142	結	132	鯨	169
加	74	葛	201	講	71	擧	148	儉	155	決	145	驚	185
假	86	蠍	208	剛	97	渠	170			缺	88	鏡	198
				釭	209	踞	191	겁				繁	209
각		감				秬	197	怯	143	겸		京	61
脚	151	甘	123	개		鋸	214	跲	206	鎌	147	輕	68
角	182	紺	144	蓋	175	裾	225			謙	178	卿	77
殼	204	柑	202	鎧	205	胠	228					慶	84
覺	65	疳	226	疥	223	苣	229	격				敬	94
閣	96	減	74	芥	224	居	59	檄	216			

계		袴	220	과		廣	131	拘	154	군		跪	122
戒	113	篙	231	戈	142	狂	135	漚	158	群	133	几	139
溪	121	古	51	寡	145	誑	176	舅	159	帬	199	潰	145
階	126	高	75	夸	165	筐	219	矩	166	君	46	饋	207
繫	132	孤	89	菓	181	光	82	溝	170	軍	89	櫃	219
界	138			瓜	194			駒	173	郡	90	簋	228
桂	161	곡		鍋	209	괘		鉤	206				
鷄	189	谷	106			掛	154	臼	209	굴		귀	
笄	198	穀	142	곽				颶	210	屈	97	龜	195
髻	226	哭	163	郭	110	괴		痀	211			귀歸	73
季	82	轂	174	槨	173	壞	132	鷗	215	궁		귀貴	86
計	88	斛	188	藿	202	槐	140	毬	216	宮	125		
		鵠	221	癨	226	愧	157	觓	218	弓	143	규	
고		曲	57			塊	167	厩	219	芎	220	揆	120
賈	149	穀	73	관				裘	220	窮	92	圭	138
膏	105			觀	111	굉		韭	224			窺	150
顧	111	곤		管	128	肱	117	屨	226	권		規	166
告	113	棍	210	顴	137			鳩	227	券	100	跬	184
固	116			盥	149	교		九	43	勸	115	葵	202
股	117	골		館	157	敎	111	口	48	倦	133	閨	205
苦	123	骨	136	鸛	161	膠	147	舊	60	捲	148		
鼓	128			棺	173	驕	156	求	83	拳	184	균	
枯	130	공		灌	174	蛟	169	丘	85	權	55	麕	172
雇	145	貢	100	官	87	轎	175	笱	199			菌	194
庫	153	功	118	冠	90	蕎	197			궐			
姑	159	空	119	寬	96	交	74	국		闕	125	귤	
羔	173	恐	158			橋	81	菊	154	蹶	206	橘	202
羖	187	拱	184	괄				掬	184	蕨	218		
槁	192	攻	69	姡	150	괄		麯	230	鱖	230	극	
罟	206	工	80			句	119	國	61			戟	142
瞽	211	孔	88	광		懼	134			궤		屐	226
槀	218	恭	96	纊	126	糗	147			匱	119		

근
勤	115
筋	136
根	179
謹	183
芹	202
釿	214
近	94

금
錦	136
禽	161
琴	176
衾	176
衿	225
今	51
金	69

급
汲	203
急	87

기
氣	105
騎	129
器	139
飢	157
妓	167
旗	175
欺	176
期	181
敧	185

庋	194
機	198
箕	212
譏	213
綦	213
碁	216
羇	216
起	59
技	63
記	65
奇	99
幾	99

길
吉	116

나
稬	218

난
難	113
鸞	161

남
男	44
南	50

낭
囊	212

내
奈	203

內	66

냉
冷	95

녀
女	44

념
恬	127

노
弩	143
奴	159
老	47
怒	62
勞	133

논
論	58

농
濃	113
農	149

뇌
腦	183
雷	125

뇨
溺	168

누	
樓	96

눌
訥	134

뉴
杻	171

늑
岰	217

능
能	67
綾	142

니
泥	158
尼	160

닉
匿	164

님
軒	198

다
多	145

단
壇	101
端	134
丹	144
檀	161

短	52
單	89
斷	95
達	208
疸	219
達	92
담	
淡	113
潭	151
啗	181
膽	196
痰	200
談	58

답
踏	154
答	54

당
棠	203
堂	76

대
對	108
戴	130
撞	148
臺	157
貸	180
碓	195
黛	198
大	52

帶	90

덕
德	58

도
圖	107
倒	109
蹈	114
桃	124
刀	147
島	151
盜	160
賭	163
悼	178
稻	197
萄	201
棹	204
茶	218
度	56
道	81
都	90
逃	99

독
毒	135
犢	153
犢	173
纛	175
櫝	219
讀	71
獨	89

돈
豚	173
魨	230
敦	84

돌
突	129
堗	186
咄	191

동
洞	106
動	107
童	137
僮	159
棟	166
凍	177
同	180
涷	212
桐	215
冬	50
東	50
銅	69

두
荳	151
頭	183
斗	188
肚	196
痘	206
蠹	222

둔		랄		려		렵		롱		陸	48	麟	172
鈍	131	辣	187	閭	110	獵	144	弄	132				
臀	151			麗	116			壟	169	륜		림	
遁	164	람		侶	133	령		聾	211	輪	174	林	181
		濫	114	廬	146	嶺	170	籠	213			霖	212
득		藍	208	驢	187	鈴	197			률			
得	79			礪	195	令	72	뢰		栗	171	립	
		랍		藜	202			牢	204	律	129	立	122
등		鑞	196	癘	219	례		耒	223			粒	172
登	106			鱺	227	隷	167			름		笠	205
燈	139	랑		慮	78	醴	189	료		廩	153		
騰	179	浪	112	旅	89			燎	139			마	
藤	201	狼	209			로		醪	189	릉		馬	104
縢	205	郞	215	력		爐	141	蓼	218	陵	85	麻	172
		榔	229	力	55	澇	186					磨	195
라		廊	76	曆	129	鑪	212	룡		리			
羅	142			礫	167	鷺	215	龍	169	李	124	막	
懶	177	래				蘆	217			鰲	165	幕	155
蓏	181	來	54	련		艫	229	루		梨	196		
臝	187			攣	154	艣	231	累	131	狸	209	만	
癩	211	략		鍊	162	露	49	漏	145	籬	216	滿	114
贏	217	略	155	戀	165	路	81	淚	163	痢	226	蠻	167
蘿	230			輦	175					鯉	227	巒	168
		량		憐	178	록		류		犂	231	蔓	221
락		諒	127			麓	168	柳	140	理	51	晩	63
落	132	兩	131	렬		鹿	172	流	183	裏	66	萬	76
諾	88	粮	147	鴷	225	漉	223	硫	201	里	66		
		梁	166			錄	65	榴	203			말	
란		梁	197	렴		祿	87	留	76	린		末	120
蘭	168	涼	49	簾	216	綠	89			鄰	66	韈	205
卵	189	良	84	奩	219			륙		鱗	110		
亂	79							六	42	吝	116		

망
望 127
望 150
妄 156
芒 165
網 206
亡 63

매
妹 120
霾 121
梅 124
寐 162
罵 176
買 180
賣 180
煤 214
埋 98

맥
脈 136
陌 138
麥 151
霡 212

맹
猛 135
氓 167
薨 222
盟 73
孟 88

면
勉 115
棉 172
麵 189
面 53

멸
滅 174
蠛 231

명
皿 139
鳴 179
名 45
命 72
明 80

모
毛 110
牟 151
牡 152
模 158
慕 165
旄 175
姆 185
茅 217
帽 220
母 43
謀 88

목
沐 149

묘
霂 212
鶩 215
目 48
木 73
睦 84

몽
夢 162
曚 211
朦 231

묘
廟 101
苗 172
墓 173
貓 207

무
舞 114
霧 125
巫 139
茂 149
貿 163
無 62
武 63

묵
墨 103
黙 134

문
紋 141

押 148
門 182
蚊 208
問 54
文 63
聞 67

물
物 46

미
米 147
麋 148
眉 159
麋 172
尾 182
麋 189
楣 205
薇 218
美 60
味 79
微 89

민
敏 115
民 80

밀
蜜 175
密 95

박
舶 141
雹 152
簿 216
薄 68

반
伴 133
飯 148
攀 162
盤 175
班 71
反 73

발
發 115
髮 159
鉢 218
拔 98

방
訪 113
房 131
紡 164
謗 213
魴 227
方 57
房 76
芳 85
放 99

법
法 56

벽
壁 126

배
拜 123
梧 228
背 97
倍 99

백
帛 136
柏 146
百 43
白 64
伯 82

번
煩 113
飜 156

벌
罰 124
筏 141
伐 69

범
氾 114
範 158
帆 204

법

복
伏 122
卜 129

벽
壁 138
檗 171
甓 186
碧 89

변
辨 100
邊 131
變 93

별
鼈 195
別 59

병
兵 126
病 128
餠 148
屛 155
瓶 228

보
步 184
褓 205
鴇 221
保 58
報 83
寶 95

覆	156	符	140	**붕**		**사**		**삭**		象	140	犀	140
僕	159	府	153	朋	44	賜	100	朔	127	詳	155	恕	143
輻	174	剖	162			絲	126	索	126	桑	171	嶼	151
蝮	194	鳧	171	**비**		紗	142			橡	171	黍	197
簏	210	腑	200	碑	101	奢	155	**산**		爽	178	鼠	207
鰒	230	釜	209	妃	108	榭	157	散	107	牀	194	壻	221
福	72	鮒	212	脾	127	沙	158	産	118	裳	199	鉏	231
服	90	斧	214	肥	156	蛇	194	酸	123	鱨	212	暑	49
腹	97	跗	224	婢	159	梭	198	傘	175	箱	213	西	50
		父	43	榧	161	簑	205	刪	188	上	51	書	70
본		夫	46	飛	179	鯊	212	疝	211	想	55	序	71
本	120	婦	46	臂	193	筲	213	訕	213	相	77		
		否	71	扉	205	沙	217	蒜	229	商	80	**석**	
봉		賦	77	庳	211	篩	230	山	48	償	83	汐	112
縫	160	浮	91	轡	216	四	42			祥	91	席	141
鳳	161			篦	226	事	51	**살**				夕	179
捧	162	**북**		鼻	48	思	55	殺	75	**새**		錫	196
峯	168	北	50	非	56	舍	61			璽	140	淅	223
鼗	195			悲	62	射	70	**삼**				石	52
烽	201	**분**		卑	86	師	70	滲	145	**색**			
蓬	201	奮	115			死	72	杉	146	塞	80	**선**	
篈	224	忿	143	**빈**		捨	76	衫	220	穡	117	霰	121
篷	231	糞	168	貧	102	士	77	蔘	220	色	79	膳	121
逢	59	紛	180	牝	152	史	78	三	42			扇	141
		焚	190	鬢	159	詞	78			**생**		船	141
부		粉	198	嚬	214	寺	96	**삽**		甥	159	線	147
簿	100	盆	210	賓	70	祀	98	澁	177	牲	161	羨	165
富	102	噴	217			邪	98	鍤	231	生	72	蟬	204
俯	106	分	94	**빙**		辭	99					鱓	222
扶	106	奔	99	氷	152	捨	180	**상**		**서**		癬	223
負	130							霜	121	舒	120	善	56
腐	132							賞	124	筮	129	旋	93

설		歲	63	損	74	崒	170	舜	192	視	181	愼	96
雪	121	稅	77			穟	172	鶉	227	猜	185	伸	97
泄	163			솔		樹	181	順	61	柿	196	辰	47
說	58	소		蟀	225	晬	181	純	88	塒	204		
舌	93	掃	108			嗽	200	脣	93	豺	209	실	
		嘯	111	송		燧	201			鰣	227	室	125
섬		搔	148	訟	100	酬	207	숭		豉	230	蟋	225
纖	115	笑	150	松	146	袖	225	崧	224	是	56	實	62
蟾	194	繅	164	悚	158	籔	230			始	60	失	79
		簫	176	送	59	水	52	슬		時	63		
섭		泝	183	誦	71	首	53	膝	151	市	66	심	
鑷	198	燒	190			秀	60	瑟	176	詩	78	深	113
		愫	199	쇄		修	67	蝨	222			心	127
성		巢	204	灑	108	守	69			식		嬸	185
聖	109	梳	226	碎	130	獸	69	습		食	121	蕁	194
城	110	少	47	鎖	197	數	70	習	65	息	132	尋	94
省	111	小	52			隨	74	濕	95	熄	174		
醒	157	所	57	쇠		愁	78			媳	221	십	
腥	187	素	64	衰	92	受	99	승		識	65	十	43
筬	198	蔬	81					乘	129	飾	67	쌍	
姓	45	召	84	수		숙		僧	160			雙	76
性	46	疏	95	壽	102	淑	120	繩	166	신			
星	47			手	117	菽	151	升	188	信	102	씨	
成	71	속		嫂	120	鱐	228	蠅	208	薪	170	氏	45
聲	79	贖	163	繡	136	叔	82	勝	61	辛	187		
盛	92	粟	197	髓	136					腎	196	아	
誠	94	速	87	叟	137	시		시		紳	213	我	103
		續	95	漱	149	詢	113	豕	104	呻	214	雅	127
세				垂	154	旬	127	恃	134	臣	46	蛾	204
細	115	손		羞	157	淳	178	矢	143	身	53	啞	214
帨	207	遜	178	鬚	159	筍	187	柴	170	新	60	鵝	215
勢	55	孫	45	睡	162	瞬	191	枲	172	晨	83	婭	221
								匙	175				

373

張	156	적		절		井	66	棗	196	宗	45	죽	
藏	164	積	131	節	104	正	98	蟗	204	終	60	粥	148
腸	196	摘	133	折	192			嘲	213	從	92	竹	187
臟	200	賊	160			제		竈	219	縱	94		
檣	204	狄	167	점		悌	102	鵰	221			준	
醬	229	笛	176	店	146	帝	108	蚤	222	좌		準	166
壯	47	跡	184	鮎	227	娣	120	儵	227	左	53	蹲	191
長	52	靮	216			製	129	糟	230	坐	59	罇	228
將	77	荻	217	접		提	162	祖	45			俊	97
丈	94	赤	62	蝶	195	啼	163	早	63	죄			
葬	98	鰿	230	楪	210	臍	169	鳥	69	罪	118	중	
				鰈	222	蹄	182	弔	84			衆	133
재		전		接	74	齊	186	燥	95	주		中	51
裁	129	篆	107			薺	202			註	119	重	68
材	179	顚	109	정		秭	215	족		走	123	仲	82
才	67	箋	119	靜	107	梯	222	足	117	舟	141		
財	77	田	122	精	118	弟	44	族	44	洲	160	즙	
災	91	殿	125	貞	120	制	72			鑄	162	楫	204
		電	125	庭	126	祭	98	존		柱	166		
쟁		轉	130	頂	137			存	63	裯	176	증	
爭	135	錢	138	亭	157	조		尊	86	酒	189	贈	100
		甎	141	汀	160	潮	112			肘	193	憎	134
저		箭	143	旌	175	粗	118	종		咮	199	增	188
渚	160	餞	144	整	185	條	126	種	117	肯	205	蒸	193
紵	172	畋	144	睛	188	爪	137	鐘	128	蛛	208	繒	199
筯	175	專	155	蟶	195	釣	144	螽	173	廚	219	甑	228
蓍	179	顫	187	釘	197	眺	150	駿	182	朱	64	曾	88
楮	203	前	53	鼎	209	稠	163	蹤	184	主	70		
杵	209	戰	69	疔	211	阻	164	腫	211	畫	83	지	
蛆	222	傳	78	蜓	225	俎	175	鍾	218	州	90	紙	103
菹	229			情	46	朝	179	踵	224	周	93	枝	104
低	75			政	56	照	190	鯼	227	珠	95	持	106

설
雪 121
泄 163
說 58
舌 93

섬
纖 115
蟾 194

섭
鑷 198

성
聖 109
城 110
省 111
醒 157
腥 187
筬 198
姓 45
性 46
星 47
成 71
聲 79
盛 92
誠 94

세
細 115
帨 207
勢 55

歲 63
稅 77

소
掃 108
嘯 111
搔 148
笑 150
繅 164
簫 176
泝 183
燒 190
嗉 199
巢 204
梳 226
少 47
小 52
所 57
素 64
蔬 81
召 84
疏 95

속
贖 163
粟 197
速 87
續 95

손
遜 178
孫 45

損 74

솔
蟀 225

송
訟 100
松 146
悚 158
送 59
誦 71

쇄
灑 108
碎 130
鎖 197

쇠
衰 92

수
壽 102
手 117
嫂 120
繡 136
髓 136
叟 137
漱 149
垂 154
羞 157
鬚 159
睡 162

岫 170
穗 172
樹 181
晬 181
嗽 200
燧 201
酬 207
袖 225
籔 230
水 52
首 53
秀 60
修 67
守 69
獸 69
數 70
隨 74
愁 78
受 99

숙
淑 120
菽 151
鱐 228
叔 82

순
詢 113
旬 127
淳 178
笋 187
瞬 191

舜 192
鶉 227
順 61
純 88
脣 93

숭
崧 224

슬
膝 151
瑟 176
蝨 222

습
習 65
濕 95

승
乘 129
僧 160
繩 166
升 188
蠅 208
勝 61

시
豕 104
恃 134
矢 143
柴 170
枲 172
匙 175

視 181
猜 185
柿 196
塒 204
豺 209
鰣 227
豉 230
是 56
始 60
時 63
市 66
詩 78

식
食 121
息 132
熄 174
媳 221
識 65
飾 67

신
信 102
薪 170
辛 187
腎 196
紳 213
呻 214
臣 46
身 53
新 60
晨 83

愼 96
伸 97
辰 47

실
室 125
蟋 225
實 62
失 79

심
深 113
心 127
嬸 185
藼 194
尋 94

십
十 43

쌍
雙 76

씨
氏 45

아
我 103
雅 127
蛾 204
啞 214
鵝 215
婀 221

아		애		양		예		염		오		완	
牙	93	秧	172	羊	104	予	99	染	164	吾	103	蛙	194
				陽	105			鹽	186	汙	118	蝸	217
악		애		瘍	128	역		壓	214	烏	150	萵	229
握	106	愛	134	楊	140	閾	205			寤	162	臥	59
樂	144	涯	134	釀	177	逆	61	엽		傲	165		
鰐	169	埃	167	囊	229	驛	81	葉	104	娛	177	완	
嶽	170	崖	169	養	58					襖	199	玩	132
鰐	188	艾	201	揚	75	연		영		寤	208	腕	137
萼	221					硯	103	泳	112	梧	215	頑	165
惡	56	액		어		宴	144	詠	114	五	42	椀	210
		額	137	漁	144	鳶	150	榮	130	悟	65	緩	87
안		腋	193	語	54	蓮	154	嬴	130			完	88
案	139			魚	69	軟	156	盈	145	옥			
岸	169	앵		御	70	緣	160	纓	213	沃	174	왕	
雁	171	櫻	203			橡	166	迎	59	屋	76	王	108
眼	188	鸚	225	억		涎	168	影	82	玉	95	往	54
鞍	216	罵	227	抑	75	姸	182	營	89				
安	63	甖	228	億	76	沿	183	英	97	온		외	
顔	88					鳶	189			媼	137	畏	158
		야		언		鉛	196	예		醞	177	聵	211
알		冶	149	言	54	臙	198	禮	64	溫	49	外	66
謁	84	夜	83	얼		烟	214	睿	109				
		野	85	櫱	230			銳	131	옹		요	
암						열		曳	132	擁	133	夭	102
巖	106	약		엄		列	71	睨	150	翁	137	搖	128
暗	80	躍	154	掩	128	悅	119	裔	160	甕	164	耀	190
		弱	182	嚴	183	裂	130	譽	180	癰	206	堯	192
압		龠	188			劣	86	暳	186	甕	228	鷂	221
鴨	171	鑰	197	여		熱	95	霓	210			腰	97
		約	73	汝	103			藥	221	와			
앙		藥	81	轝	184	염		藝	63	瓦	186	욕	
仰	106					廉	155					辱	124

浴	149	雲	49	危	63	융		議	58	印	140	子	45
褥	176			慰	84	融	177	義	64	姻	143	慈	84
		울		位	87			衣	90	蚓	173	紫	89
용		鬱	191	違	92	은				堙	191	梓	215
勇	143			僞	94	恩	180	이		咽	200		
傭	145	웅				銀	69	吏	80	人	46	작	
踊	154	雄	152	유		隱	91	爾	103	仁	64	鵲	150
舂	223	熊	207	誘	111			易	113			酌	177
用	76			游	112	음		貳	155	일		昨	181
		원		愉	119	陰	105	弛	156	鎰	131	雀	189
우		園	122	儒	139	飮	121	夷	167	溢	188	酢	207
牛	104	苑	146	楡	140	淫	156	飴	175	一	42	勺	218
羽	110	愿	178	囿	146	瘖	226	異	180	日	47	芍	220
隅	131	怨	180	帷	155	吟	71	頤	188	逸	99	作	72
禹	192	源	183	乳	169	音	85	鮞	189			爵	87
芋	202	猿	207	膹	182			餌	206	임			
疣	223	垣	216	裕	183	읍		珥	207	飪	193	잠	
耰	223	圓	57	油	186	揖	123	姨	221			潛	164
友	44	原	85	鍮	196	邑	61	椸	230	입		蠶	204
雨	49	遠	94	柚	202			蛜	231	入	60		
右	53	院	96	莠	215	응		二	42			잡	
宇	61			襦	220	應	108	耳	48	잉		雜	88
遇	73			幼	47	鷹	150	利	91	孕	118		
憂	78	월		有	62	凝	191	離	92			장	
優	86	越	191	柔	97					자		章	119
愚	98	月	47			의		익		字	107	牆	126
偶	99			육		倚	122	翌	181	孜	115	莊	134
		위		肉	105	醫	139	翼	199	姊	120	掌	137
운		蔚	149	育	118	疑	185	益	74	刺	126	杖	142
運	130	緯	141			蟻	195			雌	152	匠	149
紜	180	萎	192	윤		椅	230	인		柘	171	薔	154
耘	203	蝛	231	倫	71	意	55	刃	126	炙	175	帳	155
		威	55										

張	156	**적**		**절**		井	66	棗	196	宗	45	**죽**	
藏	164	積	131	節	104	正	98	蠐	204	終	60	粥	148
腸	196	摘	133	折	192			嘲	213	從	92	竹	187
臟	200	賊	160			**제**		竈	219	縱	94		
檣	204	狄	167	**점**		悌	102	鵰	221			**준**	
醬	229	笛	176	店	146	帝	108	蚤	222	**좌**		準	166
壯	47	跡	184	鮎	227	娣	120	傮	227	左	53	蹲	191
長	52	靮	216			製	129	糟	230	坐	59	罇	228
將	77	荻	217	**접**		提	162	祖	45			俊	97
丈	94	赤	62	蝶	195	啼	163	早	63	**죄**			
葬	98	鱃	230	楪	210	臍	169	鳥	69	罪	118	**중**	
				鰈	222	蹄	182	弔	84			衆	133
재		**전**		接	74	齏	186	燥	95	**주**		中	51
裁	129	篆	107			薺	202			註	119	重	68
材	179	顚	109	**정**		穧	215	**족**		走	123	仲	82
才	67	箋	119	靜	107	梯	222	足	117	舟	141		
財	77	田	122	精	118	弟	44	族	44	洲	160	**즙**	
災	91	殿	125	貞	120	制	72			鑄	162	楫	204
		電	125	庭	126	祭	98	**존**		柱	166		
쟁		轉	130	頂	137			存	63	裯	176	**증**	
爭	135	錢	138	亭	157	**조**		尊	86	酒	189	贈	100
		氈	141	汀	160	潮	112			肘	193	憎	134
저		箭	143	旌	175	粗	118	**종**		咮	199	增	188
渚	160	餞	144	整	185	條	126	種	117	胄	205	蒸	193
紵	172	敗	144	睛	188	爪	137	鐘	128	蛛	208	鱛	199
筯	175	專	155	蜓	195	釣	144	螽	173	厨	219	甑	228
藷	179	氊	187	釘	197	眺	150	騣	182	朱	64	曾	88
楮	203	前	53	鼎	209	稠	163	蹤	184	主	70		
杵	209	戰	69	疔	211	阻	164	腫	211	晝	83	**지**	
狙	222	傳	78	蜓	225	俎	175	鍾	218	州	90	紙	103
葅	229			情	46	朝	179	踵	224	周	93	枝	104
低	75			政	56	照	190	鯮	227	珠	95	持	106

指	137	姪	159	悵	165	泉	121	請	84	**총**		**춘**	
芝	168	蛭	173	娼	167	阡	138			寵	124	春	50
池	170	叱	176	蒼	168	踐	154	**체**		叢	149		
脂	198	桎	220	囟	182	喘	200	涕	163	塚	173	**출**	
枳	202	質	58	瘡	206	茜	208	滯	191	蔥	224	黜	118
痣	223			脹	211	腨	224	棣	203	聰	67	秫	197
趾	224	**집**		褰	210	千	43	嚔	217			朮	220
地	43	斟	177			天	43	蔕	221	**최**		出	60
止	54			**채**		川	48	髢	226	催	133		
志	55	**집**		綵	141	賤	86	體	53	摧	192	**충**	
智	64	執	106	債	145					繀	220	忠	102
知	65			榮	81	**철**		**초**				充	114
遲	87	**차**		彩	82	哲	109	招	128	**추**		蟲	69
		此	57	採	98	鐵	69	椒	161	趨	123		
직		釵	198					軺	184	錘	142	**췌**	
織	164			**책**		**첨**		礎	186	椎	147	揣	120
稷	197	**착**		策	153	瞻	111	醋	186	錐	147		
直	57	斵	162			尖	130	超	191	雛	189	**취**	
		籍	199	**처**		檐	222	硝	201	楸	196	聚	107
진		鑿	214	妻	185			樵	203	帚	212	吹	111
進	109	捉	98	處	57	**첩**		蕉	208	芻	218	娶	143
盡	119					捷	115	貂	208	鰌	222	翠	144
津	134	**찰**		**척**		妾	185	鼇	231	篍	230	醉	157
塵	167	察	67	陟	118			草	73	秋	50	炊	193
榛	171			尺	142	**청**				追	74	臭	79
瞋	191	**참**		擲	148	聽	181	**촉**					
疹	206	慚	157	瘠	156	晴	186	促	133	**축**		**측**	
眞	86			拓	178	菁	224	燭	139	縮	130	側	131
陣	89	**창**		戚	44	蜻	225			畜	161	仄	185
		唱	111			鯖	227	**촌**		蓄	163	厠	219
질		蒼	144	**천**		青	62	村	110	軸	174		
疾	128	倉	153	淺	113	淸	75	寸	94	觸	231		

자음색인字音索引 377

치		卓	230	택		販	163	暴	135	陂	170	寒	49
侈	116	濁	75	宅	61	阪	169	布	136	彼	57	恨	78
馳	129			澤	134			飽	157				
恥	157	탄				팔		怖	158	필		함	
嬉	182	彈	111	토		八	42	泡	158	筆	103	頷	183
雉	189	坦	120	吐	190			浦	160	觱	213	鹹	123
梔	203	灘	151	兔	208	패		晡	179	匹	76	檻	222
痔	219	誕	165	土	52	牌	140	抱	184				
治	79	炭	170			孛	152	袍	199	하		합	
齒	93	吞	190	통		佩	207	葡	201	河	103	蛤	217
		歎	191	痛	128	稗	215	蒲	201	霞	125	鴿	227
칠				慟	178	敗	61	脯	228	荷	154	合	92
桼	215	탈		通	80	貝	95	捕	98	鰕	222		
七	42	脫	112							夏	50	항	
		奪	99	퇴		팽		폭		下	51	巷	125
침				退	109	烹	193	瀑	121	賀	84	肛	169
鍼	147	탐						幅	160			項	183
枕	176	探	133	투		편				학		缸	210
砧	195	貪	155	鬪	135	鞭	210	표		壑	106		
沈	91			投	148			豹	140	鶴	161	해	
		탑		妬	185	평		飆	210	瘧	219	解	112
쾌		塔	101			平	185	縹	214	學	65	楷	158
快	119	榻	194	파		枰	216	表	66	涸	188	荄	179
				波	112							蟹	195
타		탕		破	130	폐		풍		한		咳	200
惰	177	湯	192	跛	206	肺	127	楓	203	漢	103	墼	224
唾	217			芭	208	幣	138	風	49	閑	113	醢	228
柁	229	태		簸	223	蔽	164	豊	60	瀚	129	海	48
		胎	118	耙	223	閉	60			悍	135	害	91
탁		怠	94					피		汗	168		
濯	129			판		포		皮	105	旱	186	핵	
橐	212			版	153	圃	122	披	148	銲	214	翮	199

행		협				禍	72	檜	146	휘		희	
杏	124	狹	131	蝴	195	禾	73	薈	149	諱	180	戲	150
行	54	挾	133	蒿	201	貨	77	灰	170	毀	71	犧	161
		頰	137	狐	209	花	81	膾	175			稀	163
향		俠	139	蠔	217	化	93	恢	178	휘		嬉	177
饗	144	脇	169	號	45	和	96	回	73	揮	128	喜	62
		峽	170	好	60			會	73	楎	230		
향		篋	213	呼	84	확							
鉐	207			豪	97	穫	203	횡		휴			
鄉	61	형				鑊	209	橫	94	畦	122		
響	85	衡	142	혹		臛	229			休	132		
香	85	型	158	酷	135			효		虧	145		
		螢	173			환		孝	102	携	162		
허		鉶	228	혼		丸	199	肴	121	鵂	225		
噓	190	兄	44	婚	143	歡	62	曉	179				
虛	62	刑	56	昏	83	還	73	梟	225	휼			
許	88	形	82							恤	178		
				홀		활		후					
헌		혜		忽	165	滑	177	后	108	흉			
獻	100	蹊	125	笏	220	豁	178	朽	132	凶	116		
軒	184	惠	127			活	75	嗅	181	胸	97		
		彗	152	홍				喉	200				
현		蕙	168	洪	115	황		後	53	흑			
賢	109	鞋	226	鴻	171	荒	156	厚	68	黑	62		
覓	202	慧	98	弘	183	篁	187						
舷	229			虹	210	黃	62	훈		흔			
玄	64	호		紅	89			暈	105	欣	119		
縣	90	湖	134			회		訓	111				
現	91	虎	140	화		淮	103			흡			
		糊	147	畫	107	誨	111	훤		吸	190		
혈		毫	165	靴	226	悔	116	喧	150				
血	105	戶	182	火	52	晦	127						

자음색인字音索引 **379**

위인전으로 부모와 함께하는 漢字(한자) 공부 · 인성교육
다산 정약용의 아학편 兒學編

초판 인쇄	2025년 8월 20일
초판 발행	2025년 8월 27일

지 은 이	정약용
편 저 자	김종두
발 행 자	김동구
디 자 인	이명숙 · 양철민
발 행 처	명문당(1923. 10. 1 창립)
주 소	서울시 종로구 윤보선길 61(안국동)
	국민은행 006-01-0483-171
전 화	02)733-3039, 734-4798, 733-4748(영)
팩 스	02)734-9209
Homepage	www.myungmundang.net
E-mail	mmdbook1@hanmail.net
등 록	1977. 11. 19. 제1~148호

ISBN 979-11-94314-34-9 (93190)

25,000원

* 낙장 및 파본은 교환해 드립니다.
* 불허복제